福建省教育科学规划课题"基于高中地理新课标解构分析的探研式教学研究"（课题立项号FJJKCG18-064）研究成果

教育部"国培计划（2016-2019）"——跨年度递进式培训项目高中地理优秀青年教师成长助力研修班教师、福建省曾呈进名师工作室成员及部分重点高中的一线教师的培训及实践成果

曾呈进名师工作室

福建教育学院研训成果丛书

高中地理问题式教学设计与案例

（选择性必修1 自然地理基础）

曾呈进 陈涓 主编

海峡出版发行集团 | 福建教育出版社

本书编委会

主　　编：曾呈进　陈　涓
编　者：郑友强　陈　韬　戴文伟　陈桂芳　凌　华
　　　　洪荣达　张　赟　黄湖南　李祖妹　胡建仓
　　　　杨如树　陈志明　赵燕君　曾丽珊　朱清锋
　　　　詹剑锋　林孔仁　黄　偎

序

正当高中地理新课程、新教材在全国推开之时，广大一线高中地理教师急需参考书籍，福建教育学院曾呈进、陈涓主编的《高中地理问题式教学设计与案例》面世，可谓十分及时。

从书名就可以看出，该书抓住了高中地理课程改革的一个关键，即高中地理新课程标准着重提出的教学建议——问题式教学。问题式教学既是地理教学应遵循问题导向的教学理念，也是体现地理课程综合性、整合地理课程内容的地理教学模式，还是体现地理问题提出、分析和解决的一个地理教学循回的具体教学方法。抓住了问题式教学这个关键，地理新课程提出的地理学科核心素养的培育就能够落到实处，地理课程的知识习得、能力养成、观念的形成就循着地理课程内容的内在逻辑自然有序地融为一体，地理新课程的基本理念和总体目标才能得以实现。

该书开宗明义，以相当长的篇幅进行理论引领，深入阐述问题式教学的背景、作用、意义、概念界定、理论依据和特点，这些对于开始尝试和探索问题式教学的广大一线地理教师来说，起到了理论上梳理、引领和指导的重要作用。该书指出问题式教学的时代背景，顾及地理新课程的要求、地理新高考的转向以及教学手段的信息化，使广大地理教师明白问题式教学在新时代的必要性与可行性，提升实施问题式教学的责任感和积极性。该书参考了国内外问题式教学研究和实践的进展，综合了各家之说，提出了能够自圆其说的对问题式教学的概念界定，注重问题式教学的问题情境和学生自主提出问题、解决问题的实质，整合了一些常见的相关概念，使教师们能够明白和接受。该书选取了发现学习理论、建构主义理论、问题教学理论、杜威实用主义理论和情境学习理论，作为理解问题式教学的理论依据，将各种理论与问题式教学紧密联系，拓展了教师们的眼界，加深了对问题式教学本质和优势的领悟。

该书从与传统教学的比较入手，阐明问题式教学的特点。从教学目的、知识来源、教学方式、沟通渠道、教师地位、学生地位、学生积极性、学习结果、学习效果等多方面进行比较，有助于教师全面、系统地理解和实施问题式教学。在此基础上，该书阐述了问题式教学以学生为中心，以问题为起点，以探究学习为方式，以适当高度为落脚点等问题式教学的特点，实际上是对问题式教学进行了构建，有利于实施问题式教学、转变教学方式和观念。

该书在理论基础上作了上述适度的铺垫之后，将理论引领部分的大部分篇幅用于问题式教学的设计。问题式教学的设计，是当前地理新课程教学实施的重点，也是难点，国内这方面的参考书尚少见，该书敢于以此为内容主体，体现出作者的高度责任感和创造意识，是难能可贵的。该书在针对新教材各章节的问题式教学具体设计之前，先在理论引领部分对问题式教学设计进行理论阐述，也是该书的一个特点，值得肯定。

该书提出的问题式教学原则，兼有理论性和实用性。紧扣学习目标与核心素养设问的原则，明确了以达标为目的，将提升学科核心素养融入其中。尊重学生认知水平和知识基础的原则，保证问题设计有梯度，使学生均有所得。注重问题设计的生活化与层次性，保证问题情境贴近学生生活实际，构建问题逻辑结构，使学生主动学习具有可行性。增强问题的可操作性与趣味性，使学生既有解决问题的积极性，又有解决问题的自信。基于这些原则，该书提出了问题式教学设计的技巧，具有较高的科学性和实用性。

该书创建了问题式教学设计的一般模式，图示清楚，实用性强。该书还提出了问题式教学实施原则，由目标性、主体性、知识性、方法性、情境性、关联性、启发性、情感性等构成的实施原则体系全面、系统，有一定的创意和较强的指导性。该书创建的问题式教学实施的一般模式，也具有图示清楚、逻辑性和实用性强的优势，且用具体案例解读了实施模式。该书提出的问题式教学实施技巧，有助于尝试的教师很快入门。

该书的理论引领部分为各章节问题式教学设计奠定了学理基础，该书分册、分章节对地理新教材作问题式教学的设计，内容十分丰富。每一节的问题式教学设计，都从相关课程标准内容要求及其解读开始，做到有的放矢，对标遵标。课标解读中对主要概念进行解释，也是该书的特点和优点之一。概念是问题式教学内涵的基本支撑，有了基本概念的支撑，教学设计才有明确的方向。教学内容分析和学情分析，为不太熟悉新课程、新教材的教师排忧解难，将内容分析与学情分析加以对照，教师能基本把握教学设计的任务。列出地理学科核心素养培养的目标，与该节的具体内容要求结合紧密、融会贯通。教学重点、难点分析传承了地理教师教学设计的传统，是有必要的。教学方法的设计紧扣内容的性质，不是一些简单的方法，而是一些综合的教学方式，有力配合问题式教学模式。

该书的课前预习设计，主要由知识梳理构成，学生比较容易掌握。课堂设计是设计的主体，该书创设了课堂导入、问题情境、问题探究、学生研讨、教师引导学生总结、板书设计、设计感悟、课后达标检测等栏目，系统、实用，且处处交代设计意图。这样的体例，及其有效性和高效性，在各种参考书中少见，有很强的目的性和实用性，保证问题式教学能持续开展，能达成教学目标。

该书的独特优势还在于，每个章节问题式教学的设计，所创设的问题情境，所提出的探究问题，所构思的探究活动，教师引导下的归纳总结，乃至达标检测都有较强的创意，且配置了创设意图和设计感悟，相得益彰，这些布局谋篇彰显了该书的意图和匠心，值得读用。

该书作者的单位——福建教育学院是福建省教师各级各类培训的主体，该书既是作者长期从事师资培训的经验总结，也是不可多得的各地国家级、省级教师培训的参考书。该书的出版还依托省名师工作室，是工作室团队集体研发的优秀成果。当然，该书不只是教师培训时用，更是我国广大一线地理教师进入新课程、新教材、新高考时的有效参考书，推广使用前景看好。

希望有更多的这样理论与实践相结合的地理教学参考书问世。

福建师范大学地理科学学院二级教授　博士生导师
2020 年 8 月

前　言

依照2018年8月16日教育部印发的《关于做好普通高中新课程新教材实施工作的指导意见》，从2019年秋季学期起，全国各省（区、市）分步实施新课程，使用依据《普通高中课程标准（2017年版）》编写的高中新教材。其中浙江、上海、北京、天津、山东、海南等6省份于2019年秋季开始使用统编版高中新教材。江苏、福建、广东、河北、辽宁、安徽、湖北、湖南、重庆等9省份于2020年秋季开始使用统编版高中新教材。新教材新课程均为高一年级起使用。其他还未进行新高考改革的省份最迟于2022年秋季开始使用统编版高中新教材。这给高中地理教育带来了新的机遇与挑战。

在使用高中地理新教材时，除了要正确处理地理教材与地理课程标准、地理配套教辅、学生实际知识能力的关系外，还要处理好"教教材"和"用教材教"的关系。而这一切关系的处理，主要通过地理课堂教学体现。所以，地理课堂教学是学校地理教学活动中最重要，也是最基本的组织形式。地理课堂教学能否达到预期效果，很关键的一点就是取决于教师如何进行课堂教学设计，如何通过课堂教学设计优化课堂教学过程，提高教学系统的效率。《普通高中地理课程标准（2017年版）》在课程实施建议中强调要注重采用问题式教学。问题式教学是以"问题发现"和"问题解决"为要旨，用"问题"整合相关学习内容的教学方式。问题式教学在某种程度上也可看作是一个上位概念，凡是基于真实问题、开放式问题、尚无现成答案问题的教学，都可视为问题式教学，单元式、项目式、主题式等教学方式，都可用于问题式教学。搞好问题式教学设计与问题式教学，可以更好地培养中学生的综合思维、区域认知、人地协调和地理实践力，适应新高考改革对学业质量考查的要求。所以，问题式教学是培育地理学科核心素养、提高教学质量的有效途径，在课程实施中有着非常重要的作用。

为帮助地理教师做好新课程、新课标、新教材背景下的高中地理教学工作，福建教育学院地理教研室、福建省教育厅中学地理曾呈进名师工作室经申请批准开展了福建省教育科学规划课题《基于高中地理新课标解构分析的探研式教学研究》（课题立项号FJJKCG18－064）研究，作为课题研究的重要内容，我们组织了教育部"国培计划（2016－2019）"——跨年度递进式培训项目高中地理优秀青年教师成长助力研修班教师、名师工作室成员及部分重点高中的一线教师编写了《高中地理问题式教学设计与案例（选择性必修1　自然地理基础）》一书。本书作为课题研究的重要成果，意在贯彻新课标理念，突出高考命题导向，注重地理学科素养的培养，力图通过问题式教学的方式，打破传统教学模式，提升高中地理教学质量。

本书分为两部分，第一部分为新课标背景下地理问题式教学设计的理论和方法；第二部分是按照新教材的章节编写的对应的教学设计。第一部分的理论引领首先介绍了倡导问题式教学的时代背景、作用与意义。其次，介绍了问题式教学的理论源起。问题式教学可以从布鲁纳的发现学习理论、建构主义学习理论、马赫穆托夫的问题教学理论、杜威的实用主义理论、让·莱夫和爱丁纳·温格的情境学习理论找到理论支撑。第三，描述了问题式教学的自身特点，从教学目的、知识来源、教学方式、沟通渠道、师生在教学活动中的地位等方面介绍了问题式教学与传统教学存在的较大差异。第四，重点阐述高中地理问题式教学设计的原则、技巧和案例，特别强调要灵活运用"五何"问题分类法来设计不同层级的地理问题。第五，详细探讨了问题式教学的实施原则、一般模式和实施技巧。

本书第二部分是按照新课标倡导的问题式教学方式对选择性必修2　区域发展教材的教学内容进行教学设计，一般包括课标要求→解读教学目标→重难点问题的确定→教学情境创设→过程问题链设计→自主探究、合作讨论→总结评价与拓展延伸等环节。各个环节并不是一成不变的，教师可以根据实际来确定教学环节的实施过程。只要在教学过程中，充分引导学生进行学习，充分发挥主观能动性，就达到了问题式教学的目的。

本书在编写和出版过程中得到了福建教育学院、福建教育出版社等单位领导及许多名师的大力支持和帮助，在此表示由衷的感谢！

由于编写仓促，本书还有许多不足之处，有待在今后教学使用中不断加以更新完善。

编者

2022 年 1 月

目 录

第一部分　理论引领　高中地理问题式教学与教学设计 / 1

第二部分　问题式教学设计与案例 / 27

第一章　地球的运动 / 29
第一节　地球的自转和公转 / 29
第二节　地球运动的地理意义 / 39
问题研究　人类是否需要人造月亮 / 64

第二章　地表形态的塑造 / 72
第一节　塑造地表形态的力量 / 72
第二节　构造地貌的形成 / 81
第三节　河流地貌的发育 / 96
问题研究　崇明岛的未来是什么样子 / 109

第三章　大气的运动 / 115
第一节　常见天气系统 / 115
第二节　气压带和风带 / 133
第三节　气压带和风带对气候的影响 / 152

问题研究　阿联酋"造山引雨"是否可行 / 166

第四章　水的运动 / 174
　第一节　陆地水体及其相互关系 / 174
　第二节　洋流 / 186
　第三节　海—气相互作用 / 203
　问题研究　能否利用南极冰山解决沙特阿拉伯的缺水问题 / 214

第五章　自然环境的整体性与差异性 / 221
　第一节　自然环境的整体性 / 221
　第二节　自然环境的地域差异性 / 228
　问题研究　如何看待我国西北地区城市引进欧洲冷季型草坪 / 245

第一部分　理论引领

高中地理问题式教学与教学设计

改革开放后我们已经走过了"双基时代""三维目标时代",现在迎来了"学科核心素养时代"。学科核心素养时代的课堂教学是什么样的?这对我们来说是个前所未有的挑战。从课程改革的实践来看,人们对以往新课改中所提出的"重视基础""培养能力"等一些观念得到了强化,对以往关注较少的"地理过程""科学方法""科学精神"等方面逐渐重视,一些新的教育观念得到了大家的认可,并在教育教学的实践中不断探索、深化。但同时,新课改也意味着,教育对教师的要求,无论是在教师的学科知识、专业能力方面,还是在教育观念、教学管理方面,都有了较大的提高。今天的中学生,他们是这个时代的主人,有一天他们会发现自己所遇到的问题是没有现成答案的,也是前辈们未曾遭遇的挑战,他们必须成为有创造性的问题解决者。所以,我们今天的教学,从某种意义上说,就是培养21世纪的问题解决者。"问题解决"被某些专家称作是"21世纪课程改革的基础"。教学过程的意义在于引导学生把已有的课本知识转化为学生内在的能力,在过程中注重培养学生的创新意识和创新能力,使学生能运用知识和技能解决问题。基于这一点,在地理课堂教学中应该创设一种通过建立情境,使学生发现问题和探研问题,自己寻找知识、方法、技能解决问题,评价结果是否正确的教学活动过程,在教与学的过程中内化学生解决问题的能力。学科核心素养时代需要大力倡导问题式教学,教师需要领会问题式教学的精髓,掌握问题式教学设计的技巧,在新一轮课改实践中快速成长。

一、倡导问题式教学的背景、作用与意义

1. 时代背景

《国家中长期教育改革和发展规划纲要(2011—2020)》中提出"坚持以学生为主体,以教师为主导,尊重教育规律和学生身心发展规律,全面实施素质教育,关注学生自主发展,培养学生自主学习能力"。主张促进学生健康、全面、积极主动而又富有个性的发展,让每一个学生都能够享受到适合自己的教育,快乐地成长。问题式教学模式正是以此为理念,着眼于学生的自主发展和自己解决问题的能力培养,契合了教育改革和发展的要求。

(1) 新课标明确强调重视问题式教学

随着课程改革的不断推进和教育教学的不断发展,传统的教学方式已不能

满足教育发展的需求，新的教学方式如问题式教学、发现式教学、探究式教学等应运而生。《普通高中地理课程标准（2017年版）》明确要求课堂中要注重采用问题式教学。新课标指出教师需尤其关注问题式的课堂教学，特别是备课时所做的问题式教学的教学设计，要在学生已有的认知水平、实际知识基础上进行设计，课堂上的问题可以由教师提出也可以是学生提出，其中学生提出问题的过程是一种思维创造和思维发散的过程。新课标课程方案的修订中要求明确高中教育在学生整个受教育过程中的位置，普通高中教育的目的是提升学生的综合素质，发展学生的核心素养。落实在地理课程中的问题式教学，它不再局限于过去传统的教学方法中学生被动地接受知识，而是对学生由表及里地分析问题、解决问题甚至是提出问题的能力进行锻炼，使学生的综合思维、地理实践力都得到发展。通过问题式的课堂教学，增强地理学科的育人价值，培养学生的地理素养，使学生形成正确的价值观，养成良好的品格，具备适应未来社会的能力。新课标为问题式教学提供了新思路，地理课程的学习，可以让学生以地理的视角认识自然和人文环境，落实人地协调观，增强学生对于地理的认识。

（2）高考形式的变化为问题式教学提供了契机

高考改革下的课堂教学面临新的变化，"6选3式"或"3+1+2式"的选科制，使地理成为一门热门科目，受到很多学生的喜爱，因此地理课堂教学也紧随着需要发生变革。高考试题中经常会考查学生综合运用地理知识分析和解决问题的能力，这就要求教师在课堂教学中重视培养学生此方面的能力，创设问题情境，设计不同类型的问题内容，在分析、解决问题的过程中，构建基于问题的知识网络，建立清晰的逻辑结构。与以往的考试中只注重知识本身不同，现在的高考更多的是强调对学生能力的考核，因此教学内容应从实际出发，让学生在生活中发现地理问题并学着分析和解决问题。当然，前几年的高考在注重知识的同时，也会对学生的能力进行考查，一些探究性问题和开放性问题就是对学生的逻辑思维能力的一种考核。与前几年的高考相比，新高考在能力方面的考查范围更大，形式更加多样。地理课堂采用问题式的教学主要教学生一些解决地理问题的技巧和策略，促进学生的知识迁移，做好地理知识的灵活运用和知识之间的衔接，形成基本的知识储备，加强深度学习。新高考形式促使地理教育的发展发生了新变化，这种变化为课堂问题式教学提供了契机，也为学生的地理学习开启了一个新思路。

（3）现代信息技术的应用为问题式教学创设了条件

现代信息技术的应用，逐渐改变着地理教学，例如现在很多学者都在思考"互联网＋"给地理教学带来的变化。很多学校的课堂教学都不只是局限于多媒体，甚至学生人手一个平板电脑，这给地理课堂问题式教学提供了很大的便利：在提出问题方面学生有更强的自觉性，可以通过查找资料，选择自己感兴趣的话题，甚至在分析问题和解决问题方面，通过小组合作得出的结果可以利用信息技术展示给老师和同学们，进行实时分享。信息技术对于问题式教学的意义在于它可以辅助教学，随着多媒体网络引入课堂，教师的教学方式，在充分运用信息技术的基础上也发生了很大的变革，教学过程中教师的角色从教授者变为引导者和课堂的组织者，而学生才是真正的主人。在问题式教学的课堂上，在创设问题情境方面可以利用现代信息技术，创设一些学生感兴趣的问题，营造高效课堂。

2. 问题式教学的作用和意义

问题式教学符合新课标强调的学生对问题进行探究的基本理念，有助于培养学生自主解决问题的能力。新课标将人的发展作为设计基础，注重促进学生的全面发展和运用所学知识解决生活中地理问题的能力。问题式教学的最终目的是培养富有创造性的问题解决者。因此对该教学模式进行研究，有利于新课改目标的实现。

从教学理论上看，对教学方式的研究探讨和应用有利于教学方式的优化。问题式教学有助于学生地理思维能力的养成，能够促进学生地理学科能力的发展。学生亲身参与问题解决的过程，通过与自然或社会的接触，产生浓厚的地理学习兴趣，培养良好的地理素养。通过采集信息和对问题的分析解决，学生能够提高地理学习技能，积累经验。在问题解决的过程中，学生围绕地理问题对构建新的知识不断进行探索，从而使得新旧知识有机融合，有助于提高构建知识的能力。

问题式教学改变了学习方式，着眼于发挥学生的个性专长，鼓励学生自主选择和主动探究。通过学生自主探究能够激发学生学习的内在动机，提高学生自主分析解决问题的能力；问题式教学注重启发和引导学生思考，扩展学生思维，有助于培养学生的开拓创新能力；问题式教学强调地理教学与实际生活的联系性，以及对地理知识的实践和应用，让学生利用自己的生活经验去解决原本抽象的地理问题，自主掌握地理知识，提高学生的实践能力，改变学生原来读死书、死读书的学习方式，并学会如何与人合作、提高解决问题的能力，让学生真正喜欢上地理这门课程。

在高中地理教学中采用问题式教学，对地理教师提出了更高的要求，高中地理教师要充实自己，努力提高自身专业素质和教学素质，改变传统的教学理念，还学生学习的主体地位，并让他们做回课堂的主人，给予学生充分的质疑和设问的权利，改变传统的师生关系，让课堂环境更和谐，课堂气氛更活跃，教学质量更高。

二、问题式教学的概念界定及理论依据

问题式教学法来源于1969年加拿大麦克马斯特大学医学院教授巴罗斯提出的PBL教学模式（基于问题的学习，Problem-based Learning，简称PBL），美国哈佛大学在1985年将其改进并推广，引起了教育界的广泛关注。问题式教学法因其摒弃了传统以记忆为主的教学方式，更加注重能力的培养，所以很快从医学领域拓展到其他领域，并从大学教育逐渐扩展到中学教育。

1. 问题式教学的概念界定

新课标指出，问题式教学是用"问题"整合相关学习内容的教学方式。问题式教学以"问题发现"和"问题解决"为要旨，在解决问题的教学过程中，教师应引导学生运用地理的思维方式，建立与问题相关的知识结构，并能够由表及里、层次清晰地分析问题，合理表达自己的观点。教师要特别关注开放性的没有标准答案的问题。"问题式"在某种程度上也可看作是一个上位概念，凡是基于真实问题、开放式问题、尚无现成答案问题的教学，都可视为问题式教学，单元式、项目式、主题式等教学方式，都可用于问题式教学。

问题式教学是指通过亟待解答的问题，使学生形成"问题"意识，激发对于问题的好奇心和求知欲，它有利于培养学生的学习兴趣，提高学生的思维能力。美国教授巴罗斯和克尔森认为：如果把问题式教学看作一门课，则学习者

需要从中获取知识，掌握必备的技能；如果把它看作一种教学方法，则学习者在这种方法的教导下需学会提出问题、分析和解决问题。综合国内外研究现状，更多的研究是把问题式教学看作一种方法，认为问题式教学是一种以问题为主线的教学方法或教学模式，实质上包含了问题的设计、发现、提出、探究和解决等过程。对比分析国内外学者对于问题式教学的理解，我们认为问题式教学不是单纯地指一整节课中教师一直在提出问题学生来回答，而是教师在备课时就已经设计好问题情境，课堂开始时教师以问题导入教学，课堂教学过程中教师提出问题，让学生进行分析和解答，或者由学生发现并提出一些自己感兴趣的问题，在教师指导下进行分析和解决，从而掌握解决问题的方法，促进自我能力的提升。

2. 问题式教学的理论依据

（1）发现学习理论

布鲁纳提出的发现学习理论强调学生是学习的探求者，学生学习的过程是主动探究、形成认知结构的过程，这一理论对于培养学生的发现、创造能力具有重要的影响。发现学习理论在强调学习过程方面，认为学习是学生获得知识的重要途径；在强调直觉思维方面，认为直觉是寻求问题答案的一种感觉，通过直觉不一定能够得到正确的答案，但是顺着这一方向去思考，有时会收到意想不到的效果；在强调内在动机方面，认为对于新奇事物的好奇心往往会促使学生有目的地思考问题，积极地追求最终的答案；在强调信息提取方面，认为在众多信息中要有选择性地选取对自己有用的信息，并且利用这些信息去获得自己想要的答案。布鲁纳的发现学习理论是问题式教学的基础支撑理论，在地理问题式教学过程中，学生寻求答案的动力往往依赖于自身的内在动机，寻求答案的方法可以是自主探究或合作探究，也可以是依靠直觉查找方向，但最终学生能否自觉主动地探索知识是问题式教学能否有效展开的关键所在。

（2）建构主义理论

建构主义认为，学生学习到的知识是学生自己主动建构的结果，而不是依赖于教师教授的过程。建构主义包括四大要素，情境要素强调学习的外在影响应能够充分激发学生主动学习的兴趣，会话和协作要素强调学生的小组学习、合作探究是积极主动的求知过程，意义建构要素强调学习的内在动力，帮助学生达到学习的目标。这些要素之间相互影响、相互作用，共同组成了学生主动学习的过程。建构主义强调探究学习、合作学习，可以引申为在情境主义的问题式教学下的学习，而问题式教学则是在问题情境中发生的，教学的过程与现实的问题解决过程相类似，在教学中可以设置一些与现实类似的问题情境并指导学生进行问题探索。建构主义学习理论中学生是主动学习的对象，教师是学生学习的帮助者和促进者，这一师生角色的定位为问题式教学中师生关系的建构提供了理论支持，对问题式教学有效性的拓展研究具有非常重要的意义。

（3）马赫穆托夫的问题教学理论

科技革命给苏联学校提出了新的智力培养目标，引导教育工作者进行教育理念的革新，马赫穆托夫和与他志同道合的研究者去学习总结相关先进经验，并进行了问题式教学的试验，最终形成了具有一定体系的问题式教学的理论。在问题式教学理论中，马赫穆托夫对问题式教学的认识基础、心理学依据分别做出了说明，强调了问题的基本范畴，指出"问题"与"问话"（"提问""发问"）、"任务"（"习题""作业"）是不同的，不能混为一谈；提问、发问、问话、任务、习题、作业，这些环节都只是组织问题式教学，并调控问题式教学过程使其顺利进行的手段。他还指出，以提出并解决问题的方式来获取新知识的那种问题性思维过程分为五个阶段：①问题情境的产生和问题的提出；②已知解决方式的使用；③新行动原则及解决方法的寻找；④实施寻得的原则和方法；⑤检验解决方案的正确程序。在教学过程中，学生不仅受教师的外部指令，还受自己内部指令的驱使。问题式教学是完全符合马赫穆托夫问题教学理论的。问题式教学过程完全接受问题教学理论的指导，先由教师进行问题情境的创设，然后组织学生独立认识活动，学生基于已有的知识经验对新的情景进行分析概括。通过这样的教学过程，培养了学生的独立性和创造性，提高了学生综合思维水平以及解决问题的能力。

（4）杜威的实用主义理论

19世纪末由杜威倡导的实用主义教育理论认为，教育要以学生为中心，把学生置于教育中的主动地位，使学生的个性在教育中自然而然地不断发展，即教育即生长；教育是学生此阶段生活的一部分，学生此阶段生活的环境与学生的发展相互作用，教育应该与学生的生活相联系，不应该脱离学生真实生活，使学生适应现实生活环境，教育也能提升学生真实生活环境对学生发展的积极作用，即，教育即生活；教学应该顾及学生的实际生活环境与身心发展程度，引导学生在直接经验的基础上"生长"间接经验，以主动性、活动性、经验性课程替代传统的死记硬背，即从做中学；学生的学习需要在做中学，因此教学过程的展开应该遵循以下步骤：呈现含有问题的情境—学生发现问题—提出解决问题的假设—验证假设。该理论对问题教学的意义如下：问题式教学中要引导学生主动地自主发现问题、解决问题，学生要根据自己的经验与现有水平按自己的"节奏"生长经验，教师应"道而弗牵"；问题式教学情境设计与问题设计要联系学生实际的生活与已有的经验；问题式教学设计中学生是动态的，而不是静止地接受系统知识；问题式教学要培养学生的问题意识。

（5）情境学习理论

美国加利福尼亚大学伯克利分校的让·莱夫教授和独立研究者爱丁纳·温格于1990年前后提出情境学习理论。情境学习理论认为，学习不仅仅是一个个体性的意义建构的心理过程，而更是一个社会性的、实践性的、以差异资源为中介的参与过程。知识的意义连同学习者自身的意识与角色都是在学习者和学习情境的互动、学习者与学习者之间的互动过程生成的，因此学习情境的创设就致力于将学习者的身份和角色意识、完整的生活经验以及认知任务重新回归到真实的、融合的状态，由此力图解决传统学校学习的去自我、去情境的顽疾。正是基于对知识的社会性和情境性的主张，情境学习理论告诉我们：学习的本质就是对话，在学习的过程中所经历的就是广泛的社会协商，而"学习的快乐就是走向对话"。情境学习强调两条学习原理：第一，在知识实际应用的真实情境中呈现知识，把学与用结合起来，让学习者像专家、"师傅"一样进行思考和实践；第二，通过社会性互动和协作来进行学习。

三、问题式教学的特点

1. 问题式教学与传统教学的区别

问题式教学与传统的按照学科逻辑组织的科目教学有着很大的不同，二者的区别主要表现在以下几个方面。

（1）教学目的不同

传统教学尤其是传统的课堂教学，主要侧重于传授知识，让学生掌握几千年来积淀下来的人类文化遗产；而问题式教学的主要目的在于使学生建构灵活的知识基础，发展高层次思维能力，成为自主（或自我调节）的学习者以及成为有效的合作者。

（2）知识来源不同

传统教学的知识来源是多年一贯制的固定的教科书上的学科知识；而基于问题式学习的知识来源则是多种多样的：各门学科知识、实践者的专长及实务性学问、政策和实践、来自学生自身的知识。问题式教学选择知识的一个重要标准是所选知识应当在促进理解问题、理解引起问题的可能的原因、考虑解决问题的方案或可能的方案时须予以考虑的种种因素等方面具有一定的功能。

（3）教学方式不同

传统教学主要是以教师讲授为主；而问题式教学则强调以学生的主动学习为主，其最重要的活动是调查和讨论。它强调学生结合已有的经验和知识的亲自参与，它注重通过交谈和辩论，分享经验与认识，促使学生转换并扩展其认识的视角，最终形成富有个性的、自我统一的、动态的认识系统。

（4）沟通渠道不同

在传统教学中，主要是教师向学生传授知识，因而沟通渠道主要是单向流动；在问题式教学中，则不仅有教师与学生之间的沟通，而且也有学生与学生之间的沟通，因而沟通渠道是多源多向的。

（5）教师在教学活动中的地位不同

在传统教学中，由于主要采用讲授的方式，教师的任务是把自己知道的书本知识传授给学生，教师在整个教学活动中居于主要地位；在问题式教学中，教师所扮演的角色是指导者和推动者，学生在教学活动中一般居于主要地位，教师对整个教学活动加以辅导，也可以说教师在教学活动中居于从属地位。

（6）学生在教学活动中的地位不同

在传统的教学活动中，学生的角色主要是听讲者和知识的接受者，学生在整个教学活动中基本处于被动的地位。在问题式教学中，学生所扮演的则是一个积极的参与者的角色。他必须自主地结合已有的经验和知识并融合新的知识和经验去解决所面临的疑问和矛盾。学生在整个教学活动中基本上一直处于主动的地位。

（7）学生的积极性不同

在传统的教学中，学生由于处于被动地位，学习的积极性较低；而在问题式教学中，由于学生在教学活动中处于主动地位，他们积极参与基于问题式学习中各个环节的活动，积极性较高。

（8）学习结果不同

在传统教学中，学生获得的是教师经过筛选、过滤等加工程序后的"第二手"的知识；而在问题式教学中，学生所获得的既有学生自己加工而得的"第一手"的知识，也有在学习过程中养成的问题意识、创造性思维的技能以及解决问题的能力。

（9）教学效果不同

在传统教学中，虽然能够传授比较系统的知识，但在能力培养方面效果明显不足；而问题式教学虽然能有效地培养学生的问题意识、批判性思维的习惯，发展自主学习的策略以及解决实际问题的能力，但在传授系统知识方面效率较低，这不能不说是问题式教学的一大缺陷，对此，我们必须有清醒的认识。

通过上述比较，我们可以发现，问题式教学的优点突出，传统教学也不能一概否定，这两种教学方法各有自己的优缺点，应该取长补短，不可偏颇。

2. 问题式教学的特点

与传统教学法相比，问题式教学的特点主要体现在以下几个方面。

（1）以学习者为教学中心

在问题式教学中，学习者必须自己担负起学习的责任，主动学习。了解应该要知道什么，以什么方式学习，凭借自己的个体经验以及基于个体经验的个性化的知识自主地去解决所面临的疑问和矛盾。它促使学习者结合已有的经验和知识，融合新的经验和知识，在解决问题的过程中形成富有个性的、自我统一的、动态的认识系统。换言之，问题式教学中，学习者是问题的解决者和意义的建构者。学习活动是学生内部心理活动与外部行为相结合的过程。由此可见，在问题式教学中，学习者自己也是学习外部活动的控制者和管理者，也就是说，这种学习是以学习者为中心的教学。

（2）以问题为学习起点

问题式教学是以结构不良的、开放的、真实的问题作为学习的起点。这些非常接近现实世界或真实情景的散乱而又复杂的问题呈现了学习者实际要面对的挑战，为学习者提供了学习的动机。学习者不能简单地套用原来的解决方法来解决这些问题，他们需要在原有经验的基础上进行创新分析来解决问题。学习者在尝试解决问题的时候，就会知道应该学到什么知识内容。问题式教学以问题汇聚焦点来组织高水平的学习，问题式教学中那些结构不良问题往往是没有规则和稳定性的，学习者无法简单地套用原来的解决方法来解决这些问题，要求学习者要在原有经验的基础上进行创新分析来解决问题。也就是说，面对那些结构不良的新问题，学习者要把握概念之间的复杂联系并广泛灵活地将其应用到具体的问题情景中去，在学习者解决问题的过程中发展其有效地解决问题的技能和高级思维能力。这样还能确保在将来的工作和学习中学习者的能力有效地迁移到实际问题的解决中。

（3）以自主、合作、探究学习为学习方式

在问题式教学中，学生一定要通过自主学习来解决真实性的实际问题。但由于问题太复杂了，学生需要以小组为单位进行工作，通过合作学习来共同完成对所学知识的意义建构。在小组中，学生共享专业知识、思维与智慧，这有助于形成多种假设、多种观点，从而有助于学习者对有关问题的理解，共同探究包含学习议题的复杂性问题。在小组中，学习者需要积极主动参与小组活动，主动地寻求学习伙伴并共同探索问题，在交流和研讨学习信息的过程中，通过语言的表达、思想的沟通、心灵的碰撞、性格的磨合等实现组织能力、交往能力和独立学习能力的提高，个性的发展乃至集体主义观念的形成。概括起来讲，在问题式教学过程中，要大力倡导充分的自主，有效的合作，深度的探究。在自主、合作、探究三者中，自主是合作、探究的基础，合作是促进自主、探究的形式，探究是自主、合作学习的目的。三者互为一体，又互相促进。

（4）以搭建适当高度的脚手架为教学落脚点

脚手架是为了保证各施工过程顺利进行而搭设的工作平台。盖一座高楼时所搭建的脚手架，建筑工人需要站在脚手架上，才能将新的建筑材料安放在应有的位置上。第一个类型的脚手架是从地面搭起，随着高度的增加，不断地向上搭。第二个类型的脚手架，随着建筑高度的不断增加，下面的脚手架就撤了，只在适当的高度上搭建脚手架。如果把问题式教学的过程，看作是学生建筑自己的知识大厦，那么，老师的作用就是在学生学习时，给学生搭建适当的脚手架，让学生能够找到学习新知识的落脚点，然后把学习到的新知识安放在他们原有的知识结构之中。那么，作为教师的我们，在学生学习新知识的过程中，是否需要从最低点开始搭建脚手架呢？很明显，是不必要的。前面学习的知识或者学习知识过程的方法，是可以迁移作为后续学习的脚手架的。在这里要强调的是，教师在学生建筑自己的知识大厦中应该扮演促进者和引导者角色。

在问题式教学开始之前，教师需要反思学习的目的，并根据学习的目的设计或选择适合的问题。除此之外，教师还要努力寻求让学习者学会为学习承担责任的方法，精心地设计各种策略、准备相应的学习材料、安排学习者分组等，为学习者创造积极投入学习过程的机会。在问题式教学的进行过程中，教师需要倾听，耐心地和学习者互动，通过提问来适当地引导学习者，以避免学习偏离学习主题，并逐渐地做教学方式的转换，从进行讨论、解决问题、建立共识、撰写报告和口头发表见解中，使学习者习惯问题式教学的学习方式。在问题式教学结束之后，教师还需要评价学习者和自身的表现及问题的品质等。综上所述，在组织问题式教学的过程中，教师的责任在于引导学生进行学习，监控整个学习过程使计划顺利地进行。也就是说，教师扮演好促进者和引导者的角色，可以为学生建筑自己的知识大厦搭建出适当高度、结构良好、质量上乘的脚手架。

四、问题式教学的设计

1. 高中地理问题式教学设计的原则

高中地理问题式教学设计的原则是以设计目标问题为基础，以理清目标问题之间的脉络为重点，让问题的设定在围绕教学目标、把控学情和关注学习情境的基础上整合成具有可操作性的问题链，并将核心素养融入其中。

（1）紧扣学习目标与核心素养设问

学习目标是设计教学问题的重要参照因素，问题的设计应为达成学习目标服务。针对学生认知水平与知识基础的差异，学习目标可以设计成不同的水平层次。基于不同层次的学习目标，问题的设计要切中教学要害，针对教学的重点、难点，设计出不同层级的问题链。另外，问题的设计要与培养学生的核心素养相结合，把地理核心素养的精髓植根于问题式教学之中，并通过学生对问题的思考与互动逐步提升其综合思维、区域认知、地理实践力与人地协调观等素养。

（2）尊重学生的认知水平和知识基础

学生的认知水平和知识基础是教学问题设计的起点，这需要教师对学生的知识水平和认知特点有清晰的把握，设计出符合学生"最近发展区"的高质量的问题链。否则，问题的要求过高或过低都无法激发学生的探索欲望，也不利于其核心素养的培育。对于较为抽象的问题，在设问之前可以结合具体的情境做适当铺垫，并把复杂问题分解为若干相关联的小问题。针对较为简单的概念性、常识性等问题，可以将其融入较为复杂的问题之中，作为学生解答复杂问题必须明确的一个前提条件。

（3）注重问题设计的生活化与层次性

地理知识源于生活情境，对抽象的地理知识与原理的探索需要依托特定的学习情境，并使教学情境贯穿于整个教学过程中，只有这样获取的地理知识才能内化于心，外化于行，逐渐形成学生必备的地理素养。此外，问题的设计还应具有清晰的层次性，合理把控问题设计的跨度与梯度，注重知识之间的联系，并按照层次关系合理呈现不同层次的问题。此外，不同层次的问题都应该有主干问题与分支问题，且同层次的若干问题应形成一条具有逻辑关联性的问题链。

（4）增强问题的可操作性与趣味性

问题的功能应以辅助完成课堂教学任务为目标，其设计应该结合教学目标、学情、教学重难点等因素进行并以适当的形式表征。在设计问题时需站在学生的立场慎重考虑，注重问题的可操作性、针对性、设问尺度与难度，同时需要避免问题大而空，不着边际，表述不清等，确保学生明确问题的用意与学习的方向。此外，避免问题呈现方式单一化，类型不同的问题可以适当变换形式和表达方式，增强问题的趣味性和学生探索欲望。

2. 高中地理问题式教学设计的技巧

关注高中地理问题式课堂教学，设计问题是基础。问题的确定应考虑与实际情境相关联，可以覆盖若干条内容要求或教科书的若干章节，围绕问题，使教学内容的结构化与关联性更加突出。问题的呈现，要利于学生发现未知，激发学生学习和探究的兴趣，利于学生创造性地解决问题。问题的设计，需要依托情境，建议在选择情境时考虑以下几个方面：贴近学生知识水平、生活实际和社会现实，使学生理解情境；蕴含问题，给学生提供探究的空间；体现关联性，让学生在一个贯穿全过程情境中经历地理思维发展的过程；与课程标准和地理教科书内容联系，便于学生找到基本的依据和资源。

设计问题的重要技巧是要明确问题类型，丰富提问角度。教师提问形式的单一限制了学生的思维，使学生提出的问题也呈现出单一化思维的趋势。因此，高中地理师生要想提出更多有价值的问题，前提是必须了解问题的类型，弄清楚可以从哪些角度提问，可以提出什么样的问题。按照布鲁姆"层级化思路"问题设计方法，可以把问题分为：记忆性问题、理解性问题、运用性问题、分析性问题、评价性问题、创造性问题。在麦卡锡的 4MAT 模式（又称自然学习模式）中，曾采用"四何"问题分类法，即"是何、为何、如何、若何"。华东师大祝智庭教授将"由何"概念引入问题归类之中，形成了"五何"问题分类法。我们要灵活运用"五何"问题分类法来设计不同层级的地理问题。

（1）是何（what）。关于"是什么"地表示事实性知识的问题。对应的学习基本方式是信息搜集、记忆、理解。学生要回答这类问题，需要完成事实性知识的回忆与再现，或者通过说明、解说、描述、推断来阐明某种事实性的意义。例如：什么是垃圾焚烧发电厂？

（2）为何（why）。关于"为什么"的表示目的、理由、原理、定理的问题。对应的学习基本方式是探究、思考。回答此类问题需要理解事物之间的内在联系和逻辑关系，运用获取的原理性知识对事件、行为、目的、观点、意义、价值、结果等进行合理的解释和推理。例如：居民为什么反对兴建垃圾焚烧发电厂？

（3）如何（how）。关于"怎么样""怎么办"的表示方法、途径与状态的问题。该类问题的解决一般对应着获取策略性的知识。对应的学习基本方式是在做中学，在体验中学习。例如：怎样解决反对兴建垃圾焚烧发电厂与城区日益增加的垃圾排放量之间的矛盾？

（4）若何（if）。关于"如何……会……"地表示条件发生变化，可能产生新结果的问题，即"如果""要是""是否""即使"等情况下的问题。"若何"类问题复杂多变，易于产生思维迁移，学生要回答这类问题，必须对事物的多种属性进行判断，充分发挥自己的洞察力、想象力和创造力。对应的学习基本方式是猜想中学习，情境中学习，发散与创造性地学习。例如：①如果不兴建垃圾焚烧发电厂，我们可以怎样处理垃圾？②如果兴建垃圾焚烧发电厂，怎样才能平衡居民的意见？③假如你是垃圾焚烧发电厂选址附近的居民，你会有什么想法？④假如你是政府的职能部门，你应该采取怎样的措施？

（5）由何（where/when/who）。关于"由……引起的"的问题。"由何"问题的作用主要表现为，它可以作为情境的依附对象，强调与事物对象相关的各种情境要素的追溯与呈现。表示问题发生的条件、来历、起因，通常可以通过分析问题产生的情境，并由此进一步确定问题的性质以及问题解决的方式。例如：由居民反对兴建垃圾焚烧发电厂想到我们应如何提倡环保、做好垃圾分类等问题。

在问题设计中，通常是把"由何"与其他"四何"问题进行融合设计，展示相应的问题情境。例如：①由居民反对兴建垃圾焚烧发电厂想到，怎样解决反对兴建垃圾焚烧发电厂与城区日益增加的垃圾排放量之间的矛盾？②由居民反对兴建垃圾焚烧发电厂想到，作为政府的职能部门，你应该采取怎样的措施？等等。

课堂教学设计建议关注以下六个方面。（1）以学生的认知水平和知识基础为起点设计教学。（2）围绕问题设计不同层次的问题链条，注重地理知识间的内在关联性，并将所学内容有逻辑地整合成可操作的学习链条。同时也要注意学习链条的设计只是预设，实际学习过程的展开要以学生的思维发展为线索，避免教师用问题链过度"牵引"学生。此外，还要关注课堂生成问题，促进、激发学生发现问题、提出问题。（3）将完整呈现问题和相应情境作为学生学习的基础和背景，避免将情境仅作为"导入"的做法，要引导学生在充分理解情境的前提下展开学习。（4）让所有学生参与问题解决的整个过程，即使在分组学习时，也要避免每个小组仅负责解决问题的某个方面或某个环节，以保证对地理问题的全面认识和综合思维训练。(5) 不论是演绎学习还是归纳学习，都要使学生能形成一定的地理知识结构框架，并综合地理解、解释和解决地理问题。(6) 要提倡和鼓励学生呈现开放性思维，注意鼓励创新性表现。

3. 高中地理问题式教学设计的案例

依据课标理念和高中地理教学实践，我们提出高中地理问题式教学设计的一般思路是：

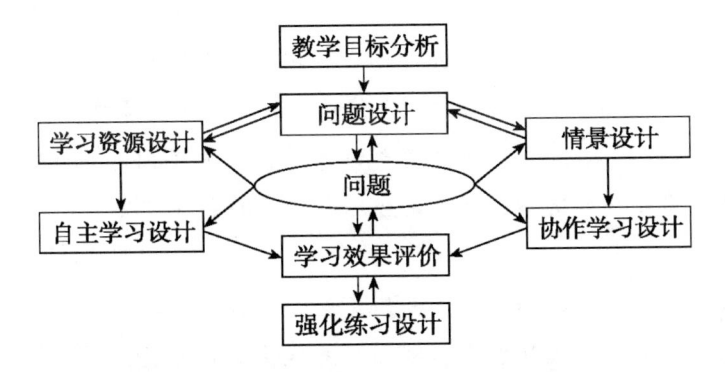

高中地理问题式教学设计的一般模式图

新课标提供了高中地理问题式教学设计的典型案例。

实例1 "浙江青田县稻田养鱼为何持续至今"问题式教学

目标：围绕"浙江青田县稻田养鱼为何持续至今"这个问题，综合学习"地域文化、文化景观、人地关系、可持续发展"等相关知识，发展学生地理综合思维、区域认知、人地协调观等地理学科核心素养。

问题的设计：该问题的核心内容为"地域文化景观"，可以对应课标地理2"结合实例，说明地域文化在城乡景观上的体现"和"说明协调人地关系和可持续发展的主要途径及其缘由"要求进行学习。围绕该核心要求，涉及的内容还包括乡村景观、可持续发展等。

"青田县上千年稻田养鱼农业文化为何延续至今"是一个真实问题，可以引导学生从区域文化价值角度入手，感悟、欣赏这个独特的地域文化景观，分析其中存在的文化现象和区域可持续发展应采取的对策。

情境创设：取"浙江青田县稻田养鱼"的真实情景，经加工整理，形成如下情境的描述。浙江青田县稻田养鱼距今已有1200多年历史，最早是由农民利用溪水灌溉稻田，鱼在稻田里自然生长，经过长期驯化而形成的天然稻鱼共生系统。古《青田县志》中记载："田鱼，有红、黑、驳数色，土人在稻田及圩池中养之。"田鱼，是淡水鱼的一种，由鲤科鱼类演化而来，有红、黑、花、白、青、粉等颜色，由于自古在稻田中养殖，故俗称"田鱼"。田鱼虽然出自稻田而无泥腥味，肉质细嫩，味道鲜美，鳞片柔软可食，营养丰富，深受人们的喜爱。然而，这种延续至今的生产方式出现了令人担忧的局面：当地掌握这一技术而又专心养鱼的人正在迅速减少，因为要靠种田养鱼发家致富很难，稻田养鱼处于濒危状态已是一个不争的事实。那么这里的农业生产能否持续发展下去呢？

教学设计：（1）了解学生对这类地理事物的认知基础，并针对学生可能存在的理解困难做相应的准备。例如，介绍稻田养鱼的真实情景，以及当地人们的生活方式等。

（2）设计问题链条，用地理环境整体性的思路引导学生分析浙江青田县的自然环境及人类活动方式和特点。例如，怎样认识青田县的气候特征？青田县丰富的溪水资源从何而来？稻田养鱼对水稻生产有什么好处？青田县人们长期以来的生产和生活方式是怎样的？这里积淀了怎样的地域文化？为什么今天的青田县稻田养鱼处于濒危状态？青田县的农业生产怎样才能持续发展下去呢？

（3）探究浙江青田县稻田养鱼模式的形成过程及人地相互作用表现。

（4）2005年6月，青田县的稻田养鱼被联合国粮农组织评为"全球重要农业文化遗产保护试点"，成为中国第一个世界农业文化遗产。从可持续发展视角认识浙江青田县稻田养鱼的文化价值。

教师在教学中，可以结合此类案例，辅助搞一些社会调查活动，或借助信息技术整合相关地理信息，引导学生综合地认识"自然—社会经济—文化"之间的相互作用与协调关系，体验自主思考探究的过程。

五、问题式教学的实施

1. 问题式教学的实施原则

基于《普通高中地理课程标准（2017年版）》对开展问题式教学的原则要

求，结合对地理教学专家、一线地理教师的咨询，我们制定了地理问题式教学的实施原则。

（1）目标性：指向地理学科核心素养的培养目标，符合课标的要求，匹配具体教学目标的达成。

（2）主体性：教师是问题式教学设计的真正主体，学生是问题式教学活动的真正主体。问题式教学环境的创设是为了引发、激发学生的自主探究、协作和反思性学习，促进学习者的深度学习。同时，教师感受作为具有自主性和创造性主体的尊严、地位和责任，在教学设计与实施中实现自我价值。

（3）知识性：问题的设计符合地理教学内容，覆盖若干条地理教科书知识；契合学生地理知识的习得路径，有助于学生掌握、应用和构建知识。

（4）方法性：能帮助学生在发现、解决问题的过程中掌握并灵活运用多种学习方法；有助于培养学生的地理逻辑思维，如演绎推理、归纳总结等；结合地理图表信息，培养学生的信息整合和读图析图能力；有助于培养学生的合作探究和表达交流能力。

（5）情境性：以情境为基础进行问题设计，并且符合学生的认知水平；情境来源于学生生活的地理环境，便于学生找到用于解决问题的资源；问题情境不仅是作为课堂教学的导入，而且能够贯穿教学全过程。

（6）关联性：不同问题之间具有关联性，问题链逻辑性强，体现教学内容的内在联系，引导课堂向前发展。

（7）启发性：问题能够吸引学生进行主动思考，促进学生地理知识的习得和地理思维的发展，进而展开深度学习。

（8）情感性：帮助学生形成正确的人地协调观，使其具有环境、资源和法治意识；有助于培养学生对社会和自然的责任感，以及自觉行动意识；有助于培养学生爱家乡、爱祖国的情感和行为。

2. 问题式教学实施的一般模式

所谓问题式教学模式，就是采用设问的方式，组织教学内容，引导学生积极思维，在解答问题的过程中完成新知识的传授的课堂教学方法。依据设问的方式和教学目的的不同，问题式教学主要包括三种形式：第一，教师在讲授完一系列的知识后设问，引导学生在前述知识的基础上，归纳推导得出一定的结论，即由"因"到"果"的推论过程；第二，教师在没有讲授知识之前先行设问，设置悬念，激发学生思维兴趣和求知欲望，然后引导学生寻求原因，即由"果"到"因"的反证过程；第三，依据所学的知识，由学生自己提出问题，然后教师引导学生进行共同探讨，寻求答案，即由"多因"到"多果"的讨论过程。问题式教学实施的形式因教学目标、教学内容、学情等方面的不同可以采用灵活的相应方式。

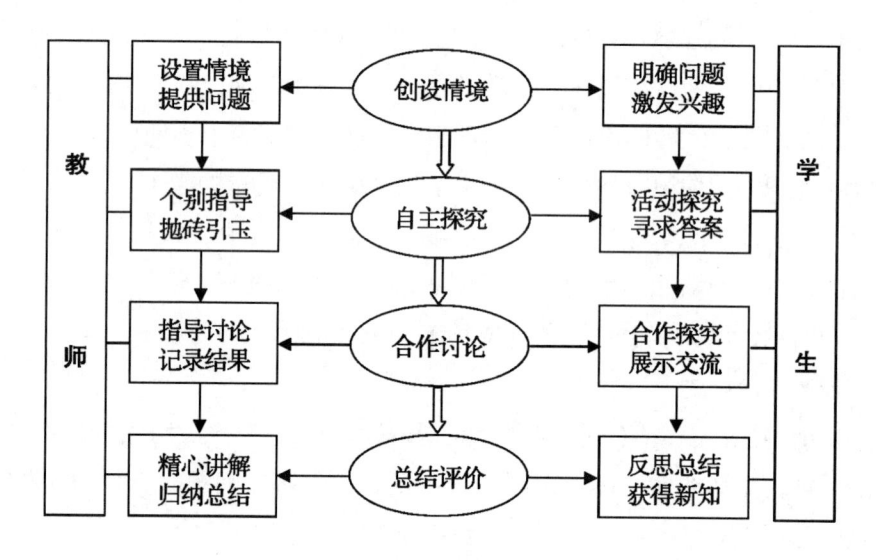

```
教师 ← 设置情境     创设情境     明确问题 → 学
     提供问题  ←              →  激发兴趣
                      ↓
     个别指导  ←    自主探究   →  活动探究
     抛砖引玉                    寻求答案
                      ↓
     指导讨论  ←    合作讨论   →  合作探究
     记录结果                    展示交流
                      ↓
     精心讲解  ←    总结评价   →  反思总结
     归纳总结                    获得新知   生
```

问题式教学实施的一般模式图

问题式教学以问题为线索，以设置问题为开端，解答问题为结束，包括创设情境、自主探究、合作讨论和总结评价四个方面。上图中的各个环节并不是一成不变的，教师可以根据实际来确定教学环节的实施过程。只要在教学过程中，学生自我引导进行学习，充分发挥主观能动性，就达到了问题式教学的目的。

（1）创设情境，设置问题

古希腊教育家亚里士多德曾经说过："思维自疑问和惊奇开始。"所以，在课堂开始时，教师要精心设计问题，创设教学情境。例如，在上《地理·选择性必修1》第二章第三节"河流地貌的发育"内容时可以创设问题情境，激发学生学习的积极性。

◇情境材料1◇

镇江地处长江下游的南岸，自唐代以来便是漕运重镇、交通咽喉。西津渡曾经在很长一段时间内是镇江通往江北的唯一渡口。然而，长江在此处持续向北发生偏移，西津渡所在的南岸泥沙淤积，慢慢成了陆地。曾经喧嚣的码头最终沉埋于地下，它所在的位置如今成为游人如织的商业街。

◇探究问题1◇

你知道长江岸线镇江段为什么会持续向北推移？

（2）引导学习，自主探究

教师出示河谷的演变图（教材图2.27），引导学生自主探究，完成下表。

河谷发展阶段	主要侵蚀类型	横剖面示意图
初期（A）		
中期（B）		
成熟期（C）		

在学生活动后，教师引导学生归纳。

河谷发展阶段	主要侵蚀类型	横剖面示意图
初期（A）	下蚀和溯源侵蚀为主	V字型
中期（B）	下蚀减弱，侧蚀增强 凹岸侵蚀，凸岸堆积	U字型
成熟期（C）	以侧蚀为主	槽型

（3）小组讨论，合作学习

教师将全班分为若干个小组，出示5幅示意图，进行设问探究。

◇探究问题2◇

①上列景观图片属于哪种河流地貌（冲积扇、冲积平原、冲积岛、三角洲、江心洲）？

②它们在分布位置和形态特征上有何差异？

小组要讨论每个成员得出的结论，提出解答问题过程中的疑惑，共同探讨。在这个过程中，学生交换自己的学习成果，比较他人与自己结论的差异，反思自己。也可以展开辩论，从而加深学生理解，学会多方位、多角度思考问题，提高学生分析问题和解决问题的能力。

（4）教师点拨，综合评价

这个环节对于整节课来说至关重要。教师是学生学习的引导者和促进者，教师最后的精细讲解在本节课起到画龙点睛的作用。在经过学生自主探究和小组讨论之后，学生对本节课的重点内容已经有了一定的了解，教师将学生得出的结论汇总，根据学生没有解决的问题，提炼要点，进行深入浅出地讲解。例如，教师对上面的小组探究进行点拨：

①相同点：其成因均为流水沉积，即河流流水挟带的泥沙，由于河床坡度减小、水流流速变慢、水量减少和泥沙增多等都可引起搬运能力减弱而发生沉积。

②差异点

	区域差异	形态差异	沉积介质差异
冲积扇	山口	扇形	
冲积平原	河流中下游	河漫滩成因的冲积平原，有凹凸岸	
冲积岛	河流入海口	多长条形	还受海水顶托
三角洲	河流入海口	尖头状、扇形、鸟足状等	还受海水顶托
江心洲	河流江心	多长条形	

最后，教师需要对各小组探究的汇报结果进行综合评价，表扬思维创新点，指出不足部分，并用下图进行画龙点睛式总结。

```
                    ┌ 初期：V型谷
        ┌ 河谷的演变 ┤ 中期：曲流，凸岸堆积，凹岸侵蚀
河流地貌 ┤           └ 成熟期：U型谷
的发育   │           ┌ 冲积平原：地势变缓，河道变宽，水流减慢
        └ 冲积平原的形成 ┤ 河漫滩平原：凹岸侵蚀，凸岸堆积
                    └ 三角洲平原：地势低平，水流扩散；加上海水顶托作用，水流缓慢
```

3. 问题式教学的实施技巧

（1）创建合理的地理问题情境，营造愉快的课堂氛围

心理学研究表明，学生在情绪饱满、心情舒畅的情境下，思维较为放松和活跃，记忆力达到最优状态。创设合理的课堂问题情境，营造良好的课堂氛围，是问题式教学的优势所在。良好的问题情境可以一石激起千层浪，自然地把学生引进思考状态，进行自主的理解、体验、感悟与生成。教师最好是在教学准备阶段就充分搜寻相应的情境资源，比如，可以找寻和教学主题相关的一些图片、视频或者是文字类的资料，教学开端可以首先给学生呈现这些内容，然后提出问题，进而让学生展开对于问题的挖掘与探究。这样的教学组织与设计的方式会让整个课堂更为紧凑，可以充分利用有限的课堂教学时间，并且能够让学生的思维能力和问题探究能力都得到良好锻炼。在使用问题式教学法时，要注重以学生为主体，教师为主导，让学生与学生、学生与教师之间产生互动与对话；在交流中，教师要了解学生在学习中产生的疑惑与不解，记录并总结，鼓励学生多方位多角度思考问题。可以说，创建合理的地理问题情境，创造活跃的课堂氛围，让学生以饱满的情绪积极地投入课堂中去，这恰恰是问题式教学的魅力所在。

教师要善于利用先进的科学技术手段创建问题情境，营造愉快的课堂氛围。多媒体的应用能够活跃高中地理课堂的教学氛围，能够丰富地理教学内容，从而使地理信息的表达更加丰富、生动、直观和多样化，实现抽象地理事物形象化、静态地理图像动态化、复杂地理过程简单化，既吸引学生思考，又让学生发现已有知识和信息体验的冲突矛盾，探究问题的内驱力油然而生，一个有利于学生开展自主、合作、探究的课堂氛围也顺利营造起来。

（2）创设针对性与实效性的地理问题，强化学生问题意识

问题是教学的起点和归宿，也是教学的主线。知识围绕问题而产生，教学围绕问题而展开。因此，如何正确设置问题至关重要。教师在创设地理问题时，要注意问题针对性、科学性、开放性和创造性。需要指出的是，教师在设置问题时，还要注意问题的难易程度，教师需要给学生在已知和未知之间搭建桥梁，根据学生已有的认知水平，提出具有挑战空间的问题，让学生能够通过自己的努力获得学习成果，这也是维果茨基倡导的"最近发展区"思想的意义所在。教师所设计的问题不能过多，也不能设计得偏难或偏易，问题要具有灵活性与探究性，要激起学生的活力与兴趣。所以，教师要针对不同层次的学生，将教学内容及方式进行合理的安排，尽量做到少而精，才能保证其针对性与实效性。通常学生在对一个问题产生疑问时，内心就会产生冲突，在冲突的驱使下，学生会对问题进行积极的思考，这并不是一个简单的思考过程，而是学生创新的过程。经常开展有针对性与实效性的问题式教学，可以有效强化学生的问题意识。

（3）加强学情分析，留给学生充足的探研时间

问题式教学的落脚点是学生的智慧增长与能力提升。教师的问题设计要从教学内容出发，更要指向学生的实际需要。学生的实际需要就是学生学习中存在的真实的、亟待解决的问题。因此，学情分析显得尤为重要。了解学生的已知与未知、优势与不足、学习路径与思维习惯，在课堂上教师才能有的放矢，在有限的时间内有效解决学习的重难点问题。提前做好预习单和学生学习路径分析，是行之有效的一个方法。预习单的设计要着眼于了解学生，引导学生自主学习；学生学习路径分析的着眼点可以包括学习资源、学习顺序、学习时间、学习方式、学习的同伴、师生关系、兴趣特长与思维特点等。在课堂教学实施过程中，教师要在学情分析基础上留给学生充足的探究和研讨时间，从而对教学情境所展现的整个问题，涉及的知识和方法，对自己解决问题的思维过程、运用知识和方法的过程，做出必要的反思，调整原有的认知结构，形成新的认知体系，从而达到知识和能力的升华。在实际教学过程中，很多教师忽略了这一点。所以要强调的是，为学生留下充足的思考与讨论时间，有利于学生创新思维，形成新的知识体系，提高学习能力。

（4）重视课前问题引导，注意课外拓展延伸

问题式教学要注意变"教案"为"导学案"和"学案"，将"两案"建设成"导学"的有效载体。在课前，教师可以给学生发送包含若干引导性问题的预学案，并要留给学生自主预习的时间。让学生带着问题预习，有利于学生对教材有一个整体性的掌握，还可以对重点进行针对性的学习，提高预习效果。在预习过程中，学生会遇到不懂的问题，在预习结束后，会对问题产生兴趣，提高解决问题的积极性。

课堂教学是一项系统工程，仅局限在45分钟是不够的。问题式教学的很多内容可以延伸到课外，要求学生到自然界和社会环境中，亲自去实践、去体验、去观察、去尝试感悟。让他们将搜寻到的第一手资料和课本内容、课外知识、现代信息有机融合，这样有利于优化课堂教学内容，有利于问题的解决，真正实现让学生"走向生活""走向社会""走向未来"的教学目的。

（5）采用多样化的教学评价，注重培养学生的能力

在问题式教学中，教师承担着评价课堂学习过程和学习结果的角色。教师要采用开放的多样化评价方式，趋向于关注学习过程，以发展学生能力为目标。学生在自己努力后得到问题的答案，通常会有一种发自内心的喜悦和成就感，所以教师切忌轻易否定学生的猜想，要对学生给予充分的肯定，鼓励学生充分发散思维。在现实课堂中，教师常常以时间不够等为理由，在学生做出回答后只是简单地回复"请坐""对""是这样吗"等语句，有的甚至不予回答。在师生互动的过程，若教师不予回答，不采用鼓励性、多样性的课堂评价，学生将逐渐失去参与教学的热情。分析出现上述问题的原因，主要有两个方面：一是设计的问题过于简单，没有引起思维或情感的进一步碰撞，让学生成为教师完成预设教学内容的工具。二是学生的回答出乎教师的预设，教师来不及做出其他思考，使得对话不能继续深入进行。为了避免出现这些问题，教师要认真对待课堂互动与课堂评价，设计高质量的问题，做好充分的预设，不断提高专业素养，灵活应对，在预设的基础上实现精彩的生成。而在课后的教学评价中，考试内容不应局限于课本知识，应多涉及热点问题、发散思维的主观问题等，培养学生的地理思维能力。此外，还可以在考试问题上允许学生选择考试题目，一些选做题可以让教师发现学生的优势和学习盲点所在。这种开放式的评价方

式，可以使学生在掌握基本知识的同时，充分挖掘自身潜力，培养主体意识和创新意识，让学生完成知识的内化，为学生的创新思维活动和实践活动开展提供可行性的空间。

参考文献：

[1] 中华人民共和国教育部. 普通高中地理课程标准（2017年版）[S]. 北京：人民教育出版社，2018.

[2] Barrows HS, Kelson A. *Problem-based Learning：A Total Approach to Education* [M]. Illinois：Southern Illinois University Press，1993.

[3] 黄飞跃. "问题式教学法"在高中生物教学中的应用 [J]. 中学生物教学，2015 (1—2)：14—17.

[4] 刘亚如. 高中地理问题式教学的有效性研究 [D]. 山东师范大学，2019.

[5] 陶承娜. 基于发现学习理论的高中自然地理教法 [J]. 地理教学，2017 (10)：48—51.

[6] 瞿云霞. "PBL教学"在高中地理课堂中的应用 [D]. 南京师范大学，2017.

[7] 张玲. 论基于问题式学习的本质和特点 [J]. 文教资料：教育论坛，2005 (26)：53—56.

[8] 黄伟. 新课改下高中地理问题式教学的设计策略 [J]. 课程教育研究：学法教法研究，2018 (36)：154—155.

[9] 任梦然，李秋石. 明确问题类型 丰富提问角度 [J]. 课程教材教学研究：中教研究，2014 (25)：92—92.

[10] 周玉琴，黄小兰，高赛格，张誉予. 高中地理问题式教学评价研究 [J]. 中学地理教学参考，2019 (9)：55—58.

[11] 顾仁勇. "问题式"教学模式的探讨——以《食品保藏原理》课程教学为例 [J]. 科技创新导报，2010 (18)：199—201.

[12] 王晓惠，郭志永. 高中地理问题式教学应用初探 [J]. 教学与管理，2016 (2)：108—110.

第二部分　问题式教学设计与案例

第一章 地球的运动

第一节 地球的自转和公转

教学内容分析

※课标要求※

结合实例，说明地球运动的地理意义。

※课标解读※

地球的运动包括有两个要点：自转和公转的运动特征；能自己绘制地球运动示意图，培养地理实践力。利用地球公转轨道示意图和太阳光照示意图解决相关的地理问题，培养综合思维。

※教材分析※

本节课属于地球运动中的基础知识，为《地球运动的地理意义》的学习打下基础。本节课的内容主要是通过图表、文本、视频等资料，让学生说出地球运动的形式和运动特征，并分析地球的自转和公转与生产和生活的联系，渗透地理实践力，培养学生的综合思维。

※学情分析※

从学生的知识储备、思维能力来看，学生学习本节课内容不存在很大的障碍。因此，在教学过程中教师可以淡化知识点的讲解，侧重于联系生活实际，创设真实的问题情境，在激发学生的学习兴趣的同时，通过问题设置，引发学生思考、探究，让学生用所学的知识去分析、阐述真实的地理事象，去解决现实的地理问题，让学生感受生活化的地理。

※核心素养培养目标※

本节课对应的课程标准要求为："结合实例，说明地球运动的地理意义。"基于课程标准和学情，本课的教学目标总体设置如下：

1. 运用图表和文本资料，说出地球运动的形式。（地理实践力、综合思维）

2. 运用图表和文本资料，说明地球运动基本特征。（综合思维、人地协调观）

3. 运用图表和文本资料，绘制太阳直射点的移动轨迹，分析其与生产和生活的联系。（综合思维、人地协调观）

※教学重难点※

1. 教学重点

说出地球运动的形式和基本特征。

2. 教学难点

理解黄赤交角产生的原因及其影响。

※教学方法※

问题式教学法。

※教学媒体※

图表、视频。

※教学课时※

2课时。

教学过程设计

※课堂教学※

◇课堂导入◇

以教材图1.1导入，为何斗转星移？以及毛泽东《送瘟神》诗词"坐地日行八万里，巡天遥看一千河"如何理解？该诗句主要反映了地球运动的哪种形式？与诗句最相吻合的地点在哪里？

提示：自转。赤道地区。

◇问题情境1◇

接着同学的回答，追问：自转？如何自转？方向？周期？（参考教材图1.2）

◇问题探究 1◇

请从赤道，北极上空，南极上空看地球的自转，方向一样？有何差异？

[学生讨论、交流]

略。

[教师引导归纳]

地球绕其自转轴的旋转运动，叫作地球的自转。自转轴北端始终指向北极星附近。自转方向为自西向东。根据南北极来判断：从北极俯视地球为逆时针，从南极俯视地球为顺时针。（如下图）

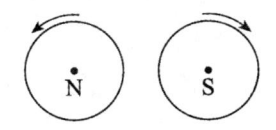

[展示恒星日与太阳日图]

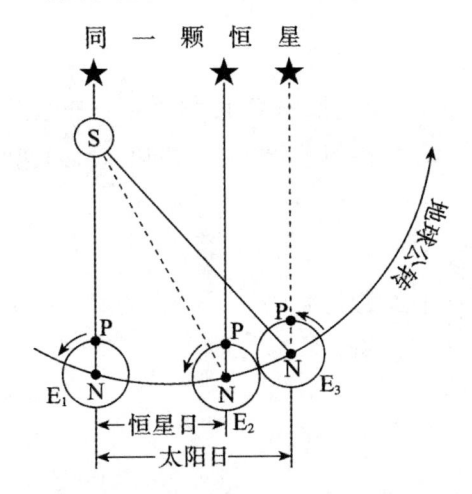

◇追问◇

1. 自转一周所需时间多少？以谁为参考点呢？
2. 自转一周速度多快？

[学生讨论、交流]

略。

[教师引导归纳]

名称	时间长度	参考点
恒星日 （真正周期）	23时56分4秒	距地球遥远的同一恒星
太阳日	24小时	太阳

[设计意图1]

这个活动的目的是培养空间想象力，学生想不通时，教师可以用地球仪或其他方式演示，将南极或者北极对准学生，转动地球仪（注意转动方向要正确）让他们观察，验证此前的思考。画出示意图是为了提升学生的表达能力，将思考结果用示意图表达出来。

◇ 追问 ◇

1. 自转一周速度多快？

读教材图 1.3，找出在不同纬度地区的角速度和线速度。（教师补充线速度和角速度的概念。角速度：做圆周运动的物体单位时间内转过的角度。线速度：单位时间转过的弧长。）

2. 思考如下问题，小组讨论并总结。

（1）地球自转线速度由赤道至两极有什么变化规律？

（2）南北两极点的角速度和线速度分别是多少？

[学生讨论、交流]

略。

[教师引导归纳]

	角速度	线速度
特征	除南北两极点（角速度为0）外，任何地点都 相同 ，约每小时 15 度。	自赤道至两极逐渐 减小 。南北两极点（线速度为0）

[设计意图2]

地球自转的速度可以用线速度和角速度来描述。除极点外，地球表面各地自转一周360°所用时间都是24小时，所以自转角速度＝360°÷24小时＝15°/小时。这是划分时区的理论依据，所以要特别重视。结论：除极点外，地球表面的自转角速度处处相等。线速度=纬线圈长度÷24小时，由于纬线长度从赤道向两极变短，所以线速度从赤道向两极变小。这一段学习一定要重数据分析。这里可以设计一个探究问题：同一纬度的地点海拔高度对自转线速度会产生什么样的影响？

◇问题探究2◇

地球公转的基本特征：方向、周期。

[学生讨论、交流]

略。

[教师引导归纳]

方向、周期[不用讲解，联系前面的回归年（365日5小时48分46秒）]强调和前面的恒星日、太阳日一样是参考点不同。

◇追问◇

公转速度，角速度和线速度各是多少？冬夏半年天数为何有差异？（参见教材图1.4)

春分点和秋分点把地球公转轨道等分为两部分。通常年份，北半球夏半年（自春分日至秋分日）的日数是186天，冬半年（自秋分日至次年春分日）的日数是179天。造成这种日数差异的原因是什么？

[学生讨论、交流]

略。

[教师引导归纳]

图中位置	时间	速度	公转位置
A点	1月初	较快	近日点
B点	7月初	较慢	远日点

地球公转的速度，用示意图和数据来说明公转速度非匀速而是有变化，这与轨道形状、日地距离变化有关。教师可以大致介绍一下开普勒第三定律：行星与太阳的连线在单位时间内扫过的面积相等，但不要过多深入。

由于地球绕日公转的速度随日地距离不同而略有变化，在（北半球）夏半年公转速度较慢，用时多；而在（北半球）冬半年公转速度较快，用时较少。故北半球夏半年比冬半年时间长。

◇ 问题情境 2 ◇

英国古文明研究作家葛瑞姆·汉卡克在《上帝的指纹》中写道:"黄赤交角会发生周期性的变化,这个周期是 41000 年,交角改变在 22.1°到 24.5°之间,准确性和可预测性不亚于瑞士钟表。"

◇ 问题探究 3 ◇

1. 为什么会有黄赤交角?
2. 黄赤交角的定义?角度?

[学生讨论、交流]

略。

[教师引导归纳]

参见教材图 1.5。

1. 地球在自转的同时也在围绕太阳公转。

2. 黄赤交角是地球自转的轨道面与公转轨道面的交角,目前是 23°26′,但并不是固定的。

3. 角度关系:①地轴总是与赤道平面垂直,地轴与黄道平面的夹角约为 66°34′,与黄赤交角二者互余。②南北回归线的度数=黄赤交角的度数;南北极圈度数=90°—黄赤交角度数。

注意:本探究活动中心是"黄赤交角",这是太阳直射点移动进而产生四季更替和五带的基础。这部分学习抓住"一轴两面三角度"和"两变三不变"。即地轴、黄道平面和赤道平面、地轴与赤道垂直、地轴与黄道面交角 66°34′、黄赤交角 23°26′;地球在公转轨道上位置不断变、太阳光线直射位置不断变、黄赤交角基本不变、地轴指向不变、地球运动方向不变。

这一部分的教学要注重演示,画图远远不够,必须借用教具或者动态视频演示或者地理信息技术,这样更容易理解。

◇ 问题探究 4 ◇

绘制太阳直射点回归运动示意图。

按如下步骤画示意图,表示太阳直射点的移动轨迹。

1. 在图上绘制三条平行且等距的直线,分别表示赤道、北回归线和南回归线。

2. 在三条直线的适当位置标注四个点,分别代表北半球二分二至日太阳的直射点。

3. 结合教材关于太阳直射点回归运动的描述，画一条曲线表示太阳直射点的移动轨迹。

[学生讨论、交流]

略。

[教师引导归纳]

由于黄赤交角的存在，引起了太阳直射点在南北回归线之间的周期性往返运动，其运动周期为 365 日 5 时 48 分 46 秒，叫作 1 个回归年。太阳直射点的位置和季节移动可用下图来表示：

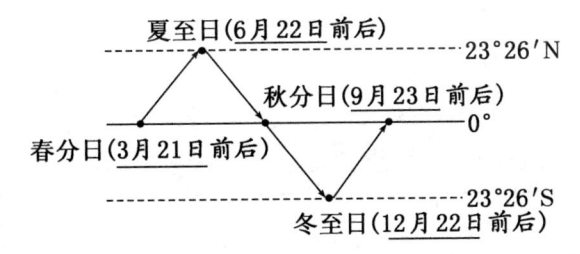

```
       夏至日(6月22日前后)
                              ————23°26′N
                秋分日(9月23日前后)
春分日(3月21日前后)
                              ————0°
                冬至日(12月22日前后)
                              ————23°26′S
```

[设计意图 3]

教材介绍太阳直射点的回归运动，选取了二分二至日这四个特殊的时间节点，让学生通过空间想象形成动态的太阳直射点移动线路图。所设计活动，试图通过绘图将太阳的回归运动进行直观呈现。这可以提升学生的地理实践力，所以这个活动一定要落实。

◇ 课堂小结 ◇

结合下表（可以适当位置放空留白，亦可作为课后作业）师生共同复习本节课主要内容。

运动形式	自转	公转
概念	绕地轴的旋转	绕太阳的运动
方向	自西向东（从北极上空俯视——逆时针；从南极上空俯视——顺时针）	
地轴空间指向	空间指向不变，北端始终指向北极星附近	

续表

运动周期	以遥远恒星为参照点	1恒星日＝23时56分4秒	1恒星年＝365日6时9分10秒
	以太阳为参照点	1太阳日＝24小时（昼夜更替的周期）	1回归年＝365日5时48分46秒（直射点回归运动周期）
速度	角速度	除南北极点外，各地均约为15°/时（或1°/4分）	平均约1°/天	近日点快（1月初），远日点慢（7月初）
	线速度	因纬度而异，自赤道（1 670 km/h）向两极点（0 km/h）递减	平均约30 km/s	
关系		地球自转的平面（赤道平面）与公转轨道平面（黄道平面）目前存在23°26′的交角（黄赤交角）		

		含义
一轴两面三角度	一轴	地轴（自转轴，与赤道面垂直）
	黄道平面	地球公转的轨道平面
	赤道平面	地球自转的平面，与地轴垂直
	黄赤交角	黄道平面与赤道平面的夹角，为23°26′
	地轴与黄道平面夹角	与黄赤交角互余，为66°34′
	地轴与赤道平面夹角	90°
三个基本不变两个变	三个基本不变	地球在公转过程中，地轴的空间指向基本不变，北极始终指向北极星附近
		黄赤交角的大小基本不变，目前保持23°26′
		地球运动的方向不变，总是自西向东
	两个变	地球在公转轨道的不同位置，黄道平面与赤道平面的交线、地轴与太阳光线的相对位置是变化的

[结束语]

◇板书设计◇

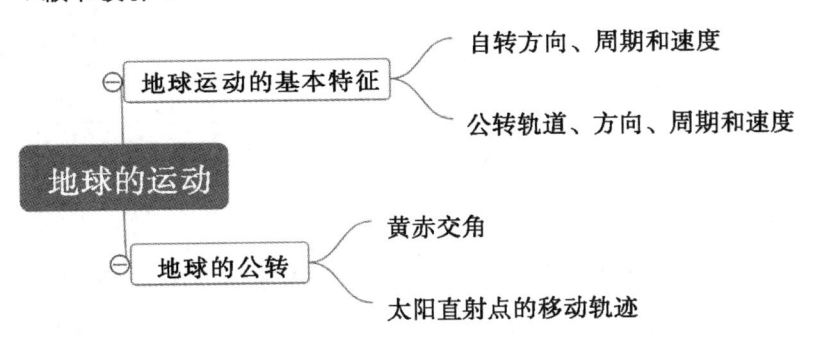

地球的运动
- 地球运动的基本特征
  - 自转方向、周期和速度
  - 公转轨道、方向、周期和速度
- 地球的公转
  - 黄赤交角
  - 太阳直射点的移动轨迹

◇设计感悟◇

本节课在地理学科素养的水平分级中只要求达到水平3。学生学习本节课内容时，可以用到初中所学知识，故不存在很大的障碍。但是教材上的知识点是做了去情景化的处理，呈现的结论性的知识点，学生如果只是简单地识记，则很难将识记的知识转化成解决问题的能力。因此，这节课的教学设计通过创设问题情境，通过问题设置，引发学生思考、探究，通过大量的图表与文本资料，让学生用所储备的知识去分析、阐述真实的地理事象，去解决现实的地理问题，让学生感受生活化的地理，实现知识的自我建构。

※课后达标检测※

下图所示照片是摄影师在夜晚采用连续曝光技术拍摄的。照片中的弧线为恒星视运动轨迹。完成1~2题。

1. 若图中的中心天体P为北极星，下列说法正确的是（　　）

   A. 该照片拍摄于南半球中纬度地区
   B. 该照片是地球公转的反映
   C. 照片中的恒星呈顺时针方向运动
   D. 照片中的恒星呈逆时针方向运动

2. 若A恒星视运动转过的角度约为30°，估测这张照片的曝光时间可能是（　　）

   A. 30分钟　　B. 60分钟　　C. 120分钟　　D. 24小时

读地球表面自转线速度等值线分布图，完成3~4题。

3. 图示区域大部分位于（　　）

   A. 北半球高纬度

   B. 南半球中纬度

   C. 北半球中纬度

   D. 南半球低纬度

4. 图中a、b两点纬度相同，但地球自转的线速度明显不同，原因是（　　）

   A. a点地势高，自转线速度大　　B. b点地势高，自转线速度大

   C. a点地势低，自转线速度大　　D. b点地势低，自转线速度大

据科学考察：火星的运行确实与地球有着相似之处，它的自转周期仅比地球长41分钟，它的自转轴倾角也只比地球的黄赤交角大32分，火星上不仅有类似地球上的季节之分，还可明显地区分出"五带"。据此完成5~6题。

5. 火星的自转周期是（　　）

   A. 24时41分　　　　　　　　　B. 23时19分

   C. 24时37分4秒　　　　　　　D. 23时15分4秒

6. 太阳在火星表面，直射点的移动范围是（　　）

   A. 23°26′N至23°26′S　　　　B. 22°54′N至22°54′S

   C. 23°58′N至23°58′S　　　　D. 23°31′N至23°31′S

读图，完成7~8题。

7. 当大家在享受国庆黄金周的时候，地球公转位置在下列哪个点附近（　　）

   A. ①　　　　B. ②

   C. ③　　　　D. ④

8. 从五一劳动节到国庆节期间，地球上太阳直射点（　　）

   A. 一直往南移　　　　　　　　B. 一直往北移

   C. 先往北移，再往南移　　　　D. 先往南移再往北移

【参考答案】

1. D　2. C　3. C　4. B　5. C　6. C　7. C　8. C

第二节　地球运动的地理意义

教学内容分析

※**课标要求**※

结合实例，说明地球运动的地理意义关系。

※**课标解读**※

地球运动及其地理意义是本册内容的重要基础，对于认识自然环境中的物质运动与能量交换、自然环境的整体性与差异性、自然环境对人类活动的影响都有着重要意义。本条要求中的行为动词用"说明"，表明对本条要求从义务教育阶段的了解现象的层面上升为理解规律和成因的层面。

说明地球运动的地理意义，首先要说明上述地理现象是如何产生的，然后要说明这些地理现象对地理环境和人们生产、生活的影响。由于这些地理现象是学生日常生活所接触的，因此讲述时应"结合实例"来说明。

※**教材分析**※

本节从动态的角度研究地球的本质属性——地球运动。地球上许多自然现象同地球在宇宙中的空间位置，特别是同太阳的空间位置分不开。充分理解地球自转和公转的原理及地理意义，是了解地理环境结构特点、揭示地理规律，解释自然地理现象的关键，也是学好以后各章节的基础。本节内容都是重点，也都是难点。但本节内容涉及空间概念较多，很难直接感知，会令学生感觉抽象。故空间概念的正确建立是学生学好本节课的关键。空间概念的难点是地球公转，地轴与公转轨道面成66.5°的夹角，这导致了太阳直射点的变化，由此产生了四季。由于知识点多，程度较深，初学的学生，其空间思维和逻辑思维能力都处在起步阶段，故教师最好是精讲，多设计学生能直接参与的动手动脑活动，培养他们对空间感知的能力，这有利于空间概念的形成。

※**学情分析**※

学生在学习了地球自转和公转的基础知识后，紧接着学习这两种基本运动所产生的地理意义。从知识的衔接上层层递进，符合一般认知规律。但是对高二学生而言，此时他们仍缺乏数学立体几何知识的支撑，也不具备很强的空间想象能力，而且面对较难知识时迁移能力也较差，因此本知识点分为 3 课时进行，效果较好。

※**核心素养培养目标**※

1. 理解地球自转运动造成昼夜交替、地方时差，掌握时间的有关换算，能正确判断晨昏线。

2. 理解地球自转和公转的关系，理解太阳直射点南北移动的过程及其原因，并能演示其运动规律。

3. 理解昼夜长短和正午太阳高度的季节变化及高度变化。

4. 通过合作学习、课堂讨论，培养学生的协作精神，并通过认识地球运动，树立科学的宇宙观。

※**教学重难点**※

1. 教学重点

（1）晨昏线的判断、地方时的计算、昼夜长短和正午太阳高度的变化规律。

（2）四季的划分方法及划分依据。

2. 教学难点

（1）晨昏线的判断、地方时的计算。

（2）太阳直射点的移动规律，正午太阳高度和昼夜长短的变化原因分析。

※**教学方法**※

图导法、对比法、多媒体演示法、合作探究法。

※**教学媒体**※

多媒体设备、自制多媒体课件、地球仪、手电筒。

※**教学课时**※

3 课时。

教学过程设计

※课前预习※

[知识梳理]

一、地球自转的地理意义

1. 昼夜交替（如图）

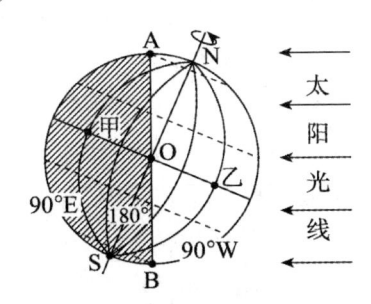

(1) 成因

①昼夜现象 { 图中甲处所在半球为_____。
图中乙处所在半球为_____。

②昼夜交替：地球的_____。

(2) 周期：_____。

(3) 分界线：AB线所在大圆为_____（圈），AOB为_____线。

2. 产生时差

(1) 原因：由于地球自西向东自转，同一纬度的地区，东边的时刻总比西边早。

(2) 地方时 { 概念：由于_____不同而不同的时刻。
同一条经线上，地方时_____。
15°=_____小时；1°=_____分钟。

(3) 时区与区时

①时区：全球划分为_____个时区，每时区跨经度_____。

②区时：每个时区的地方时即为该时区_____的标准时。

(4) 日期界线 { 自然日界线
人为日界线（国际日界线）

3. 沿地表水平运动物体的偏移

(1) 偏转原因：地球自转产生_____。

(2) 偏转规律：南半球向偏_____，北半球向偏_____，赤道上不偏转。

二、地球公转的地理意义

地球公转与季节
- 昼夜长短的变化
  - 赤道：_____。
  - 北半球夏至日（南半球相反）
    - 昼长大于夜长（这一天_____最长、_____最短）。
    - 纬度越高，_____越长，_____越短。
    - 北极圈及其以北出现_____。
  - 北半球冬至日：与夏至日相反。
  - 影响
    - 日照时间多，接受太阳辐射_____。
    - 日照时间短，接受太阳辐射_____。
  - 春分和秋分：全球_____。
- 正午太阳高度变化
  - 规律（北半球）
    - 夏至：由_____向南北两极递减。
    - 冬至：由_____向南北两极递减。
    - 春分和秋分：由_____向两极递减。
  - 影响
    - 太阳高度角大，地表单位面积获得太阳辐射_____。
    - 太阳高度角小，地表单位面积获得太阳辐射_____。
- 四季的划分
  - 天文四季的含义
    - 夏季：一年内白昼_____、太阳高度_____的季节。
    - 冬季：一年内白昼_____、太阳高度_____的季节。
    - 春、秋季：_____的过渡季节。
  - 划分方法
    - 中国传统四季：以"_____"为起点。
    - 气候四季
      - 春季：_____月
      - 夏季：_____月
      - 秋季：_____月
      - 冬季：_____月

※课后达标检测※

1. 关于晨昏线的叙述错误的是（　　）

    A. 晨昏线是昼半球与夜半球的分界线

    B. 晨昏线任何时候都平分地球

    C. 晨昏线上的太阳高度为零

    D. 夏至日晨昏线与地轴在同一平面内且与太阳光垂直

2. 地球自转产生的地理意义有（　　）

    A. 产生昼夜现象

    B. 使赤道上水平运动的物体向右偏转

    C. 太阳直射点的南北移动

    D. 地球上不同经度的地方，地方时不同

3. 从广州开往北京的列车对铁轨的磨损程度（　　）

    A. 对西边的铁轨磨损较重

    B. 对东边的铁轨磨损较重

    C. 两边的铁轨磨损一样重

    D. 对两边的铁轨都没有磨损

4. 当地球公转速度最慢时，下列城市中白昼最长的是（　　）

    A. 广州　　　　B. 上海　　　　C. 北京　　　　D. 哈尔滨

5. 9月23日至次年3月21日，中午物体的影子始终朝北的地区是（　　）

    A. 赤道以南地区　　　　　　B. 北回归线以北地区

    C. 赤道以北至北极圈之间地区　　D. 赤道以北地区

6. 南半球各地正午太阳高度角的变化（　　）

    A. 秋分日后逐渐变大

    B. 春分日后逐渐变大

    C. 夏至日达到一年中的最小值

    D. 冬至日达到一年中的最大值

【参考答案】

1. D　2. D　3. B　4. D　5. D　6. C

※课堂教学※

第1课时

◇课堂导入◇

2019年1月3日上午10点26分,"嫦娥四号"探测器成功着陆在月球背面东经177.6度、南纬45.5度附近的预选着陆区,并通过"鹊桥"中继星传回了世界上第一张近距离拍摄的月背影像图,揭开了古老月背的神秘面纱。

宇宙奥秘无限,此次任务实现了人类探测器首次月背软着陆,首次月背与地球的中继通信,开启了人类月球探测新篇章。月球自转的周期,恰好等于它绕地球公转的周期。因此,在任何时间,我们在地球上永远只能看到月球的一面。通过之前的内容我们学习了地球运动的一般特点,接下来的课程我们将深入了解地球运动的地理意义。

◇问题情境1◇

昼夜交替实验。

首先做一个昼夜交替的演示实验。将地球仪放在桌面上,请一个学生手持手电筒,照向地球仪一侧,另一个学生匀速拨动地球仪,大约每5秒钟转一圈。

◇问题探究1◇

问题1:为什么会有昼夜现象?

问题2:为什么会有昼夜更替现象?

问题3:如果地球不自转是否还会存在昼夜现象?没有昼夜会有什么不良影响?

问题4:昼夜半球的分界线是什么样的?

[学生讨论、交流]

学生讨论发言,能快速回答产生了昼夜交替的现象,但对于地球产生昼夜的原因会容易混乱,并且关于晨昏线的知识较为薄弱。

[教师指导归纳]

教师把学生的疑问进行归纳总结,将问题归为三个。

通过昼夜交替实验和探究,我们可以得出结论:由于地球不发光不透明,产生了昼夜。由于地球不停地自转,产生了昼夜交替现象,周期为1天。昼夜半球的分界线为晨昏圈，是一个将地球平分成两半的大圆，由晨线和昏线组成。

[设计意图1]

结合时事，观看嫦娥四号的相关资料，让学生对中国航天工程产生自豪感，引发学生学习地球运动的兴趣。实验演示，激发学生探究学习兴趣，创设学习情境。通过观察，思考，培养学生分析问题、发现问题的能力。

◇问题情境2◇

晨昏线探究。

使用多媒体演示晨昏线的分割。引导学生发现晨昏线的规律特点。

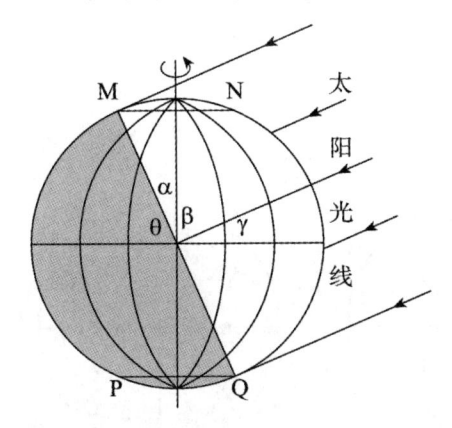

◇问题探究2◇

晨昏线的位置是不是静止的？晨昏线与太阳光线有什么关系呢？

[学生讨论、交流]

研讨晨昏线的变化、晨昏线与经纬线的关系。

[教师指导归纳]

读图总结：晨昏线的特点。

1. MQ 为晨线；
2. 晨昏圈平分地球，是圆心在球心的大圆；
3. 晨昏线平分赤道，赤道上昼夜等长；
4. 晨昏线平面与太阳光线垂直；
5. 晨昏线自东向西移动，每小时 15°。

◇追问1◇

晨昏线与经纬线的关系。

[学生讨论、交流]

略。

[教师引导归纳]

1. 晨昏线平面与地轴的夹角为 α；
2. 与晨昏圈相切的纬度数为 β；
3. 刚好出现极昼极夜的纬度数为 θ；
4. 太阳直射的纬度数为 γ

则：γ＋θ＝90°

γ＝α

◇追问 2◇

通过侧视图和俯视图进行晨昏线的判读。

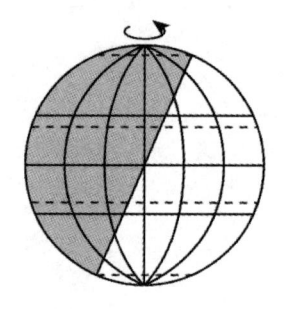

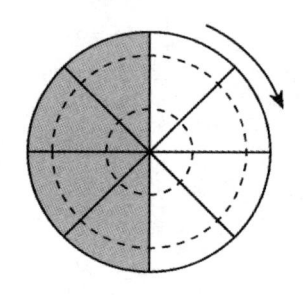

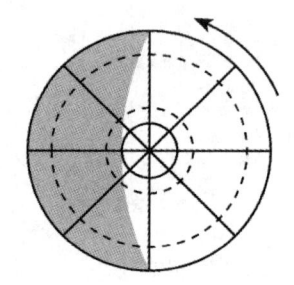

[学生讨论、交流]

略。

[教师指导归纳]

顺着地球自转方向，由夜变为昼的半圆弧叫晨线，晨线上的各点即将进入昼半球，即晨线上的各点即将进入白昼时段；由昼变为夜的半圆弧叫昏线，昏线上的各点即将进入夜半球，进入黑夜时段。

[设计意图 2]

对学生的诱思，有利于学生探究精神的培养，从研讨中得出晨昏线的相关知识。

◇问题情境 3◇

使用手机时钟进行实时截屏，请学生通过观察差异，以小组为单位探讨教师设置的问题。

◇问题探究3◇

时差问题

问题1：老师现在想给身在纽约的朋友打电话可以吗？

问题2：为什么福州本地、纽约和伦敦的时间都不同？

问题3：这个时间差异是怎么得出的？

[学生讨论、交流]

通过探究发现因为地球自转，使得地球上的地点看到太阳的时间不同，时差因此产生。

[教师指导归纳]

由于地球自西向东自转，在同纬度地区，相对位置偏东的地点，要比位置偏西的地点先看到日出，这样时刻就有了早迟之分。因此，是地球自西向东自转产生了地方时。根据地球自转的角速度，可以得出经度每相差1°，地方时相差4分钟，经度每隔15°，地方时相差1小时。经度上的微小差别，都能造成地方时之差。

[设计意图3]

通过贴近生活的案例引导学生思考生活中的地理原理，以启发学生的发现能力和探究精神。

[投影文本]

材料 19世纪中叶，欧美一些国家开始采用一种全国统一的时间。随着长途铁路运输和远洋航海事业的日益发达，国际交往频繁，各国采用的未经协调的地方时，给人们带来很多困难。1884年，国际上采取了全世界按统一标准划分时区，实行分区计时的办法。我们已经知道，从理论上全球共划分成24个时区，各时区都以中央经线的地方时为本区的区时，相邻两个时区的区时相差1小时。请列出北京（116°E）、伦敦（0°）、纽约（74°W）所在的时区。

[思考]

根据教师所列出的经度计算出相应的时区位置。

[学生讨论、交流]

略。

[教师指导归纳]

时区范围是中央经线的度数向左（右）分别减（加）7.5度，即东西方向

第二部分 问题式教学设计与案例 47

跨越15度。以东八区为例，其时区范围是东经112.5度至东经127.5度。用该地的经度除以15度，当余数小于7.5度时，商数即为该地所在的时区数，当余数大于7.5度时，商数加1即为该地所在的时区数。得出北京为东八区、伦敦为零时区、纽约为西五区。

［思考］

地方时和区时的计算方法

问题1：同一经度，地方时相等吗？

问题2：晨线与赤道相交处，地方时为_____；昏线与赤道相交处，地方时为_____；

问题3：假如已知90°E地方时为12:00，则：

91°E 的地方时为_____；　　　　92°E 的地方时为_____；

89°E 的地方时为_____；　　　　85°E 的地方时为_____；

78°W 的地方时为_____；　　　　150°W 的地方时为_____。

［学生探究活动、研讨］

学生讨论，运用以往的知识进行解答。关于晨昏线与赤道交点的地方时掌握较好，对于具体时差的计算不能系统掌握方法。

［教师指导归纳］

归纳时差计算方法的三步骤：

1. 求经度差

    A. 同东经或同西经：大一小。　　B. 不同经度：相加。

2. 求时间差

两地经度每差1°时间差4分钟，经度差15°时间差1小时。

3. 东加西减

未知地方时＝已知地方时±经度差×4分钟（未知地在已知地东侧"＋"，西侧"－"）

通过地方时时差的计算，引导学生推导区时计算的办法。异区相加，同区相减。

已知某地区时，求另一地区时，东加西减。归纳计算公式：未知区时＝已知区时±时区间隔×1（小时）（如时区间隔向东数过去则为"加"，向西数过去则为"减"）

[设计意图4]

通过多次计算练习，当学生计算失误时，引导学生反思其出错的原因，启发其尝试运用正确的步骤和思路进行解答，确定两条经线东西方向的相对关系，从而解决地方时计算中遇到的问题。

◇课堂小结◇

1. 昼夜交替（如图）

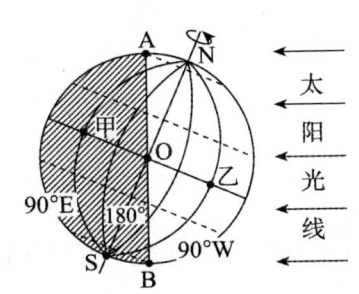

（1）成因

①昼夜现象 {图中甲处所在半球为_____。
图中乙处所在半球为_____。

②昼夜交替：地球的_____。

（2）周期：_____。

（3）分界线：AB线所在大圆为_____（圈），AOB为_____线。

2. 产生时差

（1）原因：由于地球自西向东自转，同一纬度的地区，东边的时刻总比西边早。

（2）地方时 {概念：由于_____不同而导致时刻不同。
同一条经线上，地方时_____。
15°=_____小时；1°=_____分钟。

（3）时区与区时

①时区：全球划分为_____个时区，每时区跨经度_____。

②区时：每个时区的地方时即为该时区_____的标准时。

第 2 课时

◇ 课堂导入 ◇

有位临产的孕妇乘轮船由上海去旧金山，在途经 180°经线附近海域时，先生下一个女孩，出生日期为 2022 年 1 月 1 日。10 分钟之后又生了一个男孩，出生日期为 2021 年 12 月 31 日，按常理男孩是弟弟。但实际上，女孩叫男孩哥哥，这是为什么？

◇ 问题情境 1 ◇

参见教材图 1.11。

◇ 问题探究 1 ◇

是什么原因导致了明明后出生的"弟弟"却成为了"哥哥"？

[学生讨论、交流]

学生通过探究会发现经过 180°经线日期发生了变化，实际生活中会有相同的两个时间点出现，只是天数相差一天。但空间中的一个点只有一个时间，所以引出了要人为设立"日期变更线"来校正这种状况，进而引出日界线。

[教师指导归纳]

日界线——国际上规定把 180°经线作为地球上"今天"和"昨天"的分界线，叫国际日期变更线，简称国际日界线。人为规定向东经过日界线减 1 天，向西过日界线加 1 天。注意：实际应用中的日界线不和 180°经线完全重合。自然日界线为零点所在的经线。在此注意提醒学生，如果地方时的计算涉及国际日界线，则自东十二区向东进入西十二区，时间不变，日期减少一天；自西十二区向西进入东十二区，时间不变，日期增加一天。

[设计意图 1]

通过这个活动使学生深刻认识到国际日界线这个知识产生的过程。

◇ 问题情境 2 ◇

材料 洗澡是一件非常普通的事情，而美国麻省理工学院机械工程系的谢皮罗教授却敏锐地注意到：每次放掉洗澡水时，水的漩涡总是朝逆时针方向旋转。这是为什么呢？谢皮罗紧紧抓住这个问号不放，进行了反复的实验和研究。1962 年，他发表了论文，认为这种漩涡与地球的自转有关，如果地球停止旋转，就不会产生这种漩涡。他认为，在北半球，洗澡水朝逆时针方向旋转；如果是在南半球，洗澡水的漩涡将朝顺时针方向旋转；而在赤道，则不会形成漩涡。他的这个见解，引起各国科学家的极大兴趣，他们纷纷在各地进行实验，结果证明谢皮罗的结论完全正确。

◇问题探究2◇

1. 是什么原因导致了不同半球的洗澡水的漩涡旋转方向不同？
2. 根据材料总结出不同地区水流旋转的特点。

[学生讨论、交流]

通过讨论首先得出地球自转对水流的影响，在北半球会形成逆时针漩涡，在南半球则形成顺时针漩涡，赤道不会形成漩涡。

[教师指导归纳]

使用多媒体简单阐述该现象形成是受到地转偏向力影响，在地球上做水平运动的物体会发生偏转，北半球向右偏，南半球向左偏，赤道不偏。

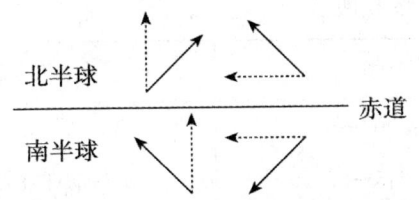

(图中虚线表示水平运动物体的原始方向，实线表示偏转方向)
将偏向的角度画成与原运动方向大致呈45°即可

[设计意图2]

进行学科联系，与曾经学习过的知识相结合，发现地理现象在生活中的体现，培养学生地理素养和观察能力，通过材料分析得出地转偏向力的作用结果。

◇课外拓展◇

实际上，世界各国根据本国的具体情况，在区时的基础上，采用一些特别的计时方法。

材料1 有的国家根据本国所跨的经度范围，采用半区时，即采用与中央经线相差7.5°的时区的边界经线的地方时。例如，亚洲的印度（东5.5区）。有的国家为了充分利用太阳照明，采取本国东部时区的中央经线的地方时。例如，朝鲜位于东八区和东九区之间，但采用东九区的区时。还有的国家虽然领土跨度很大，但仍采用一个时区的区时。例如，中国领土跨5个时区，为了便于不同地区的联系和协调，全国目前统一采取北京所在的东八区区时（即东经120°的地方时），称为北京时间。

材料2　夏令时是一种为节约能源而人为规定地方时间的制度，在这一制度实行期间所采用的统一时间称为"夏令时间"。一般在天亮早的夏季，人为将时间提前1小时，可以使人早起早睡，减少照明量，以充分利用光照资源，从而节约照明用电。各个采纳夏令时的国家具体规定不同。目前全世界有近110个国家每年要实行夏令时。法国的夏令时是：3月最后一个周日的早上时间往后调1个小时：12点之后就直接到2点，没有1点。法国的冬令时是：10月最后一个周日的早上时间往前调一个小时：过了2点还是2点，可以多睡一个小时。

◇问题情境3◇

某校夏令和冬令作息时间表。

夏令时	冬令时
第一节课:8:00—8:45	第一节课:8:00—8:45
第二节课:8:55—9:40	第二节课:8:55—9:40
课间休息20分钟	课间休息20分钟
第三节课:10:00—10:45	第三节课:10:00—10:45
第四节课:10:55—11:40	第四节课:10:55—11:40
午休	午休
第五节课:14:30—15:15	第五节课:14:00—14:45
第六节课:15:25—16:10	第六节课:14:55—15:40
课间休息20分钟	课间休息20分钟
第七节课:16:30—17:15	第七节课:16:00—16:45
第八节课:17:25—18:10	第八节课:16:55—17:40

◇问题探究 3◇

读"某校夏令和冬令作息时间表"思考为什么要设计两种作息时间?

[学生探究活动、研讨]

略。

[教师指导归纳]

因为冬夏昼夜长短不同,因此产生了两个时令的作息时间表。

[投影图片]

手持"直射点的移动影响昼夜长短变化"教具,观察昼夜长短变化规律(参见教材图 1.16a)。

◇追问 1◇

观察夏至日日照图分析:

①北半球和南半球昼夜长短情况各如何?

②赤道上昼夜长短情况如何?

③此日北极圈内和南极圈内昼长各为多少小时?

④由北向南昼夜长短变化规律是什么?

◇追问 2◇

观察春秋分、夏至、冬至,北回归线、南北极昼长分别为几个小时?假设 P 点为北半球任取的一个地点,随地球自转一周,P 点处位于昼半球的时间比位于夜半球时间更_____(长、短),因此,此地为昼_____夜_____。

[学生讨论、交流]

略。

[教师指导归纳]

1. (多媒体)让学生思考:(教师)利用动画讲清昼弧、夜弧。总结结论:如果昼弧＞夜弧,则昼长夜短;如果昼弧＜夜弧,则昼短夜长;如果昼弧＝夜弧,则昼夜相等。

2. 依据夏至日光照图规律总结给出答案:

①北半球昼长夜短,南半球昼短夜长。②赤道昼夜等长。③北极圈内昼长 24 小时;南极圈内昼长为 0。④由北向南昼长逐渐变短。

3. 昼夜长短变化的规律

(1) 纬度分布规律

①对称规律

A. 同一纬线上各点昼夜长短相同（同线等长）。

B. 南北半球同纬度地区昼夜长短相反，即北半球各地的昼长与南半球相同纬度的夜长相等，例如40°N的昼长等于40°S的夜长。

②递增规律

A. 太阳直射点所在的半球为夏半年，昼长夜短，且纬度越高，昼越长。另一半球为冬半年，昼短夜长，且纬度越高，夜越长。

B. 北半球夏至日，北半球各纬度的昼长达到一年中的最大值，极昼的范围也达到最大，南半球反之。

C. 北半球冬至日，北半球各纬度的昼长达到一年中的最小值，极夜的范围也达到最大，南半球反之。

D. 太阳直射赤道时（即春分、秋分），全球各地昼夜平分。

③变幅规律：赤道全年昼夜平分；纬度越高，昼夜长短的变化幅度越大。

④极昼极夜规律

A. 太阳直射点位于北半球，北极四周出现极昼（南极四周出现极夜）；太阳直射点位于南半球，南极四周出现极昼（北极四周出现极夜）。

B. 太阳直射赤道时，全球没有极昼极夜现象发生。

C. 极昼（极夜）的起始纬度＝90°－太阳直射点的纬度。

◇**拓展延伸**◇

南、北极圈上，一年中只有一天极昼（极夜），南、北极点各约有半年极昼、半年极夜，纬度越高，极昼（极夜）出现的天数越多。北极地区极昼天数多于南极地区（主要是因为北半球冬半年，地球公转经过近日点附近，角速度、线速度较快，运行时间较短，此时正值北极地区极夜，南极地区极昼；而在北半球夏半年时，地球公转经过远日点附近，公转速度较慢，运行时间较长，此时正值北极地区极昼，南极地区极夜）。

⑤季节变化规律

（以北半球为例）

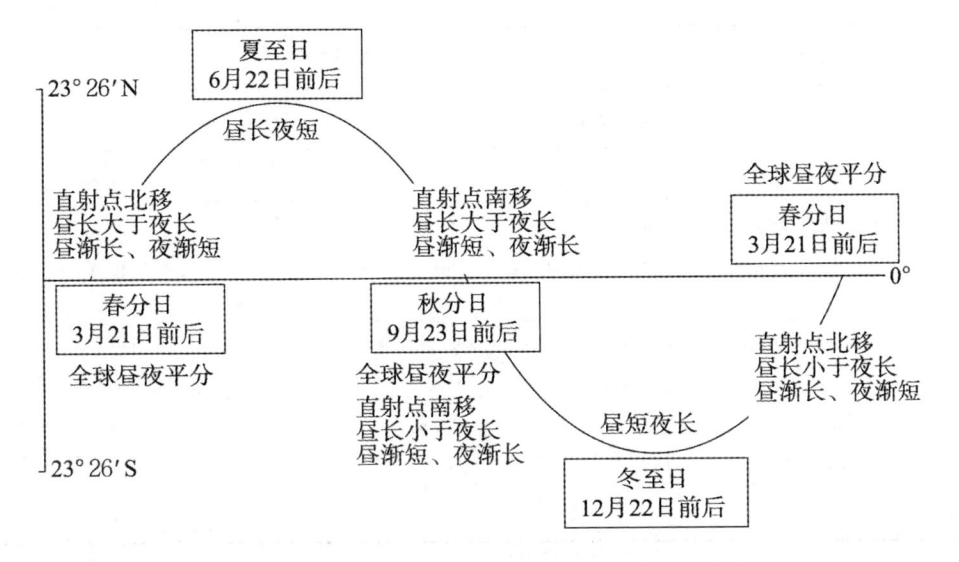

```
                    ┌─────────────────┐
                    │   夏至日          │
23°26′N             │ 6月22日前后       │
  │                 └─────────────────┘
  │         昼长夜短
  │     ╱─────────────────╲
  │    ╱                   ╲
直射点北移        直射点南移              全球昼夜平分
昼长大于夜长      昼长大于夜长            ┌─────────────┐
长                昼渐短、夜渐长          │   春分日      │
昼渐长、夜渐短                           │ 3月21日前后   │
                                         └─────────────┘
──┼──────────┼──────────────┼───────────────────── 0°
  ┌─────────┐  ┌─────────────┐
  │  春分日  │  │   秋分日     │          直射点北移
  │3月21日前后│ │ 9月23日前后  │          昼长小于夜长
  └─────────┘  └─────────────┘          昼渐长、夜渐短
  全球昼夜平分   全球昼夜平分
                直射点南移
                昼长小于夜长
                昼渐短、夜渐长    昼短夜长
                              ╲────────────╱
23°26′S                       ┌─────────────────┐
                              │   冬至日         │
                              │ 12月22日前后     │
                              └─────────────────┘
```

以上可概括为：太阳直射赤道，全球各地昼夜平分；太阳直射点在哪一半球，则该半球处于夏半年，昼长夜短；太阳直射点向北回归线（南回归线）移，则北半球（南半球）昼渐长，夜渐短。

由于大气的散射作用，实际的昼长比理论昼长要长。

[设计意图3]

联系生活实际，让学生明白地理与生活息息相关；突破学生的思维局限，用动画演示昼夜长短，给学生比较生动的印象，调动学习的积极性；分别从地点不变时间变和时间不变地点变的角度分析昼夜长短的变化规律。

◇课堂小结◇

依据三图总结昼夜长短变化的规律

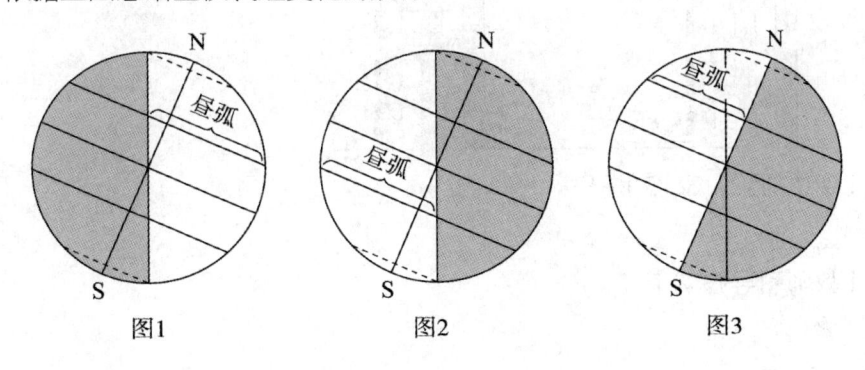

图1　　　　　　　图2　　　　　　　图3

时间	变化特点
春、秋分日	全球各地_____（如图3所示）
北半球夏半年 （3.21—6.22—9.23）	北半球各纬度_____，纬度越高，昼越长，夜越短。图1代表日期是_____前后，此时北半球各地昼长达到一年中_____，北极圈及其以北出现_____现象
北半球冬半年 （9.23—12.22—3.21）	北半球各纬度_____，纬度越高，昼越短，夜越长。图2代表日期是_____前后，此时北半球各地昼长达到一年中_____，南极圈及其以南出现极昼现象

第3课时

◇课堂导入◇

播放视频"又是一年冬日飞雪，延时摄影让你在40秒内感受四季变化"，一年中太阳的方位不断发生变化，我们的生活深深地受其影响。

◇问题情境1◇

去年6月，赵亮的父母购买了一套住房。今年1月，全家入住后阳光被前排楼房挡住了，他感到很困惑，那天看房时，院内阳光充足，怎么过了几个月，阳光就被挡住了呢？你能帮他分析一下原因吗？

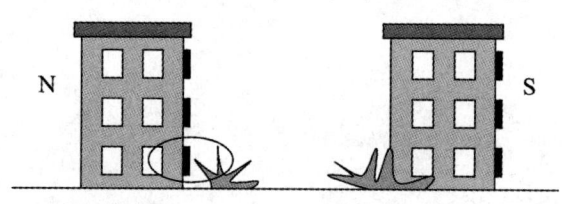

[学生讨论、交流]

略。

[教师引导归纳]

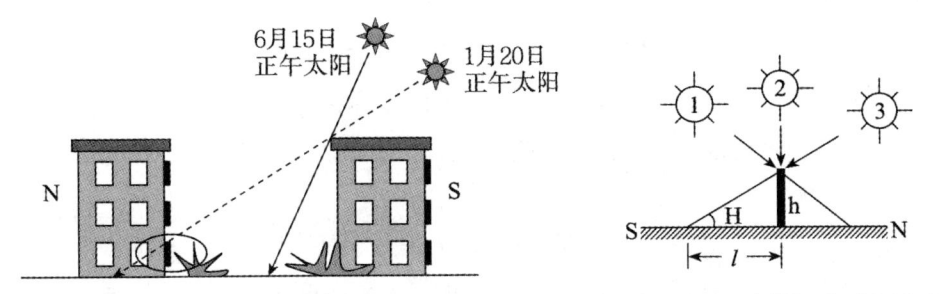

可利用"立竿见影"的方法进行正午太阳高度的测量与计算。如图所示，已知图中杆高为 h，当太阳从 3 位置照射时的影长为 l，则该日正午太阳高度 H 可通过公式计算：$\tan H = h/l$。

规律总结："立竿见影"，近大远小，来增去减。

[思考]

太阳高度角在一天中的变化：何时最大，何时最小？晨昏线上太阳高度角是多少？

指导学生观察一天当中不同时刻物体影子的长短和方向与太阳高度有什么关系。如右下图所示。

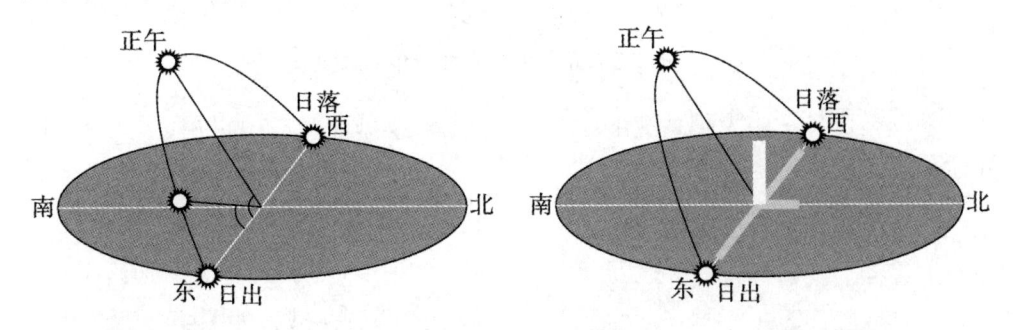

◇问题探究 1◇

读教材图 1.16，思考三图中正午太阳高度有什么分布规律。

[教师指导归纳]

利用多媒体呈现二分二至太阳光照图。

[学生讨论、交流]

略。

[教师引导归纳]

师生共同完成下题填空。

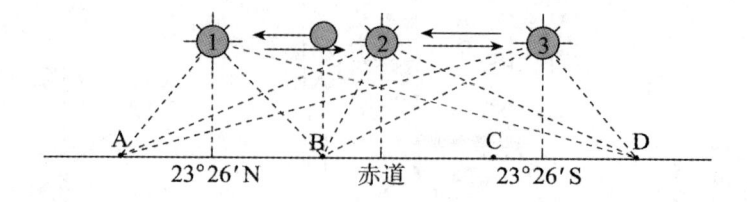

①太阳直射在北回归线即23°26′N，正午太阳高度由_____向两侧递减。

②太阳直射在南回归线即23°26′S，正午太阳高度由_____向两侧递减。

③太阳直射在赤道，正午太阳高度由赤道向两侧递减。

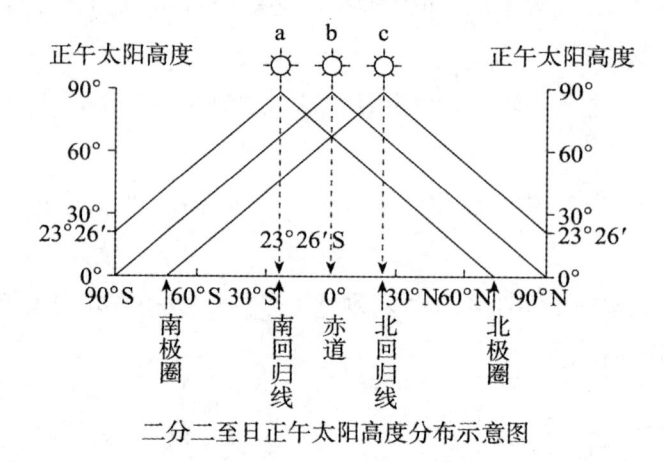

二分二至日正午太阳高度分布示意图

①夏至日：正午太阳高度由_____向南北两侧递减，如图中_____折线所示。

②冬至日：正午太阳高度由_____向南北两侧递减，如图中_____折线所示。

③春秋分：正午太阳高度由_____向南北两侧递减，如图中_____折线所示。

总结：(1) 纬度变化规律：由太阳直射点所在经纬度向南北两侧递减。可推知与太阳直射点的纬度相差1度，正午太阳高度角就减小1度。

(2) 季节变化规律：太阳直射点移来时渐增，移去时渐减（太阳直射点相对某地所在纬线而言）。

[设计意图1]

学生边看动画边思考正午太阳高度的变化，容易理解，也有助于知识的掌握。培养学生分析问题、解决问题的能力。

[投影]

参见教材图 1.17a。

[思考]

1. 判断图示四个地点的纬度。

2. 绘制学校所在地年内正午太阳高度变化及正午太阳方向简图。

(1) 查阅当地的纬度。

(2) 计算当地夏至日和冬至日的正午太阳高度,并指出正午太阳的方向。

(3) 按图 1.17a 的方式在图 1.17b 中绘制当地年内正午太阳高度变化及正午太阳方向。

3. 描述当地正午太阳高度及正午太阳方向的年内变化规律。

[学生讨论、交流]

略。

[教师指导归纳]

描述某地正午太阳高度的年变化规律,需要注意以下两点。

1. 计算正午太阳高度。

正午太阳高度的计算公式:H=90°-两点纬度差。(说明:"两点"是指所求地点与太阳直射点)

两点纬度差的计算遵循"同减异加"原则,即两点同在北(南)半球,则两点纬度"大数减小数";两点分属南北不同半球,则两点纬度相加。如下图。

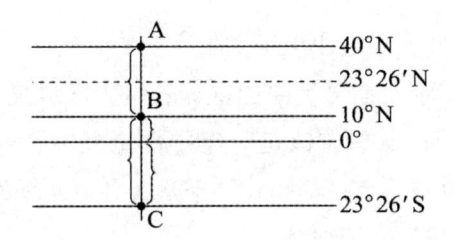

当太阳直射 B 点(10°N)时,

A 点(40°N)正午太阳高度:

$$H=90°-AB\text{纬度差}=90°-(40°-10°)=60°$$

C 点(23°26′S)正午太阳高度:

$$H=90°-BC\text{纬度差}=90°-(10°+23°26′)=56°34′$$

2. 正午太阳的方向。在南北回归线之间，一年内正午太阳有时在南方，有时在北方。在北回归线以北的地区，全年正午太阳都在南方；在南回归线以南的地区反之。

◇问题情境2◇

二十四节气指出了一年中气候的转换、雨水的多寡、气温的炎凉、霜雪的长短，是我国劳动人民长期对天文、气象、物候进行观测探索和总结的结果，对农事耕作具有相当重要和深远的影响。

[投影文本]

东方智慧——指导农事的十四节气（参见教材"自学窗"）。

◇问题探究2◇

为什么会有二十四节气的产生？二十四节气和四季又有什么区别？

[学生探究活动、研讨]

学生阅读思考：1. 四季划分依据；2. 四季划分方法；3. 每年1月初地球离太阳的距离最近，7月初最远，可为什么北半球1月不热7月不冷呢？

[教师指导归纳]

1. 太阳直射点的移动，使太阳辐射在地表的分布因时因地而变化。这种变化可以用昼夜长短和正午太阳高度的变化来描述。昼夜长短反映日照时间的长短；正午太阳高度是一日内最大的太阳高度，反映太阳辐射的强弱。昼夜长短年变化和正午太阳高度的年变化都会影响一年内地球接收太阳热量的多少，由此产生了四季的变化。

2. 划分依据——昼夜长短和正午太阳高度的变化

在天文学上，夏季应该是一年中白昼最长、太阳高度最高的季节，也是获得太阳辐射最多的季节；冬季应该是一年中白昼最短、太阳高度最低的季节，也是获得太阳辐射最少的季节；春季和秋季是冬、夏两季的过渡季节。

3. 划分方法——与气候相结合

现在北温带的许多国家在气候统计上一般把3、4、5三个月划分为春季，6、7、8三个月划分为夏季，9、10、11三个月划分为秋季，12、1、2三个月划分为冬季。南半球与北半球的季节正好相反。

◇追问◇

同样是冬季，为什么黑龙江的气温远比福州低呢？

[学生交流]

略。

[教师指导归纳]

地球上的冷热不是取决于地球离太阳距离的远近,而是昼夜长短和正午太阳高度的季节变化,这种变化取决于太阳直射点在纬度上的周年变化。一年中有太阳直射的地区,太阳辐射丰富,划分为热带;有极昼极夜现象的地区,太阳辐射少,划分为寒带;既没有太阳直射也没有极昼极夜现象的地区,划分为温带。(参见教材图1.18)

[设计意图2]

培养学生获取信息的能力,以及分析问题、解决问题的能力。农事的二十四节气材料补充让学生意识到地理是一门有趣又有用的学科。

◇课堂小结◇

地区	正午太阳高度的季节变化规律
赤道地区	一年有两次最大值(春分、秋分)、两次最小值(夏至、冬至)
回归线之间(除赤道外)	一年两次最大值(太阳直射时最大),一次最小值(北半球出现在12月22日前后,南半球出现在6月22日前后)
北回归线及其以北地区	一年有一次最大值(在6月22日前后),一次最小值(在12月22日前后)
南回归线及其以南地区	一年有一次最大值(在12月22日前后),一次最小值(在6月22日前后)

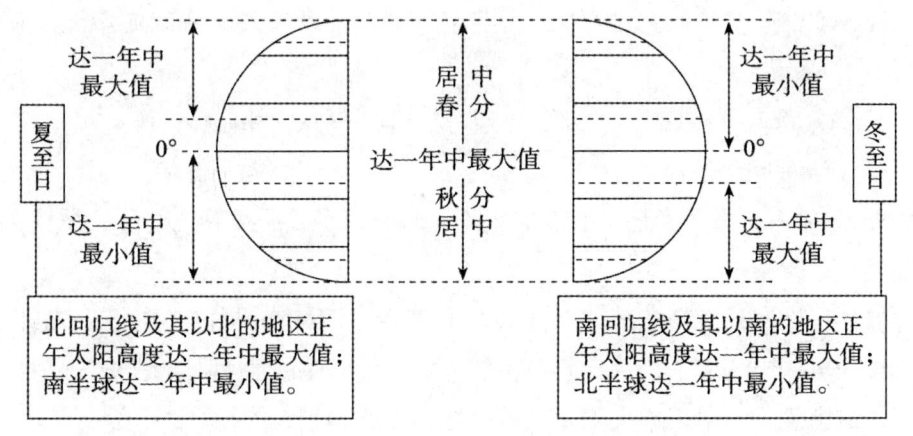

◇板书设计◇

第二节　地球运动的地理意义

一、昼夜交替现象

二、地方时和时区

三、沿水平运动物体发生偏转

四、昼夜长短和正午太阳高度角的变化

五、四季和五带

◇设计感悟◇

本节内容比较抽象，化抽象为直观，并激发学生兴趣，是本节重点需要解决的问题。多媒体的运用给教学带来了很大的帮助，但是在这次课上，由于知识比较复杂，学生空间思维能力不足等原因，使得地球运动的规律和意义在理解上有很大困难，所以这部分课程应通过生活中的现象切入课文内容，将理论与实践联系起来，激发学生对生活的关注，有助于学生学习对生活有用的地理。

※课后达标检测※

1. 当伦敦为中午12点时（　　）

　　A. 美国处于黑夜，中、印、日三国都处于白天

　　B. 美国处于白天，中、印、日三国都处于黑夜

　　C. 中、印、日三国的日期比美国早一天

　　D. 中、印、日、美四国的日期相同

2. 南北半球分别有一物体自西向东运动，下列有关其偏向的叙述正确的是（　　）

　　A. 都向高纬偏转　　　　　　B. 都向低纬偏转

　　C. 都向南偏转　　　　　　　D. 北半球向南偏转

3. 近年来，我国房地产业发展迅速，越来越多的居民乔迁新居，居住条件和环境显著改善。

（1）房地产开发商在某城市（30°N）建造了两幢商品住宅楼，某户居民买了北楼一层的一套房子，于春节前后住进后发现正午前后太阳光线被南楼挡住。请问，该房子一年中正午太阳光线被南楼挡住的时间大约是（　　）

A. 1个月　　　B. 3个月　　　C. 6个月　　　D. 9个月

（2）为避免这种纠纷，房地产开发商在建楼时，应该使北楼所有朝南房屋在正午时终年都被太阳直射，那么在两幢楼间距不变的情况下，南楼的高度约为（　　）

A. 20米　　　B. 30米　　　C. 40米　　　D. 50米

4. 若黄赤交角由现状变为24°，下列现象中不会出现的是（　　）

A. 北极圈的度数为66°

B. 地球上太阳光直射的范围增大

C. 地球上出现极昼极夜的天数增加

D. 地球上温带范围减小

福建某中学研究性学习小组，设计了可调节窗户遮阳板，实现教室良好的遮阳与采光。下图示意遮阳板设计原理，据此完成5~6题。

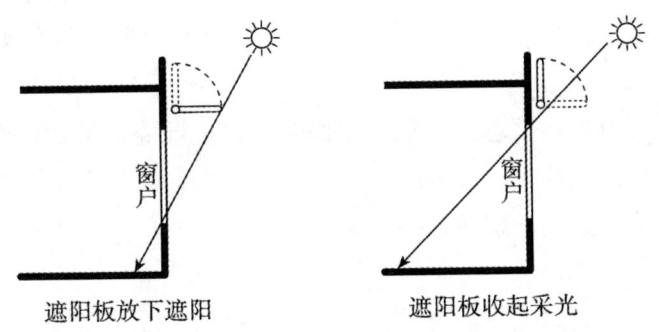

遮阳板放下遮阳　　　　　遮阳板收起采光

5. 遮阳板收起，室内正午太阳光照面积达一年最大值时（　　）

A. 全球昼夜平分　　　　　B. 北半球为夏季

C. 太阳直射20°S　　　　　D. 南极圈以南地区极昼

6. 济南某中学学生借鉴这一设计，若两地窗户大小形状相同，则应做的调整是（　　）

①安装高度不变，加长遮阳板　②安装高度不变，缩短遮阳板　③遮阳板长度不变，降低安装高度　④遮阳板长度不变，升高安装高度

A. ①③　　　　　　　　　　B. ①④

C. ②③　　　　　　　　　　D. ②④

【参考答案】

1. D　2. B　3. C B　4. C　5. D　6. A

问题研究　人类是否需要人造月亮

教学内容分析

※课标要求※

结合实例，说明地球运动的地理意义。

※课标解读※

地球运动及其地理意义是本模块内容的重要基础，对于认识自然环境中的物质与能量交换、自然环境的整体性和差异性、自然环境对人类活动的影响都有着重要意义。要从义务教育阶段了解现象的层面上升为理解规律和成因的层面。

说明地球运动的地理意义，首先要说明各种地理现象是如何产生的，更重要的是说明这些地理现象对地理环境和人们生产、生活的影响。由于月相变化、月光对人类的影响这些地理现象是学生感知的，因此应结合实例来说明。

※教材分析※

本节课是问题研究课，主要围绕三个方面展开：通过布置学生观察记录一个月的月亮，让学生了解月相变化的规律和成因；通过人造月亮实验的学习，让学生思考人造月亮对人类的有利影响；通过对人造月亮的反对，让学生讨论人造月亮对人类可能产生的不利影响。从而学会辩证地去看待地理问题。

※学情分析※

学生来自省级示范性高中高一年级，初中地理基础较好，具有较强的自学能力和分析问题、解决问题的能力。在本节课之前学生已经学完相关知识，已经学会搜集材料，养成分析问题、解决问题的能力。因此，本节课以月相作为切入点，以人造月亮的利弊作为分析的主线，学生从身边地理去分析问题，不存在大的障碍。

※核心素养培养目标※

本节课对应的课程标准要求为:"结合实例,说明地球运动的地理意义。"基于课程标准和学情,本节课教学目标预设如下:

1. 以月相变化规律探究为例,让学生归纳总结月相变化规律。(地理实践力、综合思维)

2. 以人造月亮实验材料为例,分析人造月亮对人类的有利影响。(综合思维、人地协调观)

3. 以人造月亮的反对材料为例,分析人造月亮对人类的不利影响。(综合思维、人地协调观)

※教学重难点※

1. 教学重点

月相规律探究;辩证地看待人造月亮对人类的影响。

2. 教学难点

辩证地看待人造月亮对人类的影响。

※教学方法※

问题式教学法。

※教学媒体※

多媒体、图文材料。

※教学课时※

1课时。

教学过程设计

※课堂教学※

◇课堂导入◇

地球不停地自转,昼夜不断地交替。现代社会,人类在夜间的活动频繁,对夜间照明的需求增加。航天技术和产业的快速发展,催生了人们对人造月亮的憧憬和试验。然而,人类真的需要人造月亮吗?

对这一课题的探究，建议采用以下思路。

了解月相的变化，思考月亮对人类活动的影响——了解人造月亮的试验，比较人造月亮与月亮的差异——了解人类对人造月亮的不同态度及理由——探讨人类是否需要人造月亮。

上课前，我们听了一首改编自苏轼《明月几时有》的歌曲，里面有句词"人有悲欢离合，月有阴晴圆缺"，那我们生活中看到的月亮又是如何的呢？月球上真的住着嫦娥、玉兔吗？今天，就让我们揭开月球神秘的面纱，走进月球。

◇问题情境1◇

《月球介绍》视频。

◇问题探究1◇

刚才看了月球介绍的视频，相信大家对月球已经有了一个初步的认识，我们用肉眼可以看到月亮的直径和太阳的直径差不多，在月球上并没有广寒宫，没有玉兔，那到底月球的表面上有些什么呢？先让我们来看看福州三中天文小组在开展天文观测活动中拍下的几张照片。请同学们认真观察，看看月球的表面上到底有些什么？

［学生讨论、交流］

学生观察几张月球的照片，并小组讨论交流。

［教师引导归纳］

环形山、月海、辐射纹。

月球的表面上布满了圆形的坑，叫作环形山，月球的表面还有许多暗黑而平坦的区域，我们叫它月海。在满月月面图中可以看到最下方单独分出来的像铁锈状的斑块，这一个月海叫作危海。月面上还可以看到有些环形山向四面八方发出明亮的长线条，我们叫它辐射纹，辐射纹在满月时看得比较明显。大家可以观察满月月面图，在右上方我们可以看到第谷坑向四周发出明亮的长线条，这些就是辐射纹。

◇追问◇

既然月球和地球一样，都是不发光的球体，那么为什么我们看到月球是明亮的，并且我们能看到月亮的圆缺变化？大家把一个月前布置的月相观测记录表拿出来，小组讨论月相变化有什么规律？

[学生讨论、交流]

略。

<u>　　　　　</u>月份月相观察记录

班级（　　　）姓名（　　　　）

（说明：在圆圈的左上角写上日期，左下角写上农历，在圆圈里用白色表示出你看到的月球形状、方向，并把观察的时间简单记录在右侧。）

星期一	星期二	星期三	星期四	星期五	星期六	星期日
1　〇　十五　示例	〇	〇	〇	〇	〇	〇
〇	〇	〇	〇	〇	〇	〇
〇	〇	〇	〇	〇	〇	〇
〇	〇	〇	〇	〇	〇	〇
〇	〇	〇	〇	〇	〇	〇

[教师引导归纳]

月亮位于日地之间时叫作朔（新月），月亮暗的半球朝向地球，所以我们看不见它，这便是农历三十、初一。朔以后一二天，傍晚时分，镰刀状的新月在西边天空露面，月面（凸面）朝西。到初七、初八时成了半圆形，这时的月相称为上弦月，日落时月亮在正南方天空。上弦之后，月球的亮面逐渐增大，我们叫它凸月，到农历十五、十六，便到了望（满月），月亮同太阳遥遥相对，我们看到一轮明月于傍晚升起，通宵照耀，在早晨时落下。满月后，月亮的圆轮部分日益亏损，但还是超过一个半圆，我们仍叫它凸月，到农历的二十二、二十三，月面呈半圆形，于半夜升起，和上弦月相反，月面朝东，黎明时挂在正南天空。下弦月后，半圆继续亏损，成为挂在东方的一轮残月。

[教师进一步引导，学生回答]

现在我想大家对整个月的月相应该有了比较深的理解，让我们一起来对照着三球仪，回顾一下整个月的月相变化顺序。依次是：新月—蛾眉月—上弦月—凸月—满月—凸月—下弦月—蛾眉月—新月。它们的周期叫作一个朔望月，约等于29.5天。

[设计意图1]

通过一个月的月相变化观测记录，培养学生地理实践力、认知地理现象的方法及总结地理规律的能力。学生通过自主观测，小组讨论总结，教师引导归纳，对月相变化会有更深的理解和认识。

◇问题情境2◇

人造月亮试验

材料1 在天空中挂上镜子，让它在黑夜中反射太阳光为地面照明——这不知是多少人曾经有过的幻想。1999年2月4日，俄罗斯"进步M—40"货运飞船携带了一面反射镜进入太空，进行人造月亮试验。这个人造月亮直径达25米，总质量不到4千克。按照设计，反射的光束将以直径5千米—7千米的范围扫过所经区域的地面；夜色中，反射光的亮度10倍于月光，足以让人读书阅报。然而，由于反射镜在太空中打开时出现故障，这次人造月亮的试验以失败告终。

材料2 中国在这方面也在积极探索：成都天府系统科学研究会曾公布，将在2020年发射第一颗"人造月亮"，到2022年共发射三颗，到时候这三颗"人造月亮"将在等分360度的轨道平面上交替运行，实现对同一地区不间断的照明。

◇问题探究2◇

为什么人造月亮的亮度远比月光强？

[学生探究活动、研讨]

利用 pad 平板搜集资料，分组讨论。

[教师指导归纳]

人造月亮的原理其实很简单，就是三颗带有巨大反射镜的卫星。大家都知道，月球在距离地球 38 万千米的深空轨道上运行，因为距离太远，所以即使月球的表面积非常大，反射的光线也很多，但是经过长距离的衰减，到地球上光线已经很弱了。而人造月亮预计发射到离地球 500 千米的低空轨道上，光线损失会比月球小得多，故光线强度会比月球大得多，预计将达到月光的 8 倍！

◇追问 1◇

扩大人造月亮照亮地表范围的可能性有多大？

[学生探究活动、研讨]

利用 pad 平板搜集资料，分组讨论。

[教师指导归纳]

人造月亮的光线强度和照明时长都是可以控制的，想让它亮它就亮，想让它暗它就暗；对于照明范围也可以精确控制，误差只有几十米，真正的指哪儿打哪儿！

◇追问 2◇

为什么纬度更高的居民更希望有人造月亮？

[学生探究活动、研讨]

利用 pad 平板搜集资料，分组讨论。

[教师指导归纳]

按照中国设计人造月亮的设想，三颗"人造月亮"全部发射升空并正常运行后，它们将和城市里的路灯互为补充，节省大量电费；在高纬度地区，特别是昼短夜长的冬季，"人造月亮"可以在早上和晚上提供照明，起到延长白天的作用。

以我国为例，50 平方千米，在"人造月亮"的辅助下，一年能节省高达 12 亿元的电费！另外，在夜间因地震等原因导致停电的时候，"人造月亮"也可以大显身手，迅速照亮这一片区域，缓解人们的恐慌情绪，同时让救援行动更加容易、高效。

[设计意图2]

通过国外俄罗斯的试验案例和中国四川"人造月亮"构想的案例,让学生从国外和国内两个维度去了解"人造月亮"的设计初衷以及人造月亮对人类可能带来的有利影响。

◇问题情境3◇

对人造月亮的反对

对于这个"人造月亮"的计划,有的网友表示支持,认为它能给我们带来很多好处;但是也有些网友表示反对,认为这将影响地球上生物的正常作息,带来不可估量的影响!

月亮朦胧的光亮似乎对地球上的人类和生活活动不构成干扰,人造月亮的亮度远超月亮,几乎从提出人造月亮的想法开始,科学家反对的声音就从未停止。例如生物学家担心它会改变地球某些区域的生物模式,天文学者则认为它可能会影响天文观测,很多学者更担心它对所经过地区人们的身体和生活的影响。

◇问题探究3◇

讨论人造月亮对人类可能产生的不利影响。

[学生探究活动、研讨]

利用pad平板搜集资料,分组讨论。

[教师指导归纳]

在学生热烈地讨论和上网搜集资料后,教师综合所有思路和学生一起做一个分角色的归纳总结。

生物学家:担心它会改变地球某些区域的生物模式;影响地球上生物的正常作息。

天文学者:会影响天文观测。

◇追问◇

除资料所提到的科学家的担心外,人造月亮还可能造成哪些不利影响?

[学生探究活动、研讨]

利用pad平板搜集资料,分组讨论。

[教师指导归纳]

生物学家:人造月亮的光芒虽然能够帮助人类消除黑暗,但会打乱本来已经习惯了自然光线强度变化的动物的节律。

地理学家：集中能量照射地球的某一位置，是否有可能触发大气运动的不稳定性，造成局部或大范围的大气环流异常，进而引起极端天气在不该出现的地方出现。如集中照射北极地区会引起北极冰山的融化，造成全球海平面上升。引起全球变暖，冰川融化。

物理学家：人造月亮如果在轨出现故障，照明的方向将变得不可控，可能会照向那些本不该被照亮的地方。

总的来说，人造月亮违背了自然规律，可能给人类带来许多不可预知的影响。

[设计意图3]

通过对国内外对人造月亮做法批评观点的分析和学习，总结归纳自己的观点。这是一道开放性问题，只要是有理有据的分析都是值得表扬的。这样的问题对于培养学生开放性思维有非常重要的作用和意义。学生通过辩证地看待地理问题，培养综合思维和人地协调的地理核心素养。

◇课外拓展◇

针对有人提出的人造太阳构想，请你从正反两方面辩证分析人造太阳的有利影响和不利影响。

◇板书设计◇

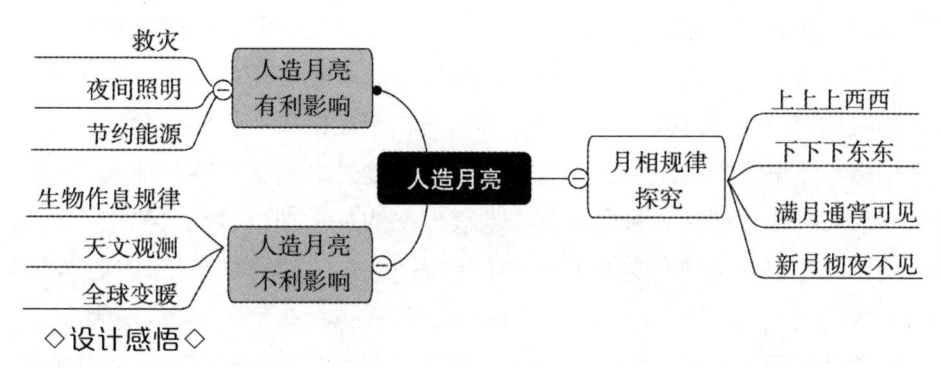

人造月亮有利影响：救灾、夜间照明、节约能源
人造月亮不利影响：生物作息规律、天文观测、全球变暖
月相规律探究：上上上西西、下下下东东、满月通宵可见、新月彻夜不见

◇设计感悟◇

本节课为问题研究课，重点在于培养学生发现问题、分析问题、解决问题的能力。本节课以人造月亮为基础材料，让学生通过一个月的月相观察对月亮有更深的认识，对探索月亮有更浓厚的兴趣。通过正反两方面对人造月亮的观点的网络搜集分析和处理，学会辩证地看待地理问题。教会学生从生活中去发现地理、学习地理。

第二章 地表形态的塑造

第一节 塑造地表形态的力量

教学内容分析

※课标要求※

结合实例,解释内力和外力对地表形态变化的影响,并说明人类活动与地表形态的关系。

※课标解读※

本条要求关注的对象是自然环境的组成要素——地貌,重点是地貌的变化及其原因。地表形态即地貌。从空间尺度上分析,地表形态的变化可从三个层面加以说明。第一,是全球大地构造,解释全球海陆、高大山系、大裂谷等的分布和变化。一般通过板块构造学说等全球构造理论加以说明。第二,是区域大地构造,侧重于内力作用形成的地质构造与地表形态,以解释地表高低不平的原因。一般通过褶皱、断层及其与地表形态的关系加以说明。第三,是在区域大地构造基础上侧重外力作用形成的地表形态,以说明地表形态的再塑造。一般主要通过流水、风、冰川等外力作用及其形成的地表形态加以说明。

授课过程重在分析地表形态变化的原因,形成两个重要观点:一是变化的观点,即地表形态一直处于不断地运动和变化之中;二是综合的观点,即内力造就了地表形态的骨架,外力对地表形态骨架进行再塑造,我们所见到的地表形态是内力和外力长期共同作用的结果。对具体地表形态成因的分析,要求"结合实例",本节的设计以黄土高原为例,描述地貌景观的特点,分析了流水作用与地貌的关系。

※教材分析※

本节内容是在地理必修 1 课标 1.4 "通过野外观察或运用视频、图像，识别 3－4 种地貌，描述其景观的主要特点"和选择性必修 1.2 "运用示意图，说明岩石圈物质循环过程"的学习基础上对地貌知识的进一步深化学习。教学的内容难度属于中等，重点培养学生综合学习思维、发展观和正确的人地关系观。

※学情分析※

学习态度上：选科地理的学生，地理学习主动性较好，对自己未来的职业规划有一定的想法。

学习能力上：经过地理必修部分学习后，掌握了一定的高中地理学习方法。

学习上的不足：选择性必修对学习能力要求更高，但大部分学生分析地理问题的能力还需提升。

※核心素养培养目标※

基于课程标准和学情，本节课的教学目标预设如下：

1. 运用图、视频等资料，认识黄土高原。(区域认知)
2. 结合黄土高原景观图判断地貌类型。(地理实践力)
3. 运用各种内外力因素对地形塑造作用的原理，解释地形的变化。(综合思维)

※教学重难点※

1. 教学重点

学会推断地表形态形成过程，掌握分析地貌成因的一般思路和方法，理解三大类岩石之间相互转换关系。

2. 教学难点

某类地貌形成过程分析。

※教学方法※

问题式教学法。

※教学媒体※

多媒体、地图。

※**教学课时**※

1课时。

教学过程设计

※**课前预习**※

[知识梳理]

一、塑造地表形态的力量

1. 地质作用

	内力作用	外力作用
能量来源		
表现形式		
影响		
二者关系		

2. 表现

A. 进行得迅速、激烈，如：_____、_____、_____、_____等瞬间发生，使地面剧变并造成自然灾害；

B. 进行得缓慢，不易觉察，如_____变迁、_____的隆起。

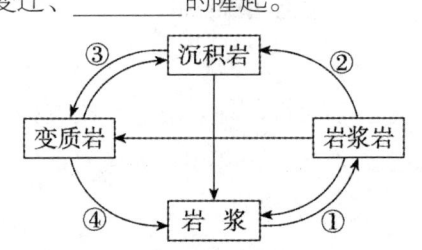

二、岩石圈物质循环

①_____
②_____
③_____
④_____

※**课堂教学**※

◇课堂导入◇

央视"江山多娇·生命篇：黄土高原，你是我的唯一"导入。
创设情境材料，展示问题。

◇问题情境1◇

黄土地貌是一种独特的地貌形态，它对当地人们的生产、生活方式有着巨大的影响。读图文资料，回答问题。

材料　黄土峁、黄土梁和黄土塬是黄土高原的基本地貌形态。

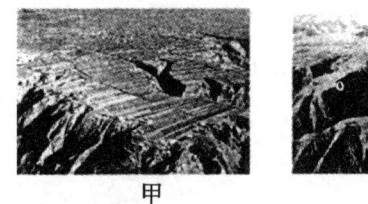

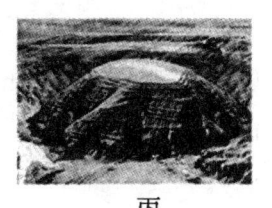

甲　　　　　　　　　　乙　　　　　　　　　　丙

◇问题探究1◇

问题1：分别写出甲、乙、丙图所示黄土地貌的名称。

[学生探究活动、研讨]

学生自主完成，教师可以适当提示，并提醒使用正确的地貌名词。

[教师指导归纳]

黄土塬顶面平坦宽阔或微有起伏。黄土堆积厚度较大，是黄土高原地区最重要的耕地集中分布区。黄土梁是平行于沟谷的长条状高地，梁长一般可达上千米、几千米或几十千米。黄土峁是呈孤立的黄土丘，浑圆状形如馒头，大多数黄土峁是由黄土梁进一步侵蚀切割形成的。

[设计意图1]

通过地貌景观的判读，激发学生学习兴趣，增强学习自信。

◇问题情境2◇

继续使用上述三幅黄土高原地貌景观图。

◇问题探究2◇

问题2：从自然地理的角度阐述黄土高原基本地貌形态的演变过程。

[学生探究活动、研讨]

教师要求小组互帮学习，画出黄土高原基本地貌类型的演变过程。

[学生活动]

略。

[教师指导归纳]

展示学生学习成果，并进行点评。

在优秀的学习成果基础上，师生共同完善，画出黄土高原地貌类型演变的过程示意图，如下：

黄土结构疏松 ⎫
（构造运动强烈）⎬→破坏地表，易形成冲沟→黄土塬→流水侵蚀继续作用→
夏季多暴雨 ⎭

冲沟深切，变宽→黄土塬顶部面积减小→长条状黄土梁→沟壑横向切割，逐渐破碎→黄土峁

师：大家从黄土高原地貌的形成过程中，发现了影响黄土高原各类地貌景观形成的地质作用有哪些？以什么为主？

生：有地壳运动等内力作用，也有流水侵蚀等外力作用。黄土高原地貌景观的形成主要是外力作用的结果。

◇拓展延伸◇

思考黄土高原是怎么来的？

教师提示学生黄土高原形成目前比较普遍的说法是风力搬运堆积形成的。提醒学生要注意问题所问核心是什么，要注意用综合的观点分析地理事物的形成，突出主要作用。

[设计意图2]

在景观认识的基础上，思考地貌的形成过程和原因，检查课前自主学习成果，也考查学生学科逻辑思维能力。

◇问题情境3◇

展示黄土形状图片。

◇问题探究3◇

专家研究表明：随着时间推移，黄土高原的地表越来越破碎。你同意这个观点吗？为什么？人们应该怎么做？

[学生探究活动、研讨]

这是一个有明显进阶的问题。黄土高原地表形态的变化与地貌的演变其实有关系，教师要适当地给学生做些启发，允许学生提出不同意见，为讲授"岩石圈物质循环"作铺垫。

[教师指导归纳]

随着时间的推移，黄土高原的地表越来越破碎，这主要有以下几个原因：

一是与黄土性质有关，黄土颗粒细，土质松软易被侵蚀。二是在缺乏植被保护的情况下，夏季的暴雨、流水和风等外力的不断侵蚀，黄土颗粒就会不断地变细。

教师板书：

物质因素：黄土颗粒细，土质松软 ⎫
动力因素：流水、风的外力侵蚀　⎬ 黄土高原地表越来越破碎

教师问：这给我们什么启示？大家一定都知道"沧海沧田、海誓山盟、海枯石烂"等成语，你会信吗？我们的地表形态是处于不断地变化之中的，地表形态的变化其实就是表现为三大类岩石之间的相互转换关系。

师生共同完成下图：

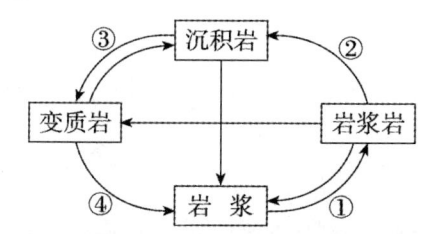

```
       ③    沉积岩    ②
    变质岩  ←----→  岩浆岩
       ④    岩 浆    ①
```

黄土高原目前也是处于地表形态塑造的某一个阶段，它的未来还会继续发生变化的。

◇拓展延伸◇

这种变化对农业生产的不利影响越来越严重，为减少这种影响，需要采取一系列针对性的措施。

教师投影：

黄土地貌碎片化 ⎫　　耕种面积减小 ⎫
水土流失加剧　 ⎬→ 土壤逐渐贫瘠 ⎬→ 耕种条件越来越差

平整土地可以使黄土高原地表不易形成径流，或减少地表径流的形成，从而减少冲沟和沟壑的形成，有利于减少和阻止地表形态破碎。有利于耕地面积扩大；有利于机械化耕作；有利于农田灌溉。

（展示黄土高原地形改造后的农业景观）

教师：自然条件可以影响人类活动，但随着科学技术的进步，人类可以改造一些不利的自然条件。

拓展问：这样子的改造是否都是有利的呢？

不利影响：可能导致平整后的土地更加疏松，加剧了水土流失，破坏了原

有的耕作层。

[设计意图3]

落实"运用示意图,说明岩石圈物质循环过程",提醒学生要辩证认识地理问题。

◇课堂小结◇

我们今天通过黄土高原这组问题一起认识了内外力作用对地表形态变化的影响,此为案例,认识其他类型的地貌成因;也辩证地认识到人类活动对地貌的影响是双方面的,有有利和不利两方面,我们要树立正确的自然观,要坚持可持续发展的理念。

◇课外拓展◇

查找或者实地调研其他地区的地貌和人文活动景观图,如青藏高原,分析地貌景观行程以及对当地人文活动的影响。

形式可多样,纲目、表格、结构、联系、图文、板画、思维地图等均可。

◇板书设计◇

地表形态的形成与人类活动——以黄土高原为例

一、黄土高原的形成

二、黄土高原地貌的演变

黄土结构疏松 ⎫
(构造运动强烈) ⎬→破坏地表,易形成冲沟→黄土塬→流水侵蚀继续作用→
夏季多暴雨 ⎭

冲沟深切,变宽→黄土塬顶部面积减小→长条状黄土梁→沟壑横向切割,逐渐破碎→黄土峁

三、黄土高原地表越来越破碎的原因

物质因素:黄土颗粒细,土质松软 ⎫
                                ⎬ 黄土高原地表越来越破碎
动力因素:流水、风的外力侵蚀 ⎭

四、岩石圈物质循环

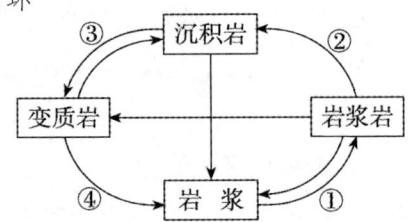

沉积岩 ⇌ 岩浆岩 ⇌ 变质岩 ⇌ 岩浆

◇设计感悟◇

（1）问题引领探究式教学策略：改造一组地理高考题，引导学生判读黄土高原地貌景观并探究成因，思考内外力作用对地表形态的影响，形成正确的人类与地表形态的关系。

（2）多媒体辅助教学策略：借助多媒体进行辅助教学，促进信息技术与交通布局综合复习课程良好整合。

（3）设计系列探究问题，引导学生思考和参与思考黄土高原地表形态的形成和流水侵蚀之间的关系，培养学生求真务实的科学态度。

（4）自主探究、小组合作与自我评价策略：给学生创设机会，通过引导学生自主进行探究，并在探究的过程中进行小组交流讨论，给予学生充分的学习自主性和创造发挥的空间；学生从过去被动接受评价逐步转向主动参与评价，并且通过自我评价促进自我发展。

※课后达标检测※

1. 内力作用的能量主要来自（　　）
   A. 太阳辐射能　　　　　　　B. 重力能
   C. 潮汐能　　　　　　　　　D. 地球内部的热能

2. 黄土高原的地表形态千沟万壑，主要成因是（　　）
   A. 风力侵蚀
   B. 风力搬运堆积
   C. 流水侵蚀搬运
   D. 流水搬运堆积

3. 下列地貌中由流水作用形成的堆积地貌是（　　）
   A. 黄土高原　　　　　　　　B. 冲积平原
   C. 风蚀柱、谷　　　　　　　D. 沙丘

4. 埃及金字塔遭受严重破坏的自然原因是（　　）
   A. 流水侵蚀　　　　　　　　B. 风化和风蚀
   C. 冰川侵蚀　　　　　　　　D. 水的溶蚀

5. 下图中所示的地质构造或地貌景观中，主要由内力作用形成的是（　　）

① ② ③ ④

A. ②④　　　B. ②③　　　C. ①③　　　D. ①④

6. 下列地貌中，主要以外力作用为主而形成的是（　　）

　　A. 阿尔卑斯山脉　　　　B. 华北平原

　　C. 台湾岛　　　　　　　D. 马里亚纳海沟

在地表形态的塑造过程中，内力和外力是同时起作用的，它们作用的结果也往往交织在一起。据此完成7～8题。

7. 下列四种地质现象中，以内力作用为主的是（　　）

　　A. 云南路南石林的形成

　　B. 崇明岛的形成

　　C. 澳大利亚东面海域珊瑚礁的形成

　　D. 喜马拉雅山脉的形成

8. 决定华北平原土层深厚的主要原因是（　　）

　　A. 地壳下沉幅度大，河流挟带的泥沙多

　　B. 冰川侵蚀作用

　　C. 成土过程时间长

　　D. 风力搬动能力强

右图是地壳物质循环简略示意图，读图完成9～10题。

9. ①代表的物质是（　　）

　　A. 岩浆岩　　　　B. 沉积岩

　　C. 变质岩　　　　D. 岩浆

10. 如果③代表的是沉积岩，则指向③的箭头b代表的是（　　）

　　A. 上升冷却凝固　　　　B. 外力作用

　　C. 变质作用　　　　　　D. 重熔再生

【参考答案】

1. D　2. C　3. B　4. B　5. D　6. B　7. D　8. A　9. D　10. B

第二节 构造地貌的形成

教学内容分析

※**课标要求**※

结合实例,解释内力作用和外力作用对地表形态变化的影响,并说明人类活动与地表形态的关系。

※**课标解读**※

概念解读:构造地貌的变化主要从两个层面上说明。一是全球大地构造,解释全球的海陆、高大山系、大裂谷等的分布和变化,通过板块构造学说加以说明。二是区域大地构造,侧重于内力作用中的地壳运动解释地表形态的成因,通过褶皱、断层及其与地表形态的关系加以说明。

能力解读:①结合实例的能力,主要为应用概念、理论观察、描述、解释和说明实例的能力。②解释内力作用中的地壳运动对地表形态的影响的能力,需要掌握地壳运动理论运用因果推理解释。③说明人类活动与地表形态的关系的能力,主要反映为人类活动对地表形态的适应和改造的地理实践能力。

※**教材分析**※

本节课与《普通高中地理课程标准(2017年版)》之前的选择性必修1的"1.2 运用示意图,说明岩石圈物质循环过程"部分,和高一的地理必修1的"1.2 运用示意图,说明地球的圈层结构""1.3 运用地质年代表等资料,简要描述地球的演化过程""1.4 通过野外观察或运用视频、图像,识别3—4种地貌,描述其景观的主要特点"同属于地质学的内容,为外力作用对地表形态的影响提供了认知前提。本部分采用照片、景观图、地图、示意图和文本的实例表达形式,阐述了地壳运动形成的主要两类地质构造褶皱、断层对地表形态变化的影响,并从板块构造学说的角度说明了两类地质构造产生的背景和原因,最后以交通与地表形态的关系来说明人类活动与地表形态的关系。

※学情分析※

学生来自省一级达标校高中高二年级，地理基础较好，具有较强的自学能力和分析问题、解决问题的能力。在本节课之前已学过岩石圈物质循环过程和地球的圈层结构、地球演化和地貌识别部分，具有一定的地学基础知识，已经学会观察识别图像，具有一定的归纳能力、时空综合思维能力。

※核心素养培养目标※

本节课对应的课程标准要求为："结合实例，解释内力作用和外力作用对地表形态变化的影响，并说明人类活动与地表形态的关系"。基于课程标准和学情，本节课的教学目标预设如下：

1. 在观察识别地质地貌图像的基础上，解释褶皱、断层对地貌及其变化的影响。（地理实践力、综合思维）

2. 结合台湾山脉、红海、大西洋、地中海等实例，运用板块构造学说，说明板块运动对地貌及其变化的影响。（区域认知、地理实践力、综合思维）

3. 结合阿里山铁路、台湾山区公路铁路分布实例，说明地表形态与人类活动的关系。（区域认知、地理实践力、综合思维、人地协调观）

※教学重难点※

1. 教学重点

解释地壳运动对地表形态及其变化的影响，说明地表形态与人类活动的关系。

2. 教学难点

全面地、细致地、动态地解释与说明的理性素养的养成。

※教学方法※

对话式、问题式教学法。

※教学媒体※

图像、地图、示意图、文本。

教学过程设计

※课前预习※

[知识梳理]

一、地质构造和地貌

(一) 褶皱（参见教材图 2.15、2.16）

1. 褶皱：在地壳运动产生的强大作用下，岩层变形而产生一系列的波状弯曲现象。

2. 基本形态——背斜、向斜

褶皱的两种形态		背斜	向斜
判断方法	岩层弯曲形态	岩层向上	岩层向下弯曲
	岩层新老关系	表层_____，底层_____	
		中心_____ 两翼_____	中心_____ 两翼_____
地貌类型	侵蚀前后地貌	山岭→谷地	谷地→山岭
	成因	背斜顶部受_____易形成谷地	向斜槽部受_____岩性坚硬不易被侵蚀

(二) 断层

1. 断层：地壳运动产生的压力和张力，超过岩石的_____时，岩石发生断裂，并且沿着断裂面有_____现象。

2. 类型

(1) 水平运动为主：错断原有地貌，或在断层附近派生若干新的地貌。

(2) 垂直运动为主：

相对下降→形成_____和低地，如：渭河平原、汾河谷地（位于陕西）。

相对上升→形成_____或高地，如：_____、庐山、泰山（即断块山）。

二、板块运动和地貌

1. 地球的岩石圈可划分为_____大板块，各板块之间还有若干小板块，且处于_____运动之中。

2. 生长边界：板块发生_____运动，形成裂谷或发育为海洋。

消亡边界：板块发生_____运动，相互碰撞，褶皱隆起形成高大的_____、_____、_____等。

三、山地与交通

①运输方式：山地地区应当优先发展_____运输，而后才是_____运输。

②线路分布：山地地区应当将线路选在地势相对和缓的山间_____和河谷地带。

③延伸方向：山区道路公路和铁路不宜直线，需要_____前进，如盘山公路、"Z"型公路。

※课堂教学※

◇课堂导入◇

一、地质构造与地貌

（一）褶曲与地貌

暑假时，福建某地质队的叔叔大刘带着从我国台湾来的刚上中学的侄子小天到各地游玩，祖国美丽的山川让小天流连忘返。快返台的某天，小天帮忙整理大刘叔叔旅游时拍下的照片，发现同样是山峰，内部的岩层的弯曲却是不一样的，有的是向上弯曲的，有的是向下弯曲的。同样是谷地，内部的岩层的弯曲也不同，有的向上弯曲，有的向下弯曲。

[教学活动1]

褶曲及其形成。

◇问题情境1◇

观察下列图片，回答问题。

图1　　图2

图 3　　　　　　　　　　　图 4

◇问题探究 1◇

说出上述四幅图中的地形和褶曲类型。(教师指图示意部位)

[生讨论交流]

图 1：向斜，山峰；图 2：背斜，山峰；图 3：向斜，谷地；图 4：背斜，谷地。

[意图依据]

观察照片，给学生美的享受，发现差异与规律。培养学生观察能力和规律归纳能力，激发学习兴趣。

◇追问 1◇

岩层是怎么形成的？

拟：岩层是在原始地壳上堆叠起来，通常老的在下新的在上。

◇追问 2◇

照理说岩层刚形成的时候通常是水平的，图里的岩层怎么会弯曲呢？

拟：因为受到了外力的挤压作用。

[教师引导学生模拟]

大刘用书本演示褶皱，将书本用力挤压演示褶皱的形成。

[意图依据 1]

运用书本模拟，学生直观体验褶皱的形成，培养学生的动手能力和抽象思维能力。

[教学活动 2]

褶曲中岩层的新老关系。

师

这向斜和背斜就像小鸟的翅膀，有的时候翅膀向上拍，有的时候翅膀向下

第二部分　问题式教学设计与案例　85

拍。向斜和背斜的小鸟的躯干部位叫作核部，两边的翅膀就叫两翼。

◇问题探究2◇

同一水平面背斜和向斜的核部和两翼哪个年纪更老？

生

背斜核部老两翼新；向斜核部新两翼老。

师

据图分析（参见教材图2.15），点评。

[意图依据2]

运用小鸟形象比喻褶曲的部位，帮助学生理解抽象内容。培养学生从空间的上下关系转化思考时间的新老关系，以时空视角深入理解背斜和向斜。

[教学活动3]

褶曲与地貌的关系。

◇问题探究3◇

背斜为什么有的形成的是山峰而有的却形成谷地？

生

探究，讨论，回答。

背斜成山：背斜形成时岩层向上弯曲，地表形成山岭（峰）。

背斜成谷：背斜核部受张力作用，岩性破碎，受外力风化侵蚀成为谷地。

师

展示。

◇续问题探究◇

向斜为什么有的形成山峰，有的形成谷地？

生

探究，讨论，回答。

向斜成谷：向斜形成时岩层向下弯曲，地表形成谷地。

向斜成山：向斜核部受挤压作用，岩性较坚硬致密，不易受外力风化侵蚀；而两翼被风化侵蚀，使得核部相对高出成为山岭（峰）。

[意图依据3]

深入探究，培养学生的探究精神和交流意识。培养学生因果思维的深入性、辩证性、动态性。

[教学活动4]

应用与实践。

◇问题情境2◇

[师过渡]

两人一起到台湾，小天一家筹划要在乡下盖栋别墅，大刘查找到小天爸爸打算要建别墅的地方的地质剖面图。小天盯着图研究了一会儿，指着图中的某处说道：别墅就盖这里吧。

大刘：眼力不错嘛，能说说你选择的理由吗？

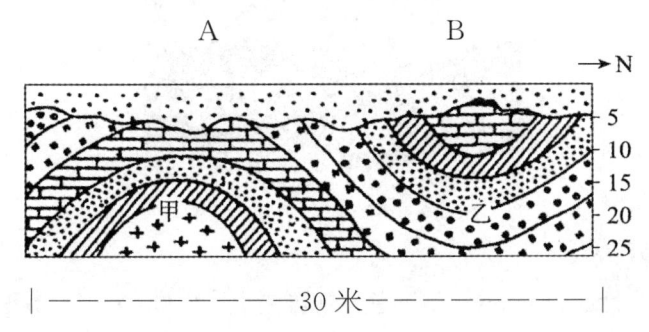

◇问题探究4◇

问：小天看中了哪处？理由是什么？

生

探究，讨论，回答。

图中B处，①向斜核部岩性较坚硬致密，地基较稳固。（水平2）

②坚硬岩石埋藏较浅，地基费用少。（答出①、②，水平3）

③B处在A处北面，在B处建房面向A朝阳，A处可为院子。（答出①②③，水平4）

[意图依据4]

检测原理的深入理解和应用，培养综合思维的深度和广度。培养深入探究精神，学习有用的地理。

(二) 断层与地貌

[教学活动5]

垂直断层地貌。

◇问题情境 3◇

师

展示。

小天一家和大刘到小天选址处去考察了一天，小天爸妈和大刘夸了小天一番。小天觉得地质学很有用处，对地质学越来越有兴趣了，继续帮大刘整理照片，看看能不能有新的发现，他看到了下面一张照片。

◇问题探究 5◇

图中岩层为什么是断裂的？哪些部分岩块上升？哪些部分岩块下沉？

生

回答；指图说明。

[意图依据 5]

培养细致观察能力和比较思维能力，运用综合思维的空间性进行判断。

[教学活动 6]

断层地貌拓展和总结。

师

展示，对话式讲解。

除了垂直方向的断层外，还有水平方向的断层会把两侧的地貌错开，形成错断地貌。而在断层处容易受外力风化侵蚀，常常有河流、湖泊发育，像中国的华山、庐山、泰山是断块上升形成的块状山地，而像汾河谷地、渭河谷地、贝加尔湖是断块下沉形成的谷地。

[意图依据 6]

补充其他类型，促进思维完备性的提高。从空间完备的角度培养知识技能归纳整理能力。

二、板块运动与地貌

[教学活动7]

板块构造学说。

师

展示（参见教材图2.20）。

小天看着家后面的山问：台湾山脉是怎么形成的？

◇问题探究6◇

台湾山脉是怎么形成的？

生

位于亚欧板块和太平洋板块之间，板块相向运动挤压形成台湾山脉。

师

（总结指图）像这种板块相向运动的边界称为消亡边界，地形上有山脉、海沟、岛弧等。

[意图依据7]

运用板块构造学说解释台湾山脉的形成，培养学生读图、析图、用图能力，加深对褶皱概念的理解。

[教学活动8]

板块构造学说深入。

师

展示。

师自问

那海沟、海岭又是什么东西呢？

指图

图中×××处就是海沟，它们是大洋板块俯冲到大陆板块下形成的。

（图略）

指图

那叫海岭，也叫中脊。中脊是地幔热物质上升的地方，不断地冷却凝固形成新的岩石并推动两侧板块扩张，这种扩张的边界叫作生长边界。

美洲　　　大西洋中脊　　　非洲

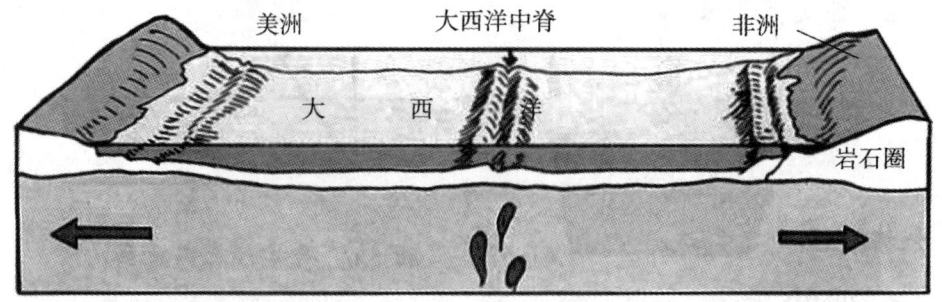

大　西　洋

岩石圈

两板块继续向两面分离，裂谷扩大，并为海水占据成为海盆，板块边缘为相继涌至的岩浆冷却形成海底山脊。

小天：太神奇了，难怪我看大西洋两岸的_____、_____、_____、_____（四个洲）的大陆轮廓好像是可以拼在一起的。

生

南美洲、北美洲、亚洲、非洲

[意图依据8]

观察海底地貌图和大西洋中脊示意图，深入理解板块运动的动力机制，并结合大陆轮廓的空间特性形象掌握，促进读图、析图、用图能力的发展，培养深入思维品质。

[教学活动9]

解释海洋的收缩和扩展。

师

展示。

◇问题探究7◇

指着红海的位置：那这里会不断扩张形成广阔的海洋？为什么？

生

位于大洋中脊处，板块边界扩张导致海洋面积扩大。

◇问题探究8◇

那有将来缩小甚至消失的海洋吗？如果有，请在地图上指出。

生

探索、讨论、回答，指图。

地中海、黑海、太平洋等。

[意图依据 9]

通过推测海洋的扩张和缩小闭合，深入运用板块运动知识，培养时间动态综合思维能力。归纳板块边界和内部的活动性差异，深入理解板块运动影响的空间差异和规律。

三、山地与交通

◇问题情境 4◇

为了回报大刘在大陆招待小天旅游，小天一家请大刘一起去阿里山游玩。四个人一路欢声笑语，坐着火车沿阿里山铁路从嘉义到阿里山。刚开始在平原的时候铁路还算平直，进山区后铁路沿着山麓、谷地和山间盆地延伸。在经过独立山的时候环绕上行三圈，逐步爬升200米。而后火车沿着一段之字形铁路转换了几次方向开上一个很陡的斜坡，称为阿里山碰壁。全程途中也经过一些桥梁和隧道，一路有惊无险。回去后小天查地图，发现台湾的山区交通几乎是以公路为主，铁路非常稀少。

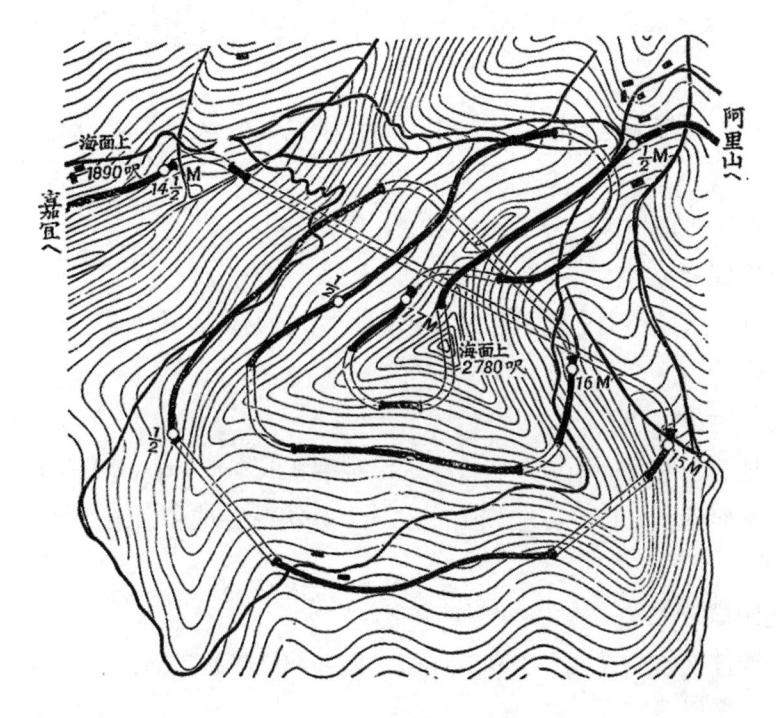

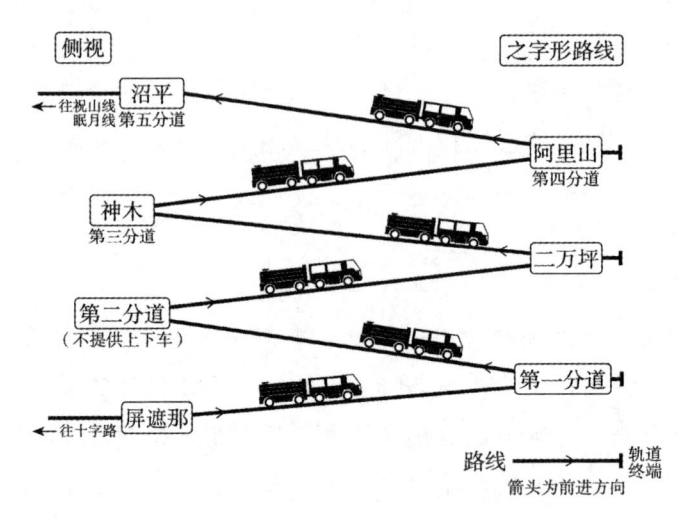

```
        侧视                          之字形路线
     ┌─────┐
     │ 沼平 │
     └─────┘
  ←往祝山线
   眠月线 第五分道                   ┌─────┐
                                    │阿里山│
                                    └─────┘
                                     第四分道
     ┌─────┐
     │ 神木 │
     └─────┘
      第三分道
                                    ┌──────┐
                                    │二万坪│
                                    └──────┘
  ┌───────┐
  │第二分道│
  └───────┘
  (不提供上下车)
                                    ┌────────┐
                                    │第一分道│
                                    └────────┘
     ┌──────┐
     │屏遮那│
     └──────┘
  ←往十字路
                              路线 ——→ ┤轨道终端
                                   箭头为前进方向
```

独立山螺旋环绕铁路——阿里山碰壁

◇问题探究 9◇

问：在平原段铁路为什么比较平直？

生

探究、讨论、回答。

①建设和运行线路更短，有利于节省建设成本和运营成本，提高运行速度。（水平 3）

②有利于少占耕地、节省耕地资源。（水平 4）

◇问题探究 10◇

问：在山区铁路沿山麓、谷地和山间盆地延伸有何好处？

生

探究、讨论、回答。

①谷地、山间盆地地势起伏小，建设难度和成本较低。（水平 3）

②山区聚落多分布于谷地和山间盆地，铁路沿谷地和山间盆地有利于联系聚落。（水平 4）

◇问题探究 11◇

问：为什么铁路在独立山螺旋环绕、在陡坡修成之字形？

生

探究、讨论、回答。

螺旋环绕和之字形可降低铁路坡度，降低建设成本，提高安全性。

◇问题探究 12◇

问：台湾山区陆地交通为什么以公路为主，铁路较少？

生

探究、讨论、回答。

山区地势起伏大，公路建设成本和难度低，投资和技术要求比较低；铁路建设成本和难度高，投资和技术要求较高。（水平 3）

台湾山区缺乏大宗货物运输需求。（水平 4）

[意图依据 10]

通过台湾山区的铁路与地形的关系案例探究，培养学生阅读分析文本和地图、示意图的地理实践能力，理解人类活动的需求和成本基本因素，了解台湾区域常识，培养人地协调观和综合思维能力。

◇板书设计◇

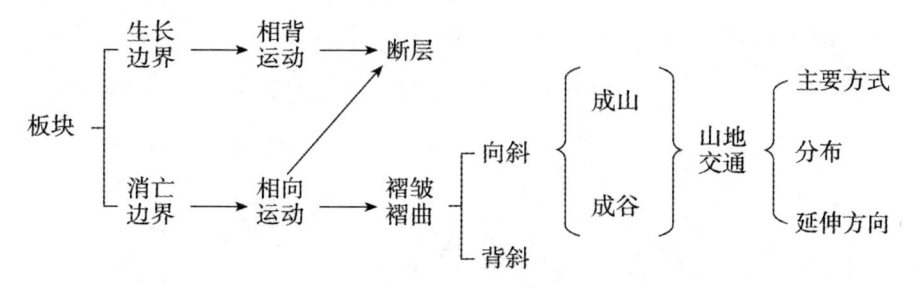

板块 ─┬─ 生长边界 → 相背运动 → 断层
      └─ 消亡边界 → 相向运动 → 褶皱褶曲 ─┬─ 向斜 ─┬─ 成山
                                          │   └─ 成谷 ─┐
                                          └─ 背斜   │
                                                             └─ 山地交通 ─┬─ 主要方式
                                                                          ├─ 分布
                                                                          └─ 延伸方向

◇设计感悟◇

情境问题式的教学法任务明确，针对性强，但情境与情境之间相对独立，而对话式的教学法可以平稳地引导过渡。本设计试图结合二者之间的优点，将情境问题式教学融于对话式教学之中，在需要深入探究讨论的部分设置比较正式的情境教学，而一般的教学任务通过对话式完成。虚构一个地质专业的叔叔和一个中学生的旅游故事，让学生有比较强的亲近感和代入感，在叔侄对话的过程中线性展开本节课的内容，执行时师生也可模拟叔侄的对话展开。比较正式的情境问题部分的教学则务求真实或接近真实，让学生面对真实情境解释真实现象解决实际问题以得到能力和素养的提升。

※课后达标检测※

右图是世界一大板块边界示意图（箭头表示相邻板块运动方向），完成1~2题。

1. 板块的相对运动，边界处可能形成（   ）
   A. 甲乙之间的裂谷、海洋
   B. 甲丙之间的海沟、海岭
   C. 甲丙之间的褶皱山脉、高原
   D. 甲丁之间的海沟、岛屿

2. 甲板块（   ）
   A. 参与了地质循环   B. 漂浮在莫霍面上
   C. 周边多地震活动、少岩浆活动   D. 以海岸线与其他板块分割

下图为宁夏平原地质剖面示意图，读图完成3~4题。

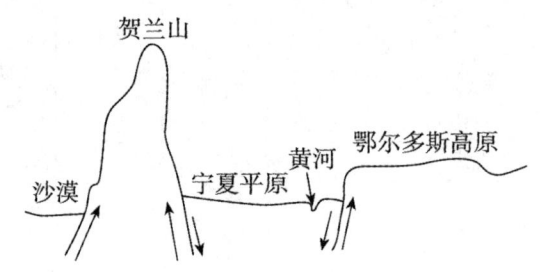

3. 宁夏平原地质构造的形成原因是（   ）
   A. 堆积作用   B. 地壳运动   C. 侵蚀作用   D. 变质作用

4. 贺兰山从成因看属于（   ）
   A. 褶皱山   B. 火山   C. 断块山   D. 无法判断

5. 某兴趣小组在下图所示地区进行了野外考察。请根据所学知识完成下列要求。

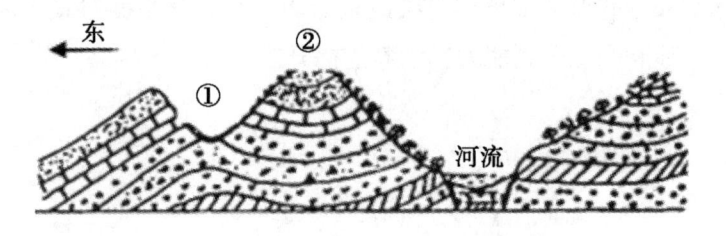

(1) 兴趣小组从河谷向东翻过山岭②和谷地①，请指出①②地质构造类型。

(2) 说明①处成谷，②处成山的原因。

(3) 兴趣小组建议在图示河流处修建水库，你认为是否合适？请简述理由。

6. 读我国某地等高线图，完成下列问题。

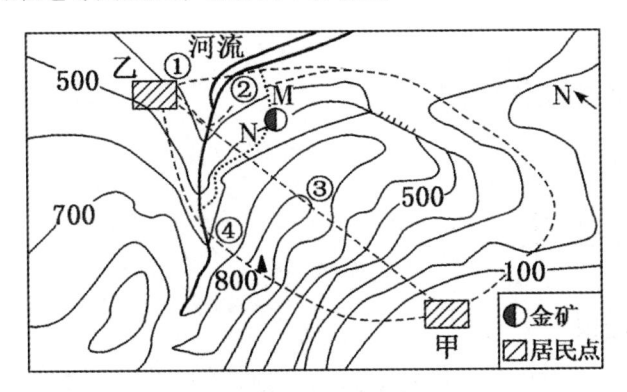

(1) 图中河流在等高线 400～600 m 的流向是_____。

(2) 若从图中甲村修建一条普通公路到乙村，①②③④中哪条更好？为什么？

(3) 若在图中修建水渠引水至金矿，M、N 两条哪条更好？为什么？

(4) 图中从甲、乙两村沿④路线徒步爬到山顶哪个更省力？为什么？

【参考答案】

1. D 2. A 3. B 4. C

5. (1) ①背斜；②向斜。

(2) ①背斜顶部受张力，岩性松软，易被侵蚀成谷地；②向斜槽部受挤压，岩性坚硬，不易被侵蚀，反而形成山岭。

(3) 不合适。该河谷发育有断层，地壳不稳定，修建水库易发生渗漏现象，应避开此地。

6. (1) 自西南流向东北。

(2) ②　原因：坡度缓过河少修桥少。

(3) N　原因：河水可以自流到金矿。

(4) 乙村　原因：等高线少，相对高度小；等高线疏，坡度平缓。

第三节 河流地貌的发育

教学内容分析

※课标要求※

结合实例,解释内力和外力对地表形态变化的影响,并说明人类活动与地表形态的关系。

※课标解读※

本节学习的内容是河流地貌的发育,因此,要达成的课标要求可转化表述为"结合实例,解释内力和外力对河流地貌形态变化的影响,并说明人类活动与河流地貌的关系"。

在必修1第四章,学生已学习了河流地貌,对河流地貌的主要特点(形态和物质组成)已有一定基础,对河谷、河床、河漫滩、河流阶地、河口地貌等概念有一定了解,因此,本节学习重在分析地表形态变化及其原因,形成两个重要观点:一是变化的观点,即地表形态一直处于不断的运动和变化之中;二是综合的观点,即内力造就了地表形态的骨架,外力对地表形态骨架进行再塑造,我们所见到的地表形态是内力和外力长期共同作用的结果。落实到河流地貌的发育,要求结合某河流地貌的形成,分析流水作用对河流地貌形成的影响,重点分析内力和外力作用对河流地貌变化的影响,而不是讲授各种地貌类型,更不要求教师面面俱到地讲授河流地貌类型。

"人类活动与河流地貌的关系"的重点在"关系"。从地与人的关系来看,不同的河流地貌会不同程度地制约人类的活动。从人与地的关系来看,随着科学技术的发展,人类改造河流地貌的能力越来越强。因此在教学中需要"结合实例",探讨人类活动与河流地貌的相互关系。

※教材分析※

关于河流地貌,学生在必修1模块已有接触,对河流地貌的主要特点较为

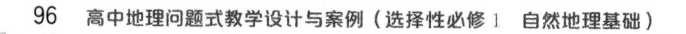

熟悉，本节内容是在此基础上，结合实例，尝试解释河流对地表形态变化的影响，并说明人类活动与河流作用下地表形态的关系，教学上重在分析河流作用下地表形态的变化及其原因，并从地与人、人与地两层的关系，探讨人类活动与河流地貌的相互关系。本节内容有三：一是河谷的演变，强调河流是塑造地表形态的重要外力，它在流动过程中改造所流经的河谷，使得河谷加深、拓宽、延长，河谷横剖面由"V"型向槽型演化。二是冲积平原的形成，强调被河流搬运的物质，在河流搬运能力减弱的情况下会沉积下来，形成堆积地貌。冲积平原是比较典型的一种河流堆积地貌，包括山前冲积平原、河漫滩平原和三角洲平原三种类型。三是河流地貌对聚落分布的影响，强调河流的两岸常有聚落分布，中下游更为集中，河流为聚落提供用水，便于聚落对外联系和运输；河流的冲积平原地势平坦，土壤肥沃，利于耕作；沿河聚落可能会受到洪水的威胁。

※**学情分析**※

通过初中地理和高中地理必修模块的学习，学生具备初步的地理核心素养；学生在必修1模块已学习过河流地貌，对河流地貌的形态和物质组成有知识基础，对河谷、河床、河漫滩、河流阶地、河口地貌等概念也有一定了解。

※**核心素养培养目标**※

1. 结合实例，解释某一河谷形态的变化及其原因。（地理实践力、区域认知）

2. 结合实例，解释冲积平原的形成，说出冲积平原类型和曲流河道的变化规律。（地理实践力、区域认知、综合思维）

3. 结合实例，评价河流地貌对聚落分布的影响。（人地协调观）

※**教学重难点**※

1. 教学重点

（1）河谷形态的变化及其原因。

（2）冲积平原的形成，说出冲积平原类型和曲流河道的变化规律。

（3）评价河流地貌对聚落分布的影响。

2. 教学难点

评价河流地貌对聚落分布的影响。

※**教学方法**※

问题式教学法。

※**教学媒体**※

多媒体课件、微课、图表。

※**教学课时**※

1课时。

教学过程设计

※**课前预习**※

[知识梳理]

阅读教材"第三节 河流地貌的发育"图文内容,观看"微课2.3河流地貌",完成下列任务。

一、河谷的演变

时期(部位)	作用过程	地貌类型
发育初期 (上游山地)	以向_____和向_____侵蚀为主,使河谷不断_____和_____	_____型谷
中期 (中游)	向_____的侵蚀作用减弱,向_____的侵蚀作用加强,河流在_____侵蚀,_____堆积	河流更为弯曲,河谷拓展
成熟期 (中下游平原)	以向河谷两岸的侵蚀和堆积作用为主	_____型谷

二、冲积平原的形成

被河流搬运的物质,在河流_____减弱的情况下,会_____下来,形成堆积地貌。

部位	形成过程	地貌类型	地貌特点
山区（山麓地带）	当水流流出_____时，由于地势突然趋于_____，河道变得开阔，水流速度_____，河流搬运的物质在_____堆积下来，形成_____地貌	_____	以谷口为顶点呈扇形，从顶端到边缘地势逐渐_____，堆积物颗粒由_____变_____
河流中下游地区	河流在_____堆积，形成_____。_____的面积不断扩大，在_____露出水面，形成_____。_____河漫滩被洪水淹没，继续接受_____		地势平坦、宽广
河流入海口	当携带着大量泥沙的河流进入海洋时，如果河流入海处水下坡度_____，河水流速_____，河流所携带的泥沙便会堆积在_____		多呈三角形，地势平坦，河网稠密，河道由分汊顶点向海洋呈放射状

三、河流地貌对聚落分布的影响

1. 在世界上一些主要河流两岸城市较多，越往河流_____，城市分布越_____。

2. 河流地貌对聚落分布的影响：河流为聚落分布提供了_____；河流作为交通运输通道，可方便聚落对外_____和_____；河流冲积平原可为聚落提供丰富的_____；沿河聚落可能会受到_____的威胁。

※课后达标检测※

1. 在河口处形成的三角洲地貌主要是由于（　　）
   A. 流水侵蚀作用　　　　B. 流水切割作用
   C. 流水沉积作用　　　　D. 流水搬运作用

2. 沟谷的形成主要是（　　）
   A. 流水沉积作用　　　　B. 风力沉积作用
   C. 流水侵蚀作用　　　　D. 风力侵蚀作用

3. 长江三峡形成的主要外力作用是（　　）
   A. 河流的溯源侵蚀　　　　　　B. 河流的下蚀
   C. 河流的侧蚀　　　　　　　　D. 河流的溶蚀
4. 河流在凹岸侵蚀，凸岸堆积。其中凹岸侵蚀属于（　　）
   A. 溯源侵蚀　　　　　　　　　B. 下蚀
   C. 侧蚀　　　　　　　　　　　D. 垂直地面的侵蚀
5. 长江口崇明岛的成因是（　　）
   A. 断层上升　　　　　　　　　B. 褶皱隆起
   C. 火山喷发　　　　　　　　　D. 泥沙沉积

读下图，比较图中河流a、b、c三处的位置与三幅断面图，完成6~7题。

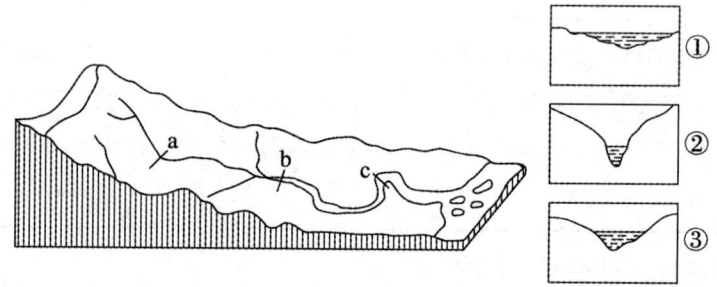

6. 河流位置与断面对应关系正确的是（　　）
   A. ①—a，②—b，③—c　　　B. ①—b，②—a，③—c
   C. ①—c，②—b，③—a　　　D. ①—c，②—a，③—b
7. 与河流位置a、b、c对应的外力作用分别是（　　）
   A. 侵蚀，搬运，沉积
   B. 侵蚀，沉积，搬运
   C. 沉积，搬运，侵蚀
   D. 搬运，沉积，侵蚀
8. 古代的乡村聚落多分布于河流两岸或交汇处的高亢之地，是因为（　　）
①地势较高，可避免洪水之患　　②雨热同期，气候优越
③土地肥沃、近河，有利于农耕、畜牧、渔猎　　④便于搬迁和居住
   A. ①②　　　　B. ①③　　　　C. ②③　　　　D. ③④

【参考答案】
1. C　2. C　3. B　4. C　5. D　6. D　7. A　8. B

※**课堂教学**※

◇课堂导入◇

教材图 2.26 及文字内容。

◇问题情境 1◇

教材图 2.27。

◇问题探究 1◇

讨论并完成下表。

河谷发展阶段	主要侵蚀类型	横剖面示意图
初期（A）		
中期（B）		
成熟期（C）		

[学生讨论、交流]

略。

[教师引导归纳]

河谷发展阶段	主要侵蚀类型	横剖面示意图
初期（A）	下蚀和溯源侵蚀为主	V 字型
中期（B）	下蚀减弱，侧蚀增强 凹岸侵蚀，凸岸堆积	U 字型
成熟期（C）	以侧蚀为主	槽型

[设计意图 1]

通过观察河谷的演变图，了解河谷演变的三个阶段，与同学讨论、交流，掌握河谷不同阶段的主要侵蚀类型和横剖面形态，为后续的问题探究打好知识铺垫。

◇问题情境 2◇

图 A 由多个洪积扇或冲积扇连接形成

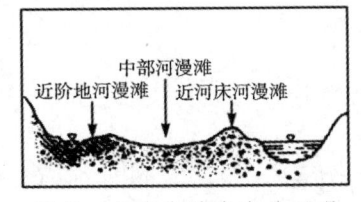

图 B 由多个被废弃的河漫滩连接在一起形成

图 C 由若干个三角洲连接在一起形成

◇问题探究2◇

1. A、B、C三图所示分别是哪三种河流堆积地貌？

2. 图A所示冲积扇分布有什么特点？从顶端到边缘颗粒大小如何变化？哪些因素影响冲积扇的大小？

[学生讨论、交流]

略。

[教师引导归纳]

1. 冲积扇平原—河漫滩平原—三角洲平原。

2. 特点：分布在山前，以谷口为顶点呈扇形堆积体，冲积扇顶端到边缘地势逐渐降低；堆积物颗粒由粗变细；冲积扇大小主要与沉积物供给量、气候因素、物质来源区与堆积区的地形条件有关。

◇追问◇

下列景观图片属于哪种河流地貌（冲积扇、冲积平原、冲积岛、三角洲、江心洲）？

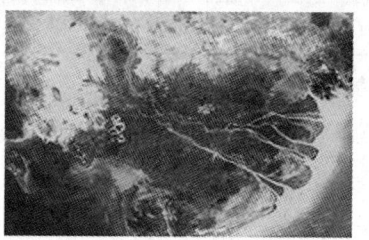

[学生讨论、交流]

略。

[教师引导归纳]

1. 相同点：其成因均为流水沉积，即河流流水挟带的泥沙，由于河床坡度减小、水流流速变慢、水量减少和泥沙增多等都可引起搬运能力减弱而发生沉积。

2. 差异点

	区域差异	形态差异	沉积介质差异
冲积扇	山口	扇形	
冲积平原	河流中下游	河漫滩成因的冲积平原,有凹凸岸	
冲积岛	河流入海口	多长条形	还受海水顶托
三角洲	河流入海口	尖头状、扇形、鸟足状等	还受海水顶托
江心洲	河流江心	多长条形	

[设计意图2]

通过读图判别三种河流堆积地貌,以冲积扇为例,深入探究其结构,思考影响冲积扇大小的因素,培养学生综合思维;通过阅读区分河流地貌景观图,提高学习兴趣,加强地理实践力的培养。

◇问题情境3◇

九龙江是福建省仅次于闽江的第二大河流,其支流西溪下游流经漳州平原。下图为西溪流经碧湖段的遥感影像图(摄于2018年12月18日)。

◇问题探究3◇

1. 推测西溪碧湖段北岸向南凸的原因。
2. 沙里淘金、河港选址应在凹岸处,还是凸岸处?

[学生讨论、交流]

略。

[教师引导归纳]

1. 西溪碧湖段北岸为河流的凸岸,河流流经弯道时,水质点做曲线运动,产生离心力,使表层水流趋向于凹岸,而底部的水流在压力的作用下,由凹岸流向凸岸，形成弯道环流，在弯道环流的作用下，凹岸发生侵蚀，凸岸发生堆积（如图所示）。

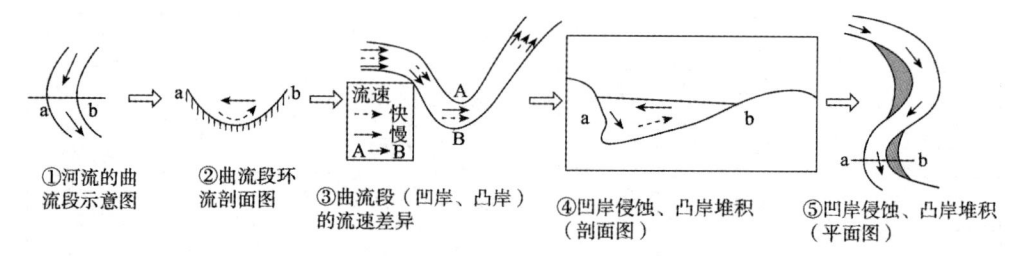

①河流的曲流段示意图　②曲流段环流剖面图　③曲流段（凹岸、凸岸）的流速差异　④凹岸侵蚀、凸岸堆积（剖面图）　⑤凹岸侵蚀、凸岸堆积（平面图）

2. 沙里淘金选址应在凸岸处，凸岸多泥沙；河港选址应在凹岸处，水深，少泥沙淤积。

◇活动◇

通过遥感影像图探究曲流变化规律（见教材）。

［学生讨论、交流］

略。

［教师引导归纳］

（1）凹岸侵蚀，凸岸堆积；河道出现裁弯取直。

（2）随着河流凹岸侵蚀，凸岸堆积的进行，河道弯曲度增加，当上、下两个反向河湾按某个固定点，呈S形向两侧扩张，河曲颈部愈来愈窄，当水流冲溃河曲颈部后便引起自然裁弯取直。裁弯取直后，废弃的旧曲流便逐渐淤塞衰亡，成为牛轭湖。

（3）新河段因缩短流程，比降增大，往往迅速拓宽，发展成为主槽。

［设计意图3］

通过选取家乡河流一段弯曲河道（西溪碧湖段）作为情境材料，利于激发兴趣，训练区域认知。通过黄河中游一段河道变化作遥感影像图探究曲流变化规律，在迁移应用新知的同时，培养地理实践力。

◇问题情境4◇

聚落泛指人口聚居的社会性空间，是乡土社会的基本单元。一个聚落能否形成与发展，很重要的一点就是河流。故大城市必位于大川旁，而小村庄则近于小河边，"在水一方"，是聚落分布的突出特点。查找"我国长江流域聚落分布图"、雅鲁藏布江谷地景观图，及"某山区聚落分布图"（图A）。

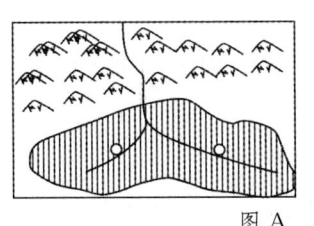

图A

◇问题探究 4◇

1. 长江中下游平原地区的聚落分布有何特点?
2. 山区的聚落大多分布在洪积扇、冲积扇和河漫滩平原的原因是什么?
3. 以雅鲁藏布江谷地为例,说明高原地区聚落分布的主要特点及原因。

[学生讨论、交流]

略。

[教师引导归纳]

1. 大多沿河发展,形成沿河聚落带。
2. 地势平坦,土壤较肥沃,水资源丰富。
3. 高原地区聚落大多分布在河谷两岸狭窄的河漫滩平原上,因为河谷地势低,气温较高,河漫滩平原地势平坦,土壤肥沃,水资源丰富。

[设计意图 4]

结合实例(长江中下游平原地区的聚落分布、山区聚落分布、雅鲁藏布江谷地景观图),评价不同河流地貌对聚落分布的影响,树立正确的人地协调观。

◇课堂小结◇

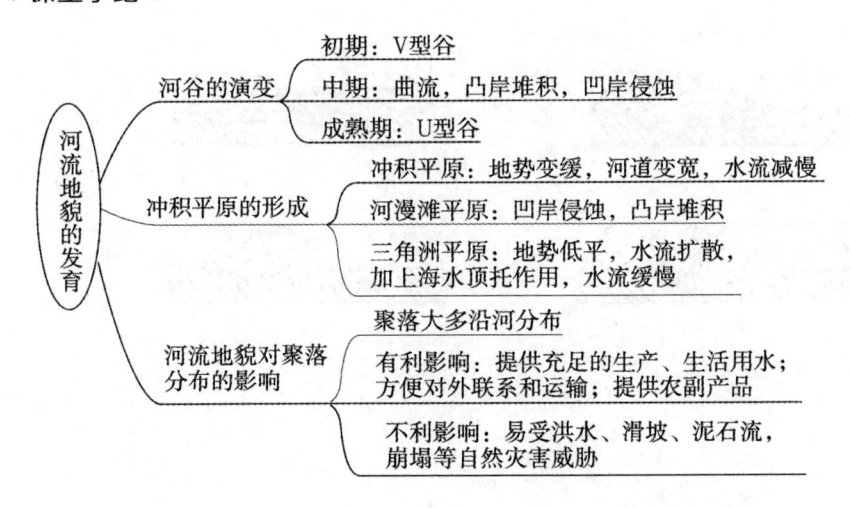

河流地貌的发育
- 河谷的演变
  - 初期:V型谷
  - 中期:曲流,凸岸堆积,凹岸侵蚀
  - 成熟期:U型谷
- 冲积平原的形成
  - 冲积平原:地势变缓,河道变宽,水流减慢
  - 河漫滩平原:凹岸侵蚀,凸岸堆积
  - 三角洲平原:地势低平,水流扩散,加上海水顶托作用,水流缓慢
- 河流地貌对聚落分布的影响
  - 聚落大多沿河分布
  - 有利影响:提供充足的生产、生活用水;方便对外联系和运输;提供农副产品
  - 不利影响:易受洪水、滑坡、泥石流、崩塌等自然灾害威胁

[结束语]

长江岸线镇江段持续向北推移原因：地处长江弯曲河道的凸岸，多泥沙堆积。

◇板书设计◇

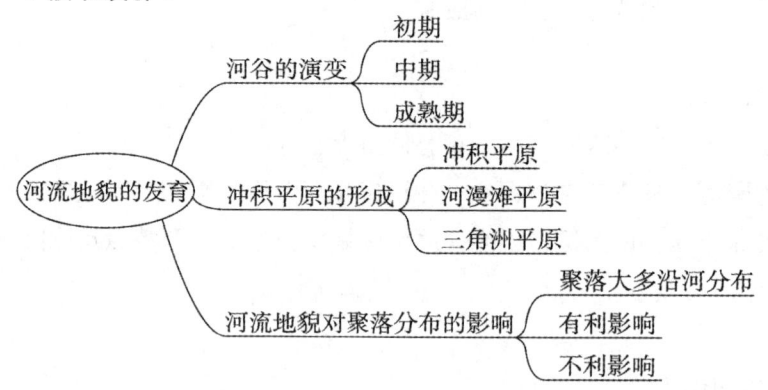

河流地貌的发育
- 河谷的演变
  - 初期
  - 中期
  - 成熟期
- 冲积平原的形成
  - 冲积平原
  - 河漫滩平原
  - 三角洲平原
- 河流地貌对聚落分布的影响
  - 聚落大多沿河分布
  - 有利影响
  - 不利影响

◇设计感悟◇

(1) 采用微课＋基础梳理填空＋预习检测题辅助课前预习，提高预习效果，培养自学能力。(2) 重视问题教学。课堂上针对重难点，设置情境和问题，师生合作探究，集思广益，提高课堂教学的有效性。(3) "达标检测题"的组织，能围绕本章节的重难点知识的应用，考虑适当提高难度，增加高考真题等措施巩固、训练迁移应用地理知识的能力，提升地理核心素养。

※**课后达标检测**※

读下列四幅图，完成1～2题。

甲　　乙
丙　　丁

1. 图中表示的地理事物，按照发展的先后顺序排列的是（　　）

　　A. 甲—乙—丙—丁　　　　B. 乙—丙—丁—甲
　　C. 丙—乙—甲—丁　　　　D. 丙—丁—甲—乙

2. 影响图中地理事物形成和发展的主要地质作用是（　　）

  A. 内力作用　　　　　　　　B. 冰川作用

  C. 流水的侵蚀作用　　　　　　D. 流水的搬运作用

3. 右图表示某一河流的部分河段。如果河中有沙金，淘金点产量最高的可能是（　　）

  A. a 处

  B. b 处

  C. c 处

  D. d 处

  洪积扇是河流、沟谷的洪水流出山口进入平坦地区后，因坡度骤减，水流搬运能力降低，碎屑物质堆积而形成的扇形堆积体。下图示意贺兰山东麓洪积扇的分布，除甲地洪积扇外，其余洪积扇堆积物均以砾石为主，贺兰山东麓南部大多数洪积扇耕地较少，且耕地主要分布在洪积扇边缘。据此完成4～6题。

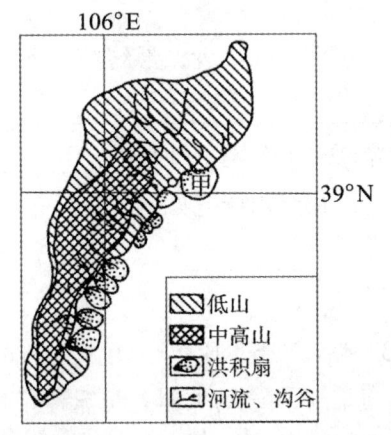

4. 贺兰山东麓洪积扇集中连片分布的主要原因是贺兰山东坡（　　）

  A. 坡度和缓　　　　　　　　B. 岩石裸露

  C. 河流、沟谷众多　　　　　D. 降水集中

5. 与其他洪积扇相比，甲地洪积扇堆积物中砾石较少的原因主要是（　　）

①降水较少　②山地相对高度较小　③河流较长　④风化物粒径较小

  A. ①②　　　　　　　　　　B. ②③

  C. ③④　　　　　　　　　　D. ①④

6. 贺兰山东麓南部大多数洪积扇耕地较少的主要原因是（　　）

  A. 海拔较高   B. 土层浅薄

  C. 光照不足   D. 水源缺乏

7. 读某河道示意图，完成下列问题。

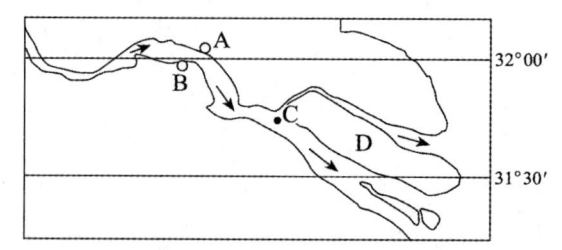

（1）某港务局拟在 A、B 两处河段建港，请问是选在 A 处还是 B 处好？_____，理由是_____。

（2）某勘探队在 C 处钻探获得粘土、砾石、粉砂、砂等沉积物标本，请问自上而下钻取的沉积物应依次是_____，其理由是_____。

（3）小岛 D 因泥沙不断堆积而扩大，最终将与河流的哪岸相连？_____。为什么？_____。

（4）河流的下游常常造成什么堆积地形？_____。其成因和特征如何？_____。

【参考答案】

1. D   2. C   3. B   4. C   5. B   6. B

7.（1）A   因为 A 处位于河流的凹岸，流水的侵蚀作用显著，河床深

（2）粘土、粉砂、砂、砾石   颗粒大、比重大的物质先沉积，颗粒小、比重小的后沉积

（3）与北岸（即左岸）相连   因为该河位于北半球，河水在流动过程中，受地转偏向力的影响，向右偏转；因而南岸侵蚀，北岸则泥沙堆积

（4）冲积平原、河口三角洲、沙堤等   它们是河流带来的泥沙，在流速减缓的情况下以及海潮的顶托下泥沙沉积形成的，其地形特征是地势低平，河汊纵横交错

问题研究　崇明岛的未来是什么样子

教学内容分析

※课标要求※

结合实例,解释内力和外力对地表形态变化的影响,并说明人类活动与地表形态的关系。

※课标解读※

地表形态一直处在不断地运动和变化中。地表形态是内外力长期共同作用的产物。人类活动受到地表形态的影响,同时人类活动也会对地表形态施加影响。从本条标准来看,学生认识地表形态,第一要以运动、变化的观点看待地表形态;第二要运用综合思维分析地表形态变化的主要原因;第三要辩证看待人类活动与地表形态的关系,同时渗透人地协调观。

※教材分析※

教材以崇明岛作为研究主题分析培养学生的地理实践力。教材在提出问题之后,结合三个知识拓展资料(河口冲积岛是怎样形成的、长江河口冲积岛的变迁和人类活动对崇明岛的影响)来帮助学生完成对崇明岛未来情况的预测。资料1主要体现了崇明岛形成的自然因素是河流与海洋共同作用的结果。资料2学生分析长江河口冲积岛的变迁是有一定难度的。要读懂河口冲积岛的变迁图,需分析不同历史时期冲积岛的位置和形状的变化。资料3主要体现了人类活动对地表形态塑造的影响。本研究的目的是引导学生探讨在自然和人为因素的作用下,地表形态的发展演化。教师可以指导学生按照教材建议的探究思路,搜集相关资料,并将所获得的资料进行整理、分析、归纳,获取所需信息。

※学情分析※

学生在前面已经学习了营造地表形态的内外力作用、构造地貌和河流地貌,再结合实例开展问题研究已具备一定的知识储备。学生初步具备了运用所学知识综合分析实际问题的能力。学生经过研究性学习的相关训练，能够运用课题研究的方法开展探究活动。

※**核心素养培养目标**※

基于课程标准和学情，本课的教学目标总体设置如下：

1. 运用图文资料了解崇明岛的过去、现状，进而分析预测崇明岛的未来发展。（区域认知）

2. 结合自然和人为因素，综合分析崇明岛的形成过程。（综合思维）

3. 通过问题研究，学生小组合作探究，搜集整理资料，培养学生自主思考和动手的能力。（地理实践力）

4. 通过辩证分析人类活动与地表形态的关系，树立辩证分析问题的世界观和人地协调观。（人地协调观）

※**教学重难点**※

1. 通过图文资料，综合分析崇明岛的形成原因。

2. 结合图文资料分析预测崇明岛的未来发展。

3. 了解人类活动对崇明岛的影响。

※**教学方法**※

小组合作探究。

※**教学媒体**※

多媒体课件。

※**教学课时**※

1课时。

教学过程设计

[课前准备]

1. 分组：将全班学生分成4个学习小组。

2. 布置任务：预习教材内容，搜集崇明岛的相关资料，如地理位置、形成过程、历史变迁等。各小组将搜集到的资料进行整理和归纳，制作调研成果用于展示汇报。

[设计意图]

学生以小组为单位搜集资料开展探究活动,培养了学生自主合作探究和动手的能力。

※课堂教学※

◇课堂导入◇

借助多媒体播放崇明岛概况视频。

[设计意图]

通过播放视频创设情境,导入新课,激发学生的学习兴趣,了解崇明岛的地理位置、自然条件和社会经济发展概况,建立对崇明岛的初步印象。

◇问题情境1◇

展示崇明岛的卫星地图。崇明岛是位于长江口的河口冲积岛。请结合教材资料1,学习有关河口冲积岛的知识。(参见教材图2.37)

◇问题探究1◇

崇明岛是如何形成的呢?

[学生讨论、交流]

各小组派代表展示汇报,其余小组成员根据汇报内容进行思考和补充。

[教师引导归纳]

崇明岛的形成是河流和海洋两种力量共同作用的结果。河流入海口地势平缓,加上海水的顶托作用,河流流速减慢,河流携带的泥沙在河口附近淤积而形成。

```
河口地势平缓 ┐
            ├─→ 河流流速减慢 ┐
海水顶托作用 ┘                ├─→ 泥沙在河口堆积
              河流携带泥沙  ┘
```

[设计意图1]

河口冲积岛的形成原因是本节课的教学重点。通过学生的汇报,教师可以了解学生的知识储备。学生容易忽略海水的顶托作用。通过思维建模,引导学生梳理知识逻辑,探究崇明岛的成因。

◇问题情境 2◇

崇明岛在发育过程中经历了多次变化。唐朝初年（公元 618 年），长江口位于现在的扬州、镇江一带，江中出现了东沙和西沙两个小沙洲，面积很小。到 10 世纪的五代时期，在西沙设崇明镇，这就是崇明的由来。（参见教材图 2.38）

◇问题探究 2◇

崇明岛从过去到现在发生了什么样的变迁？

［学生讨论、交流］

学生分组讨论，归纳崇明岛的变迁过程。各小组派代表发言。最后和教师一起归纳总结。

［教师引导归纳］

由于长江主流南北移动和潮汐波浪的影响，东沙和西沙等沙洲发生了南北变迁和消长变化。随着长江口的东移，总体趋势是不断向东也就是向海洋迁移、合并。1583 年左右形成了现在崇明岛的基本格局。

［设计意图 2］

指导学生根据不同时期崇明岛的位置和形状分析崇明岛的变迁图，培养学生的合作探究和读图逻辑分析推理能力。

◇问题情境 3◇

参考教材资料 3。

◇问题探究 3◇

围海造陆可能对自然环境产生哪些影响？

［学生讨论、交流］

学生分组讨论，小组代表回答问题，其他小组进行补充回答。

［教师引导归纳］

围海造陆扩大了陆地面积，但也对自然环境产生了一定的不利影响，例如，堵塞了部分入海河道，引发洪灾；破坏海岸生态，改变水生生物的生存环境；引发赤潮等。

［设计意图 3］

人类活动会对自然环境产生影响。通过问题探究，使学生辩证分析人类活动对地表形态的影响，树立辩证分析问题的世界观和人地协调观，同时也培养了学生的合作探究能力。

◇拓展研究1◇

有专家根据长江口北支水道逐渐变窄变浅预测,在不久的将来,崇明岛会和北侧的大陆连在一起。你赞同这种预测吗?请用相关地理原理说明这种推测的理由。

[学生讨论、交流]

学生分组讨论,小组代表回答问题,其他小组进行补充回答。

[教师引导归纳]

崇明岛会和北侧的大陆连在一起。[根据地转偏向力的原理,在北半球向右偏,河流右岸冲刷严重。所以崇明岛右(南)侧水道通过了主要的长江水量,北侧水道水流变小变缓,泥沙沉积,可以预测在不久的将来崇明岛会与北侧的陆地连在一起]。

[设计意图]

结合地转偏向力的原理和流水的作用预测崇明岛的未来发展趋势,培养学生的合作探究与逻辑分析推理的能力。

◇拓展研究2◇

所有河流的河口都会形成河口冲积岛吗?不是的。如,钱塘江难以形成河口冲积岛,这是为什么?

[学生讨论、交流]

学生分组讨论,小组代表回答问题,其他小组进行补充回答。

[教师引导归纳]

钱塘江泥沙含量少,钱塘江口呈宽阔的喇叭状,钱塘江潮冲刷能力巨大,海水顶托作用弱。所以泥沙较难沉积下来。

[设计意图]

通过案例分析,拓展延伸、学以致用。

◇课堂小结◇

呈现本课知识结构图。

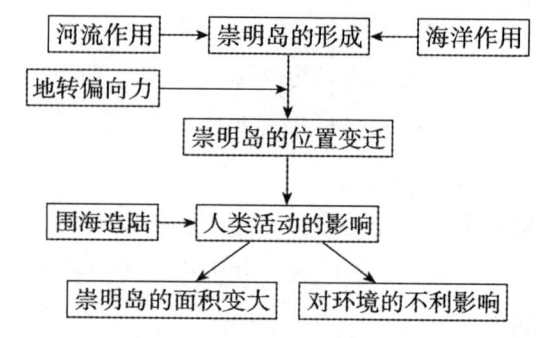

```
河流作用 → 崇明岛的形成 ← 海洋作用
地转偏向力 ↓
         崇明岛的位置变迁
围海造陆 → 人类活动的影响
         ↓            ↓
    崇明岛的面积变大   对环境的不利影响
```

◇**设计感悟**◇

本课以崇明岛为例，围绕河口冲积岛的形成和变迁、人类活动的影响开展了一系列的问题探究。学生通过小组合作的形式，自主学习、讨论交流，学会将自然和人为因素结合起来分析地表形态的发展变化。课堂拓展延伸，特别是补充河口未形成冲积岛的案例，完善知识结构，加深对所学知识的理解与掌握，学以致用。

※**课后达标检测**※

读图，完成下列要求。

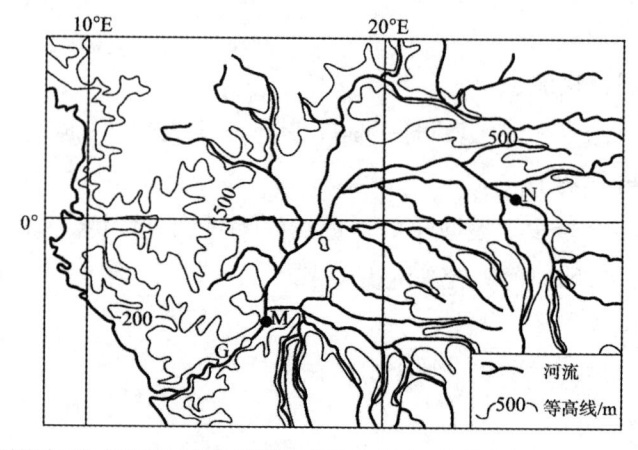

指出G河没有形成明显三角洲的原因，并加以分析。

【**参考答案**】

1. 入海泥沙较少：因为该河在M点以上多流于盆地中，流速较小，易于泥沙沉积；流域内热带雨林广布（植被覆盖率高），水土流失较轻。

2. 入海口附近，泥沙不易沉积：因为地形高差大，河流落差大，流速大。

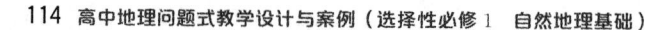

第三章 大气的运动

第一节 常见天气系统

教学内容分析

※**课标要求**※

运用示意图,分析锋、低压(气旋)、高压(反气旋)等天气系统,并运用简易天气图,解释常见天气现象的成因。

※**课标解读**※

本条要求关注的对象是自然环境的组成要素——大气,重点是天气系统的形成、结构和运动变化及其影响。

本条要求旨在让学生能够"运用示意图"来分析问题。提倡学生在读图、绘图的过程中,将比较抽象的天气系统知识直观化,便于理解。同时在对各天气系统静态分析的基础上,还要分析天气系统移动前后的天气变化,这是运用天气图分析天气状况,并进行天气预报的关键所在。

把握本条要求还应注意以下问题:

第一,应从学生的日常生活需要出发,切忌增加知识难度。

第二,应对影响我国的主要天气系统予以重视,并能联系相关天气实例进行适当拓展分析,如锋面等。

第三,不同地区应重视那些影响本地区的重要天气系统,如云贵高原地区的昆明准静止锋。

※**教材分析**※

本条内容是课程标准中自然地理环境中物质运动与能量交换的重要组成要

素，是学生在掌握了地理必修1中"1.5 大气的组成和垂直分层"和"1.6 大气受热过程与热力环流"的基础上，对大气环境进行深入学习的一个重要环节。

本条课标主要由三部分内容组成：1. 锋与天气；2. 低压、高压与天气；3. 简易天气图的判读。

其中锋引入了一组新的概念：气团、锋面、冷锋、暖锋、准静止锋等；而高、低压（气旋、反气旋）在地理必修1"1.6 大气受热过程与热力环流"中有所涉及。关于各种天气系统的特点以及控制下的天气状况，可以从气温、气压、湿度（包括降水）、风等方面来分析，同时还要求学生会动态地去分析天气系统移动前后的天气变化。这些内容对于学生来说比较抽象，可以充分借助各种媒体（主要应用 meteoearth 信息技术）和当时的天气状况安排一些活动，让学生提前进行天气观察、记录，关注天气预报并自己尝试分析原因。

另外学生能够运用简易天气图，解释常见天气现象的成因，是将理论知识加以应用的重要实践活动。本要求中所指的"简易天气图"是学生日常在电视或其他媒体中能够接触到的海平面天气图。学会应用所学知识从简易天气图中分析某地某时的天气现象，或通过几张不同时段天气图的对比，分析某地天气的变化过程，并说明原因。既可以让学生运用所学的知识解决问题，又突出了对生活有用的地理。

※学情分析※

学生主要来自省级示范性高中高二年级，地理基础较好，具有较强的自学能力和分析、解决问题的能力。且通过高一学年的学习过程，学生已经具备了一定的地理基础知识，并且能够较为熟练地利用地理信息技术或其他地理工具，收集呈现与地理相关的数据、图表和地图。

※核心素养培养目标※

基于课程标准和学情，本条内容的地理核心素养培养目标设置如下：

1. 通过天气系统结构图、等压线图等各类图表的判读、对比分析和成因探讨，使学生掌握常见天气系统及其对天气的影响。（区域认知、综合思维）

2. 学会识读简易天气图，听懂天气形势预报，理解天气现象发生发展的过程，观察、分析不同天气现象及其对日常生产生活的影响，从而指导我们如何更好地利用天气资源、规避气象灾害。（人地协调观、综合思维、地理实践力）

3. 能够运用所学知识，借助现代技术手段（如 meteoearth 等）调查搜集当地各种天气数据，分析学校所在地曾经发生的各种天气现象、气象灾害的成因并提出应对策略。(综合思维、地理实践力)

※**教学重难点**※

1. 教学重点

(1) 锋、低压、高压等天气系统的判断及其对天气现象的影响。

(2) 运用简易天气图，解释常见天气现象的成因。

2. 教学难点

(1) 冷暖锋的判读及其天气现象。

(2) 简易天气图中锋面气旋的判读分析。

※**教学方法**※

案例探究法、问题式探究、小组合作探究。

※**教学媒体**※

PPT 课件、视频、图表、meteoearth 软件。

※**教学课时**※

2 课时。

教学过程设计

※**课前预习**※

[知识梳理]

一、锋与天气

1. 气团

(1) 概念：_____方向和_____方向上，_____等物理性质比较均一的大范围空气，叫作_____。

(2) 分类（填写高、低或大、小）

气团	温度	湿度	气压	密度	天气特点
冷气团					
暖气团					

2. 锋面概念和分类

_____的交界面叫锋面，_____在锋面之上，_____在锋面之下。

类型		冷锋	暖锋
概念		_____气团主动向_____气团移动的锋	_____气团主动向_____气团移动的锋
暖气团上升状况		_____抬升	_____上升
天气变化过程	过境前		
	过境时	常出现_____天气	出现_____或_____
	过境后	气压_____，温度湿度_____天气_____	气压_____，温度_____天气_____
雨区位置			
符号			
天气实例			

3. 绘图：（以北半球为例）

_____   _____

北　　冷　锋　　南　　　北　　暖　锋　　南

二、低压（气旋）与高压（反气旋）

1. 绘图：（以北半球为例）

(1) 在图中用G表示高压中心，用D表示低压中心。

(2) 图1甲和图2甲中的A、B、C、D四点上用┄┄➤表示水平气压梯度力，用——➤表示风向。

(3) 分别在图1乙和图2乙的短线上加箭头，表示空气的垂直运动方向。

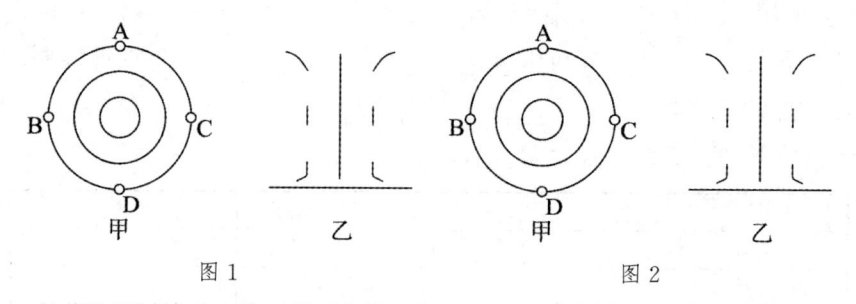

图1　　　　　　　　图2

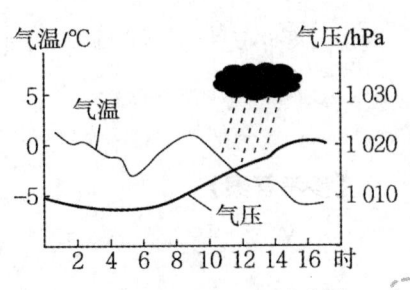

2. 填表

		图1	图2
气压状况			
气流状况			
空气运动方向	水平运动	由_____流向_____。_____（北半球呈_____针，南半球呈_____针）	由_____流向_____。_____（北半球呈_____针，南半球呈_____针）
	垂直运动		
天气状况			
天气举例			

[课前活动]

"十一长假"是旅游的高峰期，出行前要关注天气预报为旅行做准备，请同学们注意收看天气预报，并记录"十一"期间所经地区的天气现象，尝试分析天气变化及原因。

日期		1日	2日	3日	4日	5日	6日	7日
天气	气温							
	降水							
	风力风向							

1. 记录"十一"期间所经地区的天气现象。
2. 这几日观测地的天气有何变化？原因？

※课后达标检测※

读华北地区某地某日天气变化资料统计图，完成1～2题。

1. 图示天气系统为（　　）

　　A. 冷锋　　　　B. 暖锋
　　C. 气旋　　　　D. 反气旋

2. 该地 6 点气温较低的原因是（　　）

  A. 降水较多，气温较低 B. 日出之前，地面辐射弱

  C. 海拔较高，气温较低 D. 冷空气过境

右图是北半球某地区近地面天气模式示意图。读图完成 3～5 题。

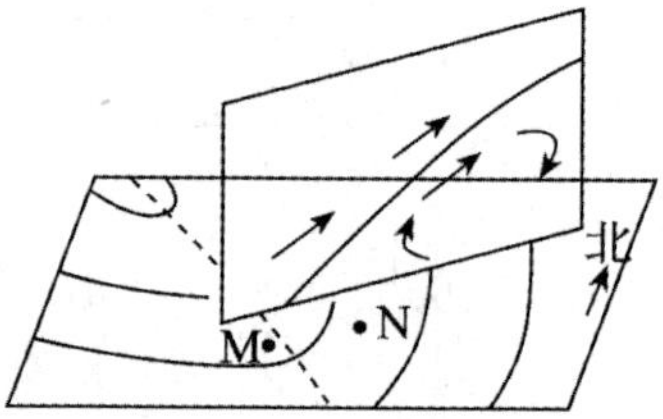

3. M 地的风向是（　　）

  A. 西南风 B. 西北风

  C. 东南风 D. 东北风

4. 此时，M、N 两地的一般天气状况是（　　）

  A. M、N 两地都晴 B. M、N 两地都有雨

  C. M 地有雨，N 地晴 D. M 地晴，N 地有雨

5. 下图中，正确反映该天气系统过境期间，N 地温度变化过程的是（　　）

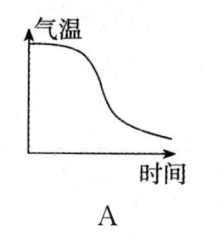

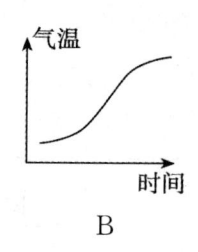

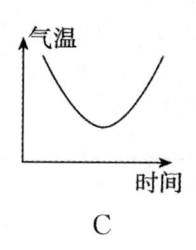

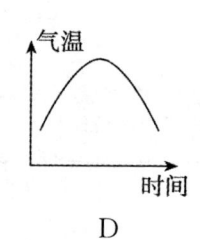

A B C D

读天气系统示意图，完成 6～7 题。

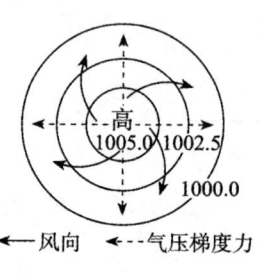

6. 从天气系统所处半球和气流分布看，它属于（　　）

  A. 南半球　高气压

  B. 北半球　反气旋

  C. 北半球　气旋

  D. 南半球　低气压

7. 受该天气系统的影响可能出现的天气状况是（　　）

  A. 阴雨天气 B. 梅雨天气

  C. 台风 D. 伏旱天气

【参考答案】

1. A　2. B　3. A　4. D　5. B　6. B　7. D

※课堂教学※

第1课时

◇课堂导入◇

以下几张照片是某人微信朋友圈的截图,分别是不同省份上大学的学生晒出的当地10月近两天的天气。

[思考]

为什么全国各地会出现这么大的天气差异?

生:略。

师:天气是指某地近地面大气层在短时间内的具体状态(如温度、气压、湿度等)和大气现象(如风、云、雾、降水等)的综合,是多变的。不同的地区之所以会有不同的天气现象,是因为受到不同天气系统的控制或者处于天气系统的不同部位所致。另外同一地点在不同的时间也会表现出不同的天气现象,是因为天气系统会随大气环流而变化和移动。

今天就一起来学习对我国影响较大的几种天气系统。

◇问题情境1◇

"十一长假"是旅游的旺季,有3位同学准备随父母从福建出发,分别前往北京、广州、杭州三地旅行,他们分别会遭遇怎样的天气,出行前分别要做好哪些准备呢?我们先来看看天气预报(播放视频:国庆期间"中央电视台天气预报")。

◇问题探究1◇

视频中天气预报员描述的天气现象有哪些?(注意预报员描述天气现象的关键词)

[学生活动]

讨论交流,回答问题。

[教师总结]

从视频中可以看出近期我国各地可能会出现冷空气活动、晴朗高温、台风等天气现象。因此不同同学针对各自目的地要做出相应的准备。

[设计意图]

从身边熟悉的天气预报入手，激发学生学习兴趣，并熟悉天气图和预报员的表达方式，为后面的学习做准备。

◇问题情境2◇

在福建还穿短袖的Ａ同学打算前往北京旅行，看完天气预报后，和家人商量说要带上毛衣、外套和雨伞以应对北京的天气变化。

◇问题探究2◇

请你结合地理知识分析他们的做法对吗？当他们乘坐飞机到达北京时，可能会遭遇什么样的天气？为什么？

[学生活动]

讨论交流，回答问题。

[教师点评归纳]

通过刚才的探讨我们发现，北京在国庆期间会受到亚洲高压南下的冷空气影响，将会明显感觉到降温，并伴随着大风，同时还有可能出现降水现象。引起这种天气的就是冷锋，是锋面系统的一种。学习锋面前我们要先了解气团的概念。

◇追问◇

什么是气团？什么是锋面？为什么锋面附近会出现剧烈的天气变化？

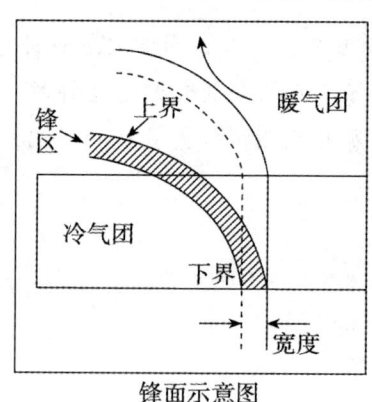

锋面示意图

[学生活动]

讨论交流，回答问题。

[教师引导归纳]

水平和垂直方向上温、湿度等物理性质比较均匀的大范围空气，就是气团。单一气团控制下，天气比较稳定一致，一般以晴朗天气为主。

当冷、暖两种不同性质的气团相遇时所产生的交界面，就称为锋面。因为锋面两侧的温、湿度、气压差异大，且暖气团在锋面上有大规模的上升运动，所以经常会出现云、雨、雪、大风等天气变化。

依据两侧气团移动方向的差异，可以分为冷锋、暖锋、准静止锋。此次影响北京的天气系统就是冷锋。

◇追问◇

冷锋有什么特点？如何区分三种锋面？

[学生活动]

分小组依据预习知识，结合搜集的材料讨论、分析，代表发言板书板画。（其他组的成员可以提出疑问探讨）（参见教材图 3.3）

[教师引导归纳]

（点评分析，多媒体 meteoearth 动态演示冷锋过境引起的云、雨、气温、风的变化。共同完善下面表格）

类型		冷锋
概念		__冷__ 气团主动向 __暖__ 气团移动的锋
暖气团上升状况		__被迫__ 抬升
天气变化过程	过境前	温暖晴朗
	过境时	常出现 __大风、阴天、雨雪、降温__ 天气
	过境后	气压 __升高__ ，温度湿度 __降低__ 天气 __转晴__
雨区位置		锋后
符号		▲▲
天气实例		冬季的寒潮；北方冬春季的大风沙尘暴天气；北方夏季暴雨

因此，A 同学在北京会遭遇冷空气入侵带来的冷锋天气，1~2 天后，天气就会转晴，但是低温干燥天气仍将持续，所以保暖衣物是必需的。

[设计意图]

以 A 同学的北京之旅为情境，结合应用信息技术手段 meteoearth 动态演示天气变化，激起学生探究热情和学习兴趣，也使抽象的知识变得形象生动，易于理解掌握。

◇问题情境 3◇

那么另一种锋面——暖锋又有什么特点呢？（播放福建春季一次暖锋活动的天气预报和案例"班级春游由于降水一再延期"）

◇问题探究 3◇

结合所给的视频及材料，分组讨论分析：材料中的天气现象有何特点？分析产生原因？

[学生活动]

暖锋及其天气

在掌握冷锋的基础上，分小组依据预习知识，结合搜集的材料讨论、分析，代表发言板书板画。（其他组的成员可以提出自己的疑问进行探讨）（参考材料图 3.4）

[教师引导归纳]

（点评分析，多媒体 meteoearth 动态演示暖锋过境引起的云、雨、气温、风的变化。共同完善导学案的表格）

类型	暖锋
概念	__暖__ 气团主动向 __冷__ 气团移动的锋
暖气团上升状况	__徐徐__ 上升

续表

类型		暖锋
天气变化过程	过境前	低温晴朗
	过境时	出现 __连续性降水__ 或 __雾__
	过境后	气压 __降低__ ，温度 __升高__ 天气 __转晴__
雨区位置		锋前和锋面附近
符号		
天气实例		春秋季在东北和长江中下游多见；一场春雨一场暖

[设计意图]

以学生熟悉的"班级春游由于降水一再延期"为背景，结合观看"天气预报"，同时借助信息技术手段 meteoearth 动态演示暖锋天气变化，激发学生主动参与问题探究，也使抽象的知识变得形象生动，易于理解掌握。

[比较分析]

为了更好地掌握应用冷暖锋系统，我们再来总结一下，可以从哪几方面对冷、暖锋加以区分？

[学生活动]

略。

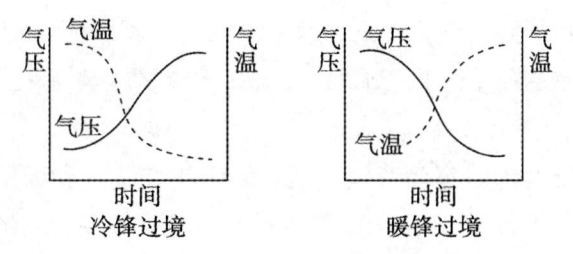

[教师引导归纳]

在实际应用中，我们可以从以下 5 方面来识别冷、暖锋。

(1) 看气团箭头方向；

(2) 看锋面坡度；

(3) 看雨区范围和位置；

（4）看符号；

（5）看气温气压的变化。

[设计意图]

通过对比分析加强冷、暖锋的理解，从宏观上构建知识体系，为知识的应用打下更好的基础，实现提高学生归纳总结能力和综合思维能力的目的。

◇问题情境4◇

播放新闻视频"长江洪涝灾害"，结合材料展示长江流域降水季节变化和6月我国天气形势图。

◇问题探究4◇

长江中下游为何每年6、7月水位暴涨甚至引发洪涝灾害？请结合天气形势图加以分析。

[学生活动]

分小组合作探究，代表发言。

[教师引导归纳]

造成长江中下游洪涝灾害的一个重要原因是，6、7月流域内降水量大，持续时间长，夏初长江中下游受锋面雨带的控制，且此时冷、暖气团势力相当，在当地徘徊一个多月。像这种移动缓慢或很少移动的锋面就称为——准静止锋，此处的准静止锋称为"江淮准静止锋"。此外，对我国影响较大的准静止锋还有冬半年发生在云贵高原的"昆明准静止锋"，成因和"江淮准静止锋"不同，是南下的冷空气遇高原阻挡，在昆明和贵阳之间停滞不前造成的。受其影响，昆明和贵阳出现截然不同的天气现象，因为昆明处于暖气团一侧，而贵阳处于冷气团一侧，因此就造成了昆明四季如春，而贵阳冬季"天无三日晴"的差异。

[设计意图]

以长江中下游洪涝灾害为背景，结合降水年变化图和天气形势图的分析，同时借助信息技术手段meteoearth动态演示准静止锋在江淮地区徘徊的现象，引导学生应用所学知识分析解决地理问题，培养学生地理综合思维能力和区域认知素养。

◇课堂小结◇

利用板书，师生互动小结。

第 2 课时

◇**课堂导入**◇

"十一长假"我们已经跟随 A 同学体验了一番北京的天气,也认识了各种各样的锋面系统。那么其他两位同学的旅程又将遭遇怎样的天气呢?接下来就让我们跟随他们的脚步,踏上新的旅程吧!

◇**问题情境 1**◇

B 同学和父母 2 日坐上了前往广州的动车,他们打算先去长隆野生动物世界游览;再登上有"小蛮腰"之称的广州塔俯瞰广州美景;最后去参观中山纪念堂。由于 B 同学一家本次行程是临时匆忙决定的,因此当他们到达广州时,收到一条短信通知"受台风影响,长隆野生动物世界明、后两天暂停开放,已购票者可以全额退票"。

◇**问题探究 1**◇

台风会带来怎样的天气而影响野生动物园开放?为什么会产生这样的天气?影响台风的是哪种天气系统?(结合材料分析)

[学生活动]

分小组依据预习知识,结合地理必修 1 "热力环流"原理和图文材料讨论、分析,代表发言板书板画。(其他组的成员可以提出疑问、探讨)

气压状况		低压
气流状况		气旋
空气运动方向	水平运动	由 四周 流向 中心 ,辐 合 。(北半球呈 逆 时针,南半球呈 顺 时针)
	垂直运动	上升
天气状况		阴雨
天气举例		热带气旋(台风)

[教师引导总结]

(点评分析,播放台风天气视频,利用 meteoearth 动态演示台风生、消过程,以及台风影响下云、雨、气温、风的变化。共同完成导学案表格)

台风是一种热带气旋(即热带低压),过境时我们一般会经历狂风暴雨的天气，沿海地区大风还会引发风暴潮现象，严重危害生产、生活。因此野生动物园作为一种露天开放的野外场所，为了游客和动物的安全考虑，在台风天气不适合对外开放。

台风一般形成于洋面温度≥26 ℃的热带海洋，结合地理必修1的"热力环流原理"，水温高，会促使水汽上升形成低压，且充足的水汽上升中冷凝释放热量，又进一步加剧空气的上升运动，使洋面气压进一步降低，外围暖湿空气源源不断流入。如此循环往复，热带低压就可能加强成台风。

因为台风中心有大量的暖湿空气做强烈上升运动，易冷凝成云致雨，所以台风影响下必有强降水天气；加之强烈上升形成较低的气压中心，与周围地区存在较大的气压差，结合地理必修1"风的成因"，气压差越大，则水平气压梯度力越大，就会产生更大的风力，因而有狂风天气（台风中心附近风力≥12级）。空气在从四周向中心辐合的过程中受地转偏向力作用，形成了北逆南顺的旋转运动，因而在台风的不同部位，风向有明显的不同。根据水平气流运动方向称其为气旋（类似水的漩涡），而从气压状况看统称——低压系统。

◇追问◇

B同学在广州经历台风前后，会感觉到风向有什么明显的变化？

[学生活动]

思考分析（搜索台风"山竹"的移动路径及下图）。

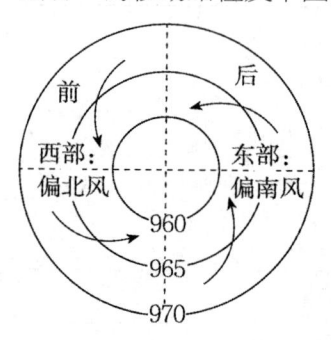

[教师引导归纳]

结合台风的移动路径可以看出，登陆前，广州位于台风中心前方（西部），受偏北风的影响（或西北、东北风）；而当台风登陆后，广州位于台风中心后方（东部），主要受偏南风的影响（或西南、东南风）。

点拨：判断某地台风登陆前后风向的简易方法，将该地与台风中心相连指

向台风中心即为水平气压梯度力，再结合地转偏向力即可知晓。

[设计意图]

以广州旅游为情境，结合台风视频和移动路径图的分析，并应用信息技术手段 meteoearth 动态演示台风生、消过程，以及台风影响下云、雨、气温、风的变化，引导学生应用地理 1 相关知识分析解决地理问题，培养学生地理综合思维能力和区域认知素养。

◇问题情境 2◇

结束了广州之旅，让我们再跟随 C 同学一起去杭州领略一下江南风光吧！出行前 C 同学就是否携带雨具犹豫了很久，印象中江南烟雨、小桥流水人家，应该是雨水充沛的地方。父母建议他先上网查询杭州未来几天的天气状况，结果发现杭州国庆期间以晴好天气为主，云量稀少，且气温较高。最后 C 同学和父母决定杭州之行要做好防晒、防中暑的措施，开始了轻松愉快的行程。

◇问题探究 2◇

你认为 C 同学的决定合理吗？为什么杭州在国庆期间会出现高温晴朗的天气？

[学生活动]

分小组依据预习知识，结合地理必修 1 "热力环流"原理和图文材料讨论、分析，代表发言板书板画。（其他组的成员可以提出疑问、探讨）

气压状况		高压
气流状况		反气旋
空气运动方向	水平运动	由 中心 流向 四周 ，辐 散 。（北半球呈 顺 时针，南半球呈 逆 时针）
	垂直运动	下沉
天气状况		晴朗
天气举例		长江流域伏旱（副高）；冬季寒冷干燥（亚洲高压）；秋高气爽

[教师引导归纳]

（点评分析，借助 meteoearth 动态演示江淮流域在副高控制下未来几天的云量、气温、降水、风的变化情况。共同完成导学案的表格）

杭州国庆期间处于副热带高压的控制范围，依据地理必修 1 相关知识点，高压是由于中心气流垂直下沉所致，而气流在下沉的过程中升温，导致水汽不易凝结，多晴朗天气，因此杭州此时段多秋高气爽的天气。

副高对我国影响显著，盛夏时节，江淮流域受副高控制从而在"梅雨"季后出现"伏旱"天气，影响农业生产的正常进行。而冬季的冷高压控制下多表现为寒冷干燥的天气（如蒙古西伯利亚高压）。

与低压相反的还有水平气流运动方向，因近地面中心为高压，依据水平气压梯度力的原理，水平气流从中心向四周辐散，加上地转偏向力的作用，形成了北顺南逆的大气漩涡，因旋转方向与低压相反，所以称为"反气旋"。

[设计意图]

以杭州旅游为情境，结合天气形势图的分析，借助 meteoearth 江淮流域受副高影响下云、雨、气温、风的变化，引导学生应用地理必修 1 相关知识分析解决地理问题，培养学生地理综合思维能力和区域认知素养。

[过渡]

现实的天气图中等压线并非规整的圆形，而是不规则的多边形；且天气系统也不是独立存在的，往往有好多个天气系统交织并存，就产生了复杂多变的天气现象，在掌握了上面的知识后，大家尝试当一回天气预报员，学会从简易天气图（海平面等压线分布图）中识别出常见的天气系统，并推断可能的天气现象。

◇课堂小结◇

（结合板书体系，师生互动小结）

通过这两节课的"十一长假"旅游学习过程，我们既领略了祖国的大好河山，也当了一回天气预报员，天气现象虽然复杂多变，但都是在不同天气系统控制下或者处于同一天气系统的不同部位产生的地理现象，大家以后看天气预报的时候就可以尝试分析可能出现的天气现象，将知识学以致用，更好地为我们的生产、生活服务。

[课后活动]

搜集有关台风、寒潮的资料（包括危害、在我国活动的时间、影响范围、防灾减灾措施）。

◇板书设计◇

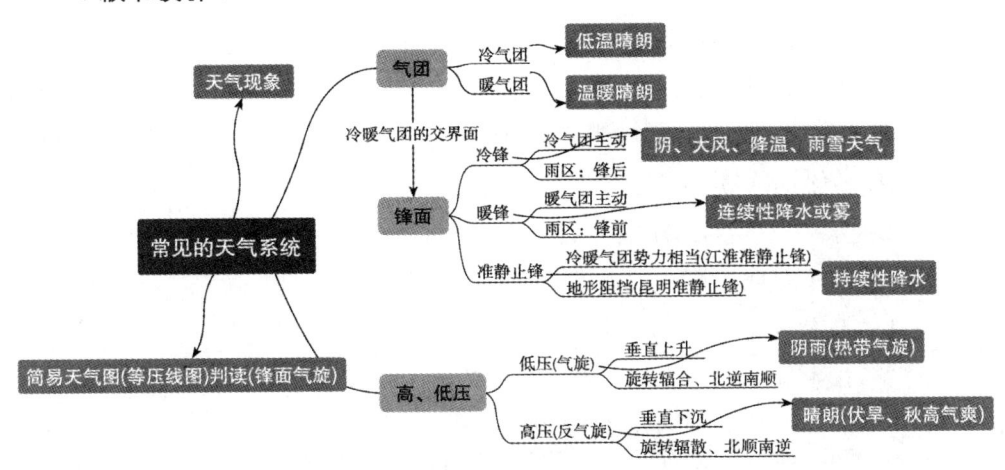

```
                              冷气团 ── 低温晴朗
                        气团
                              暖气团 ── 温暖晴朗
                  冷暖气团的交界面
                              冷气团主动
                        冷锋                ── 阴、大风、降温、雨雪天气
                              雨区：锋后
              天气现象
                              暖气团主动
                        暖锋                ── 连续性降水或雾
                              雨区：锋前
  常见的天气系统   锋面
                              冷暖气团势力相当(江淮准静止锋)
                        准静止锋                              ── 持续性降水
                              地形阻挡(昆明准静止锋)

                              垂直上升
                        低压(气旋)              ── 阴雨(热带气旋)
                              旋转辐合、北逆南顺
              高、低压
                              垂直下沉
                        高压(反气旋)            ── 晴朗(伏旱、秋高气爽)
                              旋转辐散、北顺南逆

简易天气图(等压线图)判读(锋面气旋)
```

◇设计感悟◇

本节课的知识点是较为抽象的理论知识，如果只是理论化的教学、简单的识记，学生很难将知识转化成解决问题的能力。作为选择性必修1的内容，要求学生达到地理学科素养水平3或4的程度，以应对等级性考试。因此，本节课在教学设计中借助学生日常的"十一长假"旅游来创设情境，借助图文资料，通过问题层层递进探究，把抽象的理论知识与真实情境相结合，激发学生主动参与思考、分析的热情，并借助现代信息技术meteoearth来形象直观地演示各种天气系统影响下风、云、气温、气压等性质的变化，引导学生结合已有知识来分析、阐述真实的地理事象，解决实际地理问题，从而实现知识的自我建构。

※课后达标检测※

2013年7月30日，我国西北某地出现强沙尘暴，下图示意该地当日14时~24时气温、气压随时间的变化。据此完成1~2题。

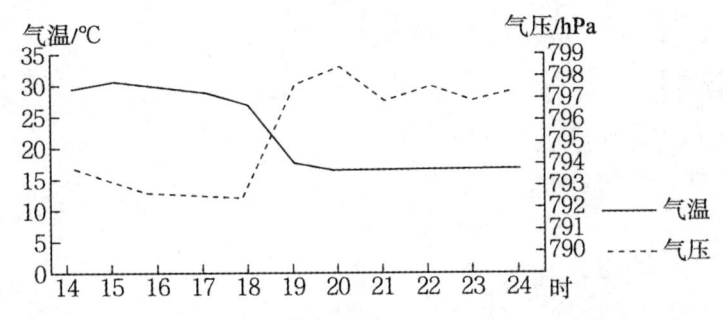

1. 强沙尘暴经过该地时间段是（　　）

   A. 16时~17时　　　　　B. 17时~18时

   C. 18时~19时　　　　　D. 19时~20时

2. 与正常情况相比，强沙尘暴经过时，该地（　　）

   A. 气温水平差异减小

   B. 水平气压梯度增大

   C. 地面吸收太阳辐射增多

   D. 大气逆辐射减弱

读"长江中游某地连续五天的天气情况统计图"，据图完成3~4题。

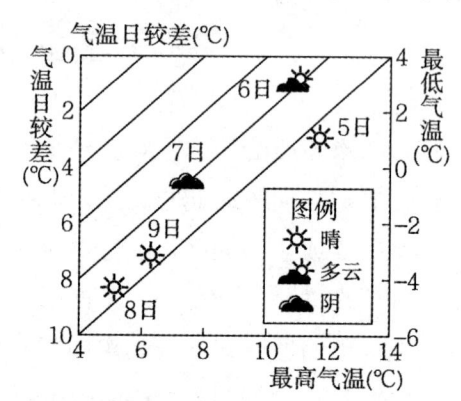

3. 据图推断，影响此地的天气系统是（　　）

   A. 暖锋　　　　　　　B. 冷锋

   C. 气旋　　　　　　　D. 准静止锋

4. 有关该地区5日~9日天气特征的叙述正确的是（　　）

   A. 气温日较差一直在扩大

   B. 气温持续下降，空气的湿度不断增大

   C. 6、7日保温作用较强，气温升高

   D. 8、9日天气转晴，9日回暖

【参考答案】

1．C　2．B　3．B　4．D

第二节　气压带和风带

教学内容分析

※课标要求※

运用示意图，说明气压带、风带的分布，并分析气压带、风带对气候形成的作用，以及气候对自然地理景观形成的影响。

※课标解读※

本条要求关注的对象是大气圈中的全球性大气环流，重点是全球性大气环流所形成的气压带和风带。全球性大气环流是自然环境中物质运动和能量交换的重要形式之一，气压带和风带对自然环境的形成和发展有着重要作用。

全球有七个气压带和六个风带，理解它们的形成和分布规律，可通过三圈环流来说明。理解三圈环流有两个基础，一是大气热力环流，二是风的形成及风向的转变。气压带、风带在一年内还随季节做周期性移动，其根本原因是太阳直射点的回归运动。一般模式图展示的是全球气压带和风带分布的平均状况，以此状况为参照，气压带和风带大致是夏季北移、冬季南移（这里指北半球）。

三圈环流是假设地球表面均匀情况下的理想模式。实际上，气压带和风带在近地面的分布是不连续的，并形成了一个个气压中心。在三圈环流的基础上，学生还应了解海平面气压和风的实际情况，以便理论联系实际。

※教材分析※

本课介绍三圈环流、全球气压带和风带、海陆分布对气压带和风带的形成的影响，是对地理必修1"热力环流"和"大气水平运动"的实际运用，也是学习和探讨下一节《气压带和风带对气候的影响》的基础，在教材中有承上启下的作用。这些内容与人们的生产、生活紧密联系，同时学好这部分的知识有助于学生理解气候成因、特点，属于地理教材中的主干知识。本节课的内容主要是通过地理问题探究，制作模型、文本、图片等资料进行教学，让学生根据示意图说明气压带、风带的分布以及海陆分布对气压带、风带形成的影响,培养学生的综合思维和地理实践力,形成区域认知素养,树立人地协调发展观。

※学情分析※

本课涉及的内容逻辑性较强,学生地理逻辑思维和空间思维能力经过一年的学习已得到一定发展。并且,学生是省级重点中学的学生,学习能力相对较强,空间想象能力也相对较好。热力环流、风的受力或近地面风的形成原理、太阳直射点的季节性移动等地理知识的学习,为这一节课的学习打下了基础。经课前交流发现,有部分学生缺乏独立自主的学习能力,习惯于"教师教,学生学"的传统教学模式,缺乏小组交流意识和协作精神。综合素质相差不是很大,但形象思维总体有些欠缺,因此课上需加强引导和提升,比较考验学生的理解和知识运用能力。

※核心素养培养目标※

本节课对应的课程标准要求为:"运用示意图,说明气压带、风带的分布,并分析气压带、风带对气候形成的作用,以及气候对自然地理景观形成的影响"。基于课程标准和学情,本课的教学目标总体设置如下:

1. 通过对"气压带和风带的形成"的学习,了解大气环流对全球的热平衡和水平衡的重要作用,分析三圈环流与气压带和风带形成的关系及气压带和风带位置的移动规律,掌握"季风环流"。(区域认知、综合思维、地理实践力)

2. 掌握不同纬度气压带、风带的差异和北半球冬、夏两季气压中心的变化及其成因、影响。(区域认知、综合思维、地理实践力)

3. 动手制作气压带和风带分布图,分析气压带、风带的形成原理及特性,现场小组合作演示。(综合思维、地理实践力)

4. 利用所学知识解决实际问题,让学生能够科学地看待生活中的自然现象,形成科学对待自然、敬畏自然,与自然和谐相处的观念。(综合思维、地理实践力、人地协调观)

※教学重难点※

1. 教学重点

(1) 气压带、风带的分布规律及其特性。

(2) 北半球气压中心冬、夏季分布及对气候的影响。

2. 教学难点

三圈环流的形成过程、季风环流。

※教学方法※

问题式教学法；讲授、探究和案例相结合、小组合作及学生演示法。

※教学媒体※

图表、模型、多媒体课件。

※教学课时※

1.5 课时。

教学过程设计

※课前预习※

[知识梳理]

预习目标：

1. 了解气压带、风带的形成、分布、移动规律及其对气候的影响。
2. 能够简单地填涂全球气压带、风带分布示意图。
3. 了解海陆分布对气压带的影响。

预习内容：

一、气压带和风带的形成和分布

- 气压带的形成（以北半球为例）

由于赤道地区气温高，空气受热膨胀_____，近地面形成赤道_____气压带，上升气流使赤道上空相对于同高度其他区域，成为_____气压区。

气流由赤道上空流向_____上空，在_____力的作用下，逐渐向右偏转成_____风，到北纬 30 度附近上空进一步偏转成_____，赤道向北的气流到北纬 30 度附近上空就_____再继续北上，赤道上空的气流源源不断地在北纬 30 度附近上空_____，产生_____气流，致使北纬 30 度附近近地面气压_____，形成_____气压带。

极地地区，终年太阳辐射弱，气温_____，空气冷却收缩_____，在近地面形成_____气压带。在副热带高气压带和极地高气压带之间，是一个相对低气压带，称为_____气压带。

- 风带的形成

由于气压差的存在，近地面大气由副热带高气压向南北流动。向南的一支流向_____气压带，在地转偏向力作用下，向_____偏转成_____风，称为_____风；向北的一支在地转偏向力作用下，向右偏转成_____风，称为_____风。从极地高压向南流出的寒冷气流，在地转偏向力作用下，逐渐偏转成_____风，称为_____风。

在北纬60度附近与较暖的盛行西风相遇，形成_____。

- 气压带、风带的分布

全球近地面共有_____个气压带，即赤道_____气压带，南北半球的副热带_____气压带，南北半球的副极地_____气压带。在气压带之间形成了_____个风带，即南北半球的低纬_____风带，南北半球的中纬盛行_____风带，南北半球的极地_____风带。

气压带和风带随着_____的季节移动而移动。就北半球而言，大致是夏季_____，冬季_____。

在下图中画出近地面的气压带和风带，标注名称和风向。

二、气压带、风带的移动规律

季节移动：

随_____的季节变化而南北移动，就北半球而言，大致夏季_____，冬季_____。

三、北半球冬、夏季气压中心

（1）成因：_____的差异。（大陆增温和冷却的速度_____海洋）

（2）分布

月份	被切断气压带	形成气压中心 太平洋	形成气压中心 大西洋	亚洲大陆
1月	_____低气压带	阿留申低压	_____低压	亚洲_____
7月	_____气压带	_____高压	亚速尔高压	亚洲_____

※课后达标检测※

1. 大气环流是指（　　）

   A. 高低纬度间的大气运动　　B. 全球性有规律的大气运动

   C. 海陆间的大气运动　　　　D. 大规模的热力环流

2. 地球上气压带分布的规律是（　　）

   A. 冷的地方为高压，热的地方为低压

   B. 高纬为高压，低纬为低压

   C. 冷的地方为低压，热的地方为高压

   D. 高压和低压相间分布

3. 中国东南部位于北回归线及其附近地区，气候温暖湿润，被称为北回归线上的绿洲，其成因是（　　）

   A. 副热带高气压带控制

   B. 赤道低气压带控制

   C. 海陆热力差异的影响下形成季风气候

   D. 西南季风带来充沛的降水

读"全球近地面气压带和风带"局部示意图，完成4~5题。

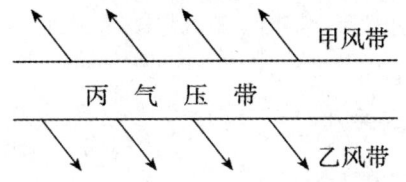

4. 图中的"丙气压带"是指（　　）

   A. 赤道低气压带　　　　　B. 副热带高气压带

   C. 极地高气压带　　　　　D. 副极地低气压带

5. 根据图中信息，说法正确的是（   ）

   A. 受丙气压带影响，撒哈拉沙漠炎热少雨

   B. 受甲风带移动影响，南亚地区夏季多雨

   C. 受乙风带影响，西欧地区全年温和湿润

   D. 受丙气压带和乙风带交替控制，新西兰形成地中海气候

6. 气流处于上升状态的气压带是（   ）

   A. 赤道低气压带　　　　　　　B. 副热带高气压带

   C. 副热带低气压带　　　　　　D. 极地高气压带

7. 关于气压带、风带的叙述，正确的是（   ）

   A. 地球上有四个低气压带和三个高气压带

   B. 从高气压带吹出来的风均为偏南风

   C. 高气压带近地面气温总是比低气压带低

   D. 海陆热力性质差异打破了气压带的带状分布

8. 一月，被亚洲高压切断的气压带是（   ）

   A. 副热带高压带　　　　　　　B. 赤道低压带

   C. 副极地低压带　　　　　　　D. 极地高压带

9. 有关季风的正确叙述是（   ）

   A. 海陆热力性质的差异是形成季风的重要原因

   B. 季风环流不属于大气环流

   C. 气压带和风带位置的季节移动是形成东亚季风的重要原因

   D. 我国不受西南季风的影响

10. 全球气压带、风带开始向北移动时（   ）

   A. 北半球正值夏至前后

   B. 太阳直射点在南半球并正在向北移动

   C. 亚洲低压强盛

   D. 东亚盛行东南季风

【参考答案】

1. A 2. D 3. C 4. B 5. B 6. A 7. D 8. C 9. A 10. B

※课堂教学※

◇课堂导入◇

哥伦布从欧洲去美洲时,为什么沿路程较短的 A 路线用了 37 天,沿较长的 B 路线却只用了 20 天?思考并推理"路程长,耗时少"的现象。(参考网络示意图)

◇问题情境◇

大气运动实际上是非常复杂的,为此,科学家们一般采用还原法进行假设与推演,即将理想状态一步步还原至现实状态。

(1)在地表均一的前提下

①假设地球静止,即地球不自转也不公转(太阳直射赤道,不考虑地转偏向力);

②假设地球自转但不公转(既考虑高低纬间热量差异,又考虑地转偏向力);

③假设地球自转且公转(考虑高低纬间热量差异、地转偏向力和太阳直射点的移动);

(2)地表不均一

考虑高低纬间热量差异、地转偏向力、太阳直射点的移动以及海陆热力性质差异。

◇问题探究 1◇

假设地表均一,地球静止,大气如何运动?

[学生讨论、交流]

略。

[回顾知识]

风向的影响因素:

在高空,由于要受水平气压梯度力和地转偏向力的影响,风向会偏转成与等压线平行;在近地面,由于受水平气压梯度力、地转偏向力和摩擦力的影响,风向会偏转成与等压线成一定的夹角。

◇教师追问◇

那么此时大气运动我们要考虑哪些因素?

[学生讨论、交流]

略。

[教师引导归纳]

只考虑高低纬间热量差异。

[活动1]

根据热力环流的原理，自主绘制出理想状态下赤道与两极之间的大气运动形式——单圈环流。

再者，看图标注出：在近地面，北半球吹北风，南半球吹南风。

[师生共同总结]

单圈环流的形成过程（以北半球为例，赤道最热，空气膨胀上升，北极最冷，空气收缩下沉，形成单圈环流）。

[设计意图1]

根据假设条件，创设问题情境，以"还原法"贯穿本节课教学始终，激发学生学习积极性。通过回忆所学知识，读图分析，得出结论，学以致用的探究活动，培养学生的思考和综合分析能力，巩固所学知识，提高学生地理知识的迁移和运用能力。介绍和使用研究复杂问题的科学研究方法，提升学生的综合思维和科学精神。

◇问题探究2◇

假设地表均一，地球自转但不公转，大气如何运动？

[学生讨论、交流]

略。

◇追问◇

那么此时大气运动我们要考虑哪些因素？

[学生讨论、交流]

略。

[师生共同总结]

既考虑高低纬间热量差异，又考虑地转偏向力。

[回顾知识]

地转偏向力

受地转偏向力的影响，沿地表做水平运动的物体，在北半球右偏在南半球

左偏，简称为"南左北右"。顺着物体运动的方向，南半球左偏，北半球右偏。

［活动2］

教师请一组学生上台，利用准备好的教具（带双面胶的卡纸、长方体透明盒）模拟低纬环流的形成过程，并进行归纳讲解。成果如下图。

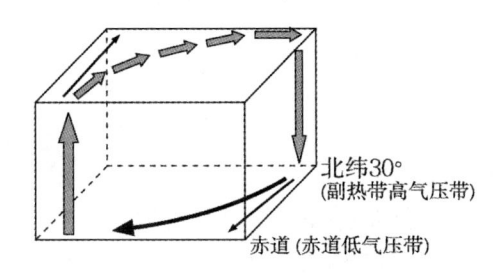

北纬30°（副热带高气压带）
赤道（赤道低气压带）

［学生讨论、交流］

略。

［师生共同总结］

赤道形成赤道低气压带，气流上升，在气压梯度力的作用下，在赤道上空向北流向北极上空（南风）；赤道高空向北分流的空气在地转偏向力的影响下，逐渐向右偏转成西南风，到达北纬30°附近上空时偏转为西风。

赤道高空的空气不断在这里堆积下沉，导致北纬30°附近高空的空气在垂直方向上下沉，从而使近地面形成副热带高气压。在近地面，从副热带高气压带流出的气流，向南的一支流向赤道低气压带，形成偏北风，补充了低纬环流。

◇追问◇

那么在北半球的中纬度、高纬度地区，大气又是如何运动的呢？

［学生讨论、交流］

略。

［师生共同总结］

在近地面，从副热带高压带向北流出的气流，逐渐向右偏转成西南风，称为盛行西风。北极及其附近是纬度最高的地区，接受的太阳辐射能量最少，终年寒冷，空气堆积下沉，形成极地高压带。从极地高压带向南流的气流，逐渐向右偏转成东北风，称为极地东风。它与较暖的盛行西风在北纬60°附近相遇，暖而轻的盛行西风气流爬升到冷而重的极地东风气流之上，在极地高压带和副热带高压带之间形成一个相对的低压带，称为副极地低压带。从副极地低压带上升的气流在高空又分别流向副热带和极地上空，从而形成了中纬度与高纬度环流圈。

◇追问◇

在"三圈环流"中，哪些气压带是属于热力环流的原理呢？那其他的气压带又是什么成因呢？

［学生讨论、交流］

略。

［师生共同总结］

低纬环流和高纬环流是热力环流，所以赤道低气压带和极地高气压带是由热力原理形成的。而中纬环流属于动力环流，因为是由于大气运动导致大气质量发生变化，所以副热带高气压带和副极地低气压带是动力原因形成的。

◇追问◇

我们已经了解了气压带的成因，那么来判断一下风向是如何变化运动的？并从水分（干、湿）和热量（热、暖、冷）要素的组合，推理出各气压带、风带的冷暖与干湿特性。

［学生讨论、交流］

略。

［师生共同总结］

天气状况：

赤道低气压带：热、湿；高温多雨。

副热带高气压带：热、干；晴天，干燥。

副极地低气压带：温、湿。

极地低气压带：冷、干。

［投影总结］

总结北半球气压带、风带分布状况（参见教材图 3.10）。

［活动 3］

以小组合作的方式探究南半球气压带、风带的分布规律，并根据教材活动"制作三圈环流模型"要求，在课堂合作制作南半球"三圈环流"模型。邀请一组同学上台分享成果并总结全球气压带、风带的分布规律。

活动要求及示意呈现：如下图所示；评价表如表 1、表 2 所示。

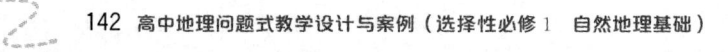

(1) 模型制作：约 8 个学生为一小组，利用经纬网仪、硬纸条等材料制作南半球"三圈环流"立体模型。其中一名同学研读注意事项，一名同学理论指导，3—4 名同学动手操作，一名同学填写评价表，一名同学分享成果。

(2) 活动目的："三圈环流"一直是教学的难点，本节内容空间尺度大、要素多，制作三圈环流模型，有利于提高学生的空间思维和逻辑推理能力，加强学生对所学知识的理解和具体应用，践行地理实践力。

(3) 成果要求：顺利完成南半球"三圈环流"立体模型的制作。要求箭头的颜色、指向无误，具有一定的立体效果。

（绿色代表近地面，蓝色代表高空，红色代表垂直方向）

(4) 活动时间：10 分钟

表 1　制作地理模型的表现水平层次

水平层次	具体表现
一级	基本上能够在经纬网仪上把三圈环流气流运动的箭头表示出来
二级	能够准确地把三圈环流的气流运动方向表示出来，能理解各箭头的含义
三级	能够做出一个完整三圈环流的模型，能理解其中的地理原理
四级	不仅能够准确做好一个三圈环流的模型，而且能够说明三圈环流的形成过程及其原理

表2 制作模型的评价表

评价内容	分值	自我评价	小组评价	教师评价	总评
参与的主动性与积极性	10				
制作的模型科学性	40				
模型的牢固性	10				
模型的美观性	10				
说明三圈环流形成过程的准确性	30				
分值总计	100				

[学生制作、成果分享]

略。

[师生共同总结]

气压带的分布规律：高低交错、南北对称、带状分布。

风带的分布规律：南北对称、吹向低压。

[设计意图2]

学生在情境内探讨地理问题，学以致用，自主探究三圈环流的成因，并利用所学知识判断风向。在小组合作制作模型和总结全球气压带、风带的分布规律的过程中，巩固地理知识，调动学生的积极性和合作探究意识，提升地理实践力和区域认知水平。设置一系列的问题，引导学生读图来解决问题，不但可以加深理解气压带、风带的形成过程，还可提高学生对图像的分析能力，学会应用理论来解决地理问题，同时提高学生的集中程度，有利于综合思维的培养。

◇问题探究3◇

假设地表均一，地球自转且不公转，大气如何运动？

[学生讨论、交流]

略。

◇追问◇

那么此时大气运动我们要考虑哪些因素？

[学生讨论、交流]

略。

［师生共同总结］

除了考虑高低纬间热量差异和地转偏向力，还要考虑太阳直射点的移动。

［回顾知识］

在北半球，夏至日太阳直射北回归线，冬至日太阳直射南回归线。

◇问题探究 4◇

此时还原至现实状态：

地表均一，地球自转且不公转，大气如何运动？

［学生讨论、交流］

略。

◇追问◇

那么此时大气运动我们要考虑哪些因素？

［学生讨论、交流］

略。

［师生共同总结］

除了考虑高低纬间热量差异、地转偏向力、太阳直射点的移动外，还要考虑海陆分布对大气环流的影响。

［回顾知识］

海陆风的成因——海陆热力性质差异（比热容大小对比）。

［活动 4］

同桌讨论，完成教材"理解海陆差异对气压带的影响"活动题。

［学生讨论、交流］

略。

［师生共同总结］

（1）冬季大陆形成高压，因为大陆温度更低，空气遇冷下沉，在地面堆积形成冷高压。

（2）夏季大陆形成低压，因为大陆温度更高，空气受热膨胀上升，形成热低压。

◇追问◇

我们先来看看图 a，此时这纬度的气压带应该是什么？还呈带状分布吗？为什么？

［学生讨论、交流］

略。

［师生共同总结］

在北纬60°附近形成副极地低气压带。但是受海陆热力性质差异的影响：冬季陆地气温较低，冷空气下沉形成高压，切断副极地低气压带，低气压只被保留在海洋上。冬季，大陆上气温低，形成高气压，在北纬60°附近亚欧大陆上的蒙古—西伯利亚地区形成的高气压切断了随太阳直射点南移而来的副极地低气压带，使副极地低气压带的残余部分退到海洋上，在太平洋上的低压叫阿留申低压，在陆地上的部分称为蒙古—西伯利亚高压或亚洲高压。

◇追问◇

那么图b，北半球夏季气压中心分布情况是怎么样的呢？

［学生讨论、交流］

略。

［师生共同总结］

夏季，大陆上气温高，形成低气压，在北纬30°附近，亚欧大陆上印度地区的热低压切断了随太阳直射点北移而来的副热带高气压带，使副热带高气压带的残余部分退到海洋上，在亚洲印度地区的低压叫印度低压（亚洲低压），在太平洋上的叫北太平洋高压（夏威夷高压），在大西洋上的叫亚速尔高压。

◇追问◇

南半球会形成季节性的高低压中心吗？

［学生讨论、交流］

略。

［师生共同总结］

南半球海洋面积广大，受海陆热力性质差异影响小，气压带仍成带状分布，所以并不会形成季节性的高低压中心。

［活动5］

季风环流。

◇追问◇

为什么亚欧大陆季风性强？

［学生讨论、交流］

略。

［师生共同总结］

东亚位于世界最大的大陆——亚欧大陆东部，面临世界最大的大洋——太平洋，海陆的气温对比和季节变化比其他地区显著，海陆热力性质差异显著，季风性气候明显。

◇追问◇

海陆热力性质差异不仅带来了气压带的变化，还有风带的变化，那么到底风带产生了何种变化呢？先来看看东亚。冬季吹什么方向的风？夏季吹什么方向的风？冬、夏季风性质有什么差异呢？

［学生讨论、交流］

略。

［师生共同总结］

东亚季风：冬季吹西北风，夏季吹东南风。其成因是海陆热力性质差异。冬季风从陆地吹向海洋，寒冷干燥；夏季风从海洋吹向陆地，温暖湿热。

◇追问◇

东亚季风主要影响哪些地区呢？

［学生讨论、交流］

略。

［师生共同总结］

主要影响我国东部、朝鲜半岛、日本、俄罗斯远东地区。

◇追问◇

那么南亚的冬夏季的盛行风向、形成原因、分布地区是？

［学生讨论、交流］

略。

［师生共同总结］

南亚季风：冬季吹东北风，夏季吹西南风。成因主要是海陆热力性质差异和气压带风带的季节性移动，7月气压带、风带北移，南半球的东南信风随赤道低气压带北移而越过赤道，在地转偏向力作用下向右偏转为西南季风。它主要影响南亚、东南亚及我国西南地区。

第二部分　问题式教学设计与案例　147

[投影图片]

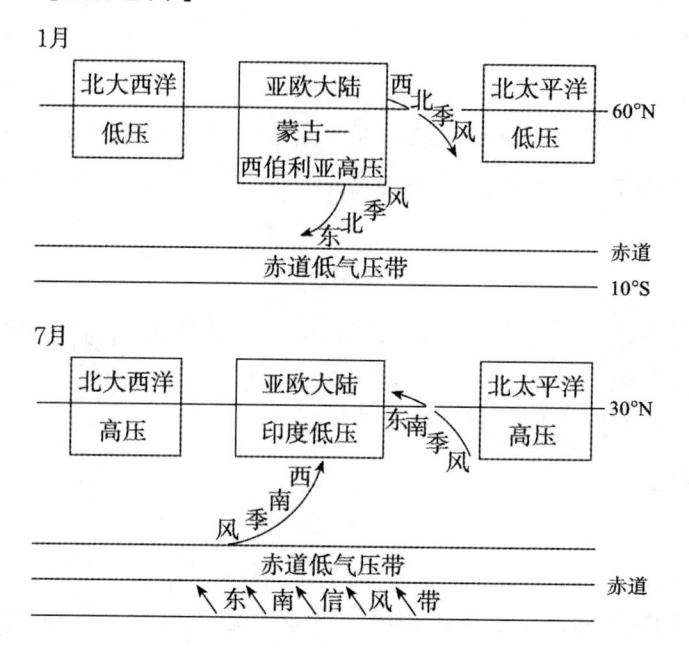

1月

```
┌──────────┐  ┌──────────┐ 西  ┌──────────┐
│ 北大西洋  │  │ 亚欧大陆  │ 北  │ 北太平洋  │
│  低压    │  │ 蒙古—    │ 季  │  低压    │──60°N
│          │  │西伯利亚高压│ 风  │          │
└──────────┘  └──────────┘     └──────────┘
                    ↘东
                      北
                      季
                      风
─────────────────────────────────────── 赤道
           赤道低气压带
─────────────────────────────────────── 10°S
```

7月

```
┌──────────┐  ┌──────────┐ ← 东  ┌──────────┐
│ 北大西洋  │  │ 亚欧大陆  │   南  │ 北太平洋  │──30°N
│  高压    │  │ 印度低压  │   季  │  高压    │
│          │  │          │   风  │          │
└──────────┘  └──────────┘       └──────────┘
              西
              南
           风 季
─────────────────────────────────────── 
           赤道低气压带                    赤道
        ←东←南←信←风←带
───────────────────────────────────────
```

[师生共同总结]

东亚季风和南亚季风的比较（可以从成因、源地、风向、性质等四个方面比较）。

[设计意图3]

通过教材活动题层层深入，分析气压中心的形成并讲解季风相关知识。让学生自己分析北半球夏季气压中心和东亚、南亚季风，分析和解决地理问题，培养学生知识迁移能力和区域认知能力，养成全面、辩证思考的习惯。

◇ **追问** ◇

同学们学完本节课的知识，能不能回答为什么哥伦布从欧洲去美洲时，沿路程较短的A路线用了37天，沿较长的B路线却只用了20天？

[学生讨论、交流]

略。

[师生共同总结]

因为30°N—60°N吹西南风，A路线逆风航行，所耗时间长；0°—30°N吹东北风，B路线顺风航行，所耗时间短。

[设计意图 4]

回顾上课伊始提出的问题，学生利用本课知识来解决现实航行问题，从而获得成功的体验，增强对地理学科的认可，培养学生理论联系实际的能力。

◇板书设计◇

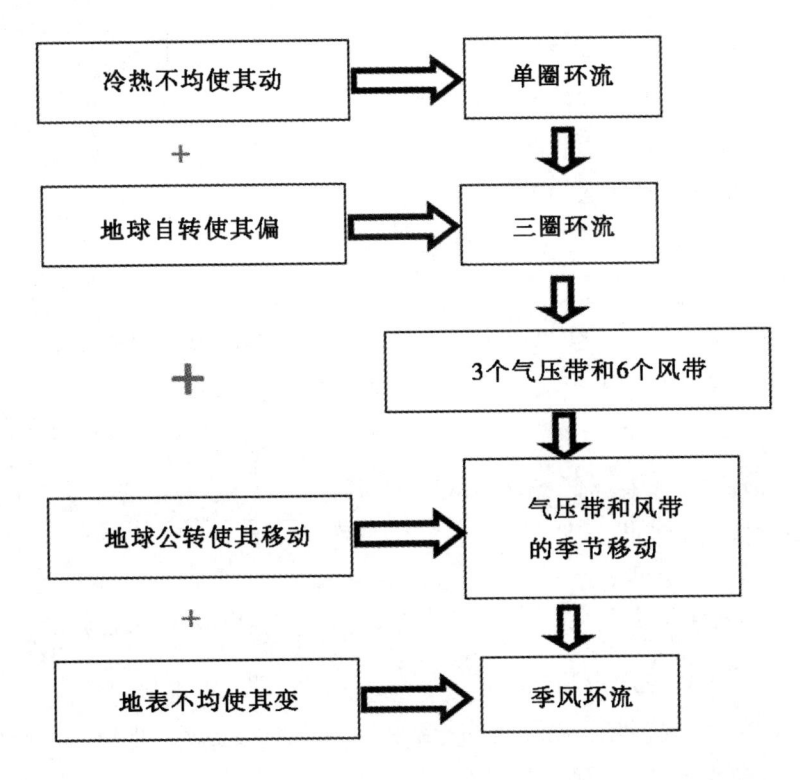

```
冷热不均使其动    ⇒   单圈环流
      +                 ⇓
地球自转使其偏    ⇒   三圈环流
      +                 ⇓
                3个气压带和6个风带
                        ⇓
地球公转使其移动  ⇒   气压带和风带
                      的季节移动
      +                 ⇓
地表不均使其变    ⇒   季风环流
```

◇设计感悟◇

本节课对学生学习要求水平较高。本节课重在培养学生掌握地理要素相互联系的地理综合思维，提高区域认知能力。利用模型制作和解决哥伦布航行过程的问题，引导学生从地理视角思考问题，提高学生的地理实践力。通过创设问题情境，以还原法和演绎法为主线，把理想状态逐步还原到真实情境，让学生在一个贯穿全过程的情境下经历综合思维发展的过程，解决实际的地理问题，让学生学习"对生活有用的地理"。

※课后达标检测※

当北半球某纬度近地面大气等压面呈图中状态时，完成1~2题。

1. 此时是（   ）

    A. 亚洲高压势力强盛的季节
    B. 夏威夷高压势力强盛的季节
    C. 阿留申低压强盛的季节
    D. 冰岛低压强盛的季节

2. 上海可能出现的天气状况是（   ）

    A. 盛行下沉气流、寒冷干燥
    B. 盛行下沉气流、炎热多雨
    C. 吹东北风、湿热多雨
    D. 吹东南风、湿热多雨

右图中箭头表示空气运动的方向，读图完成3~5题。

3. 若该图为北半球三圈环流的一部分，且甲地纬度较乙地低，则下列叙述正确的是（   ）

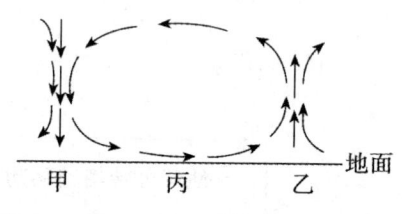

    A. 该环流圈为高纬环流
    B. 该环流圈为低纬环流
    C. 甲地为副热带高气压带
    D. 乙地为赤道低气压带

4. 若该图为南半球三圈环流的一部分，且甲地纬度较乙地低，能正确表示丙处风带风向的是（   ）

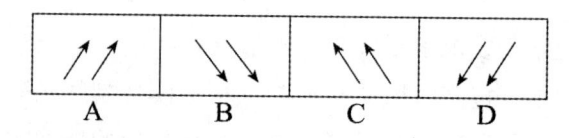

5. 若该图为东亚冬季风的季风环流，则下列叙述正确的是（   ）

    A. 甲、乙、丙三地中，乙是陆地
    B. 甲、乙、丙三地中，甲地气温高
    C. 丙气流的性质是温暖湿润
    D. 海陆热力差异是该环流的成因

读图，完成6～7题。

6. 如果右图表示的是三圈环流中的低纬环流系统，则正确的叙述为（   ）

　　A. 丙为极地高压带

　　B. 常年受丙控制的地区往往形成干燥的气候

　　C. 气压带丁和风带①交替控制形成地中海气候

　　D. 丙为副热带高气压带，其成因与极地高压相同

7. 如果右图表示的是东亚冬季的季风环流，则下列叙述正确的是（   ）

　　A. 丙、丁两地中，丁是陆地

　　B. 丙、丁两地中，丙地气温高于丁地

　　C. 该环流形成的原因是海陆热力性质的差异

　　D. ①气流温暖湿润

下图为某日"南半球部分气压带、风带分布示意图"，其中①、②、③分别代表气压带或风带。读图完成8～9题。

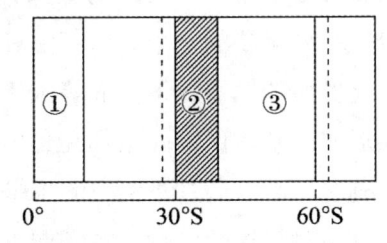

8. 该日，南半球正处于（   ）

　　A. 春季　　　B. 夏季　　　C. 秋季　　　D. 冬季

9. ①带大气的运动特点和性质为（   ）

　　A. 下沉，热干

　　B. 上升，暖湿

　　C. 由高纬流向低纬，冷干

　　D. 由低纬流向高纬，暖湿

【参考答案】

1. B　2. D　3. C　4. B　5. D　6. B　7. C　8. B　9. B

第二部分　问题式教学设计与案例　151

第三节　气压带和风带对气候的影响

教学内容分析

※课标要求※

运用示意图，说明气压带、风带的分布，并分析气压带、风带对气候形成的作用，以及气候对自然地理景观形成的影响。

※课标解读※

气候是地球上某一地区多年时段大气的一般状态，是该时段各种天气过程的综合表现。按水平尺度大小，气候可分为大气候、中气候和小气候。大气候是指全球性和大区域的气候，是本条标准关注的重点。在全球性、大区域气候的影响因子中，大气环流是十分重要的一个。以三圈环流形成的气压带、风带的分布及其运动为基础，叠加海陆位置和下垫面等因素，形成了世界上复杂多样的气候。这是学生需要形成的基本认识。教师在具体说明气压带、风带的分布、移动规律对气候的影响时，可以通过举例，而不是要求系统讲述气候类型的成因。气压带、风带的分布对气候的影响，本条要求学生能运用"全球气压带、风带分布示意图""气压带、风带季节移动示意图"，提倡学生能绘图说明，这样能进一步加深理解。

同时，气候是看不见摸不着的，气候在自然地理环境形成中的作用，可以通过自然地理景观来反映，因此，本条要求说明"气候对自然地理景观形成的影响"，教师可以生活实例加以说明。

※教材分析※

本节课属于地球大气内容中的综合性较强的部分：需要对气压带、风带的分布进行时空综合、对其影响进行区域综合，并能在分析气候对自然地理景观影响时进行要素综合。为此，教材选取了比较好的几个例子进行分析：气压带、风带对气候的影响选取了热带雨林气候、温带海洋性气候；移动规律对气候的影响，选取的是热带草原气候、地中海气候。

※**学情分析**※

从知识储备、思维能力来看，学生学习本节课内容不存在很大的障碍。但是较强的综合思维能力要求，需要教师在授课时联系生活实际，创设真实的问题情境，在激发学生学习兴趣的同时，通过问题设置，引发学生思考、探究，让学生用所学的知识去分析、阐述真实的地理事象，去解决现实的地理问题，让学生感受生活化的地理。

※**核心素养培养目标**※

本节课对应的课程标准要求为："运用示意图，说明气压带、风带的分布，并分析气压带、风带对气候形成的作用，以及气候对自然地理景观形成的影响。"基于课程标准和学情，本节课的教学目标总体设置如下：

1. 运用图表和文本资料，能够阐述单一气压带或风带，以及风压带移动对气温、降水特征的影响。（综合思维）

2. 运用图表和文本资料，识别不同风压带及其移动控制下的大致区域范围并对其气候特征的形成做出解释。（综合思维、区域认知）

3. 运用图表和文本资料，描述气候特征对区域自然地理景观的影响。（综合思维、区域认知）

※**教学重难点**※

1. 教学重点

分析不同气压带、风带控制下的区域气候特征。

2. 教学难点

分析不同气压带、风带控制下的区域气候特征。

※**教学方法**※

问题式教学法。

※**教学媒体**※

图表、视频、多媒体课件。

※**教学课时**※

1课时。

教学过程设计

※课前预习※

[知识梳理]

一、风压带的性质特征总结

气压带	成因	特征	气流	属性
极地高气压带	热力原因	冷高压	下沉	冷干
副极地低气压带	动力原因	冷低压	上升	温湿
副热带高气压带	动力原因	热高压	下沉	干热
赤道低气压带	热力原因	热低压	上升	湿热

风带	气流 N	气流 S	风向 N	风向 S	属性
极地东风	向南	向北	东北	东南	冷干
盛行西风	向北	向南	西南	西北	温湿（迎风岸）
信风	向南	向北	东北	东南	热干（背风坡）

二、季风环流

1. 概念：大范围地区的盛行风，随季节而有显著改变的现象。

2. 成因：海陆热力性质差异，气压带、风带的季节移动。

夏季：陆地比海洋气温高，气压低，风从海洋吹向陆地。

冬季：陆地比海洋气温低，气压高，风从陆地吹向海洋。

※课后达标检测※

1. 当我国各地白昼时间最短时，下列四幅图所示气压带、风带分布正确的是（ ）

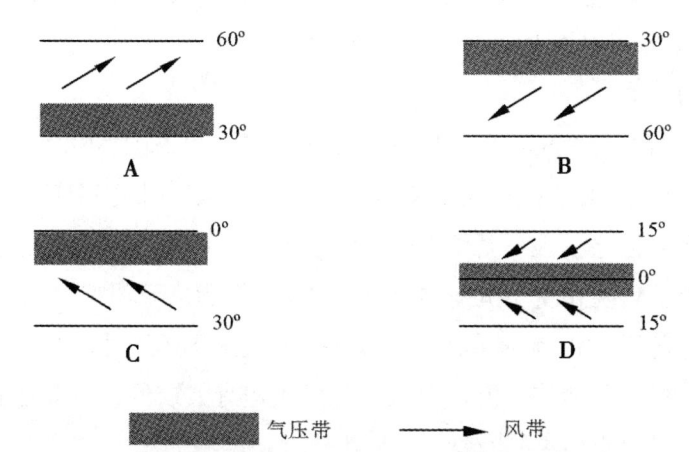

下图为"半球近地面风带分布示意图"，读图完成2~3题。

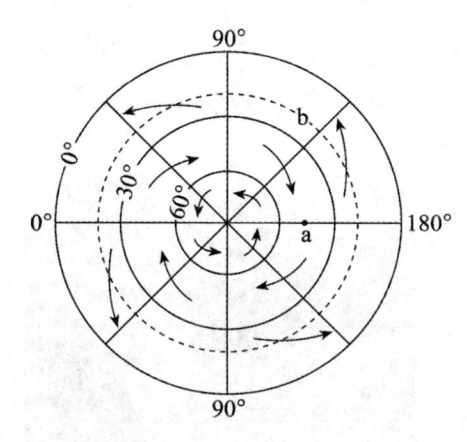

2. 图中 a 处的盛行风向是（ ）

    A. 东北风   B. 西北风   C. 东南风   D. 西南风

3. 图中 b 处的气候特征是（ ）

    A. 炎热干燥   B. 高温多雨   C. 温和干燥   D. 温和湿润

【参考答案】

1. C 2. D 3. A

※课堂教学※

◇问题情境◇

从地理学科的气候角度,完善一部著名小说中关于气候方面的设定,为《冰与火之歌》世界的气候进行更科学的描述。

◇课堂导入◇

《冰与火之歌》(A Song of Ice and Fire)是由美国作家乔治·R. R. 马丁所著的奇幻小说系列。截至 2014 年共完成出版了五卷,畅销全球,被译为三十多种文字。主要描述了在一片虚构的中世纪世界里所发生的一系列宫廷斗争、疆场厮杀、游历冒险和魔法抗衡的故事。马丁完全遵从于现实中人的生命规律,使它更像是一部虚构世界的平行历史小说。但是从地理学科的气候角度来看,小说中对虚构世界各地的气候、自然景观描述是有欠缺的,今天让我们来对马丁创造的世界进行更科学的完善。

[活动准备]

分发资料,主要包含 1. 风压带分布示意图、风压带移动示意图;2. 修改后的《冰与火之歌》大陆地图,小说世界的区域划分的简介;3. 涉及学生活动的若干区域气候资料图表。

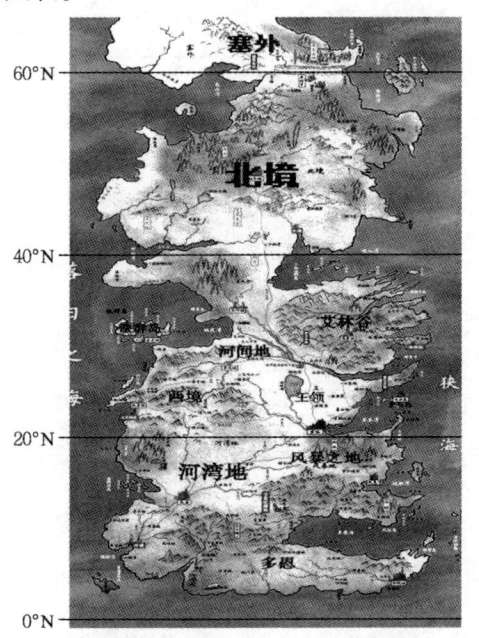

索马里 10.5°N，海拔：8 m

	一月	二月	三月	四月	五月	六月	七月	八月	九月	十月	十一月	十二月	年
温度℃	25	26	27	29	32	37	37	37	34	29	26	26	30
沉淀 mm	8	2	5	12	8	1个	1个	2	1个	2	5	5	52

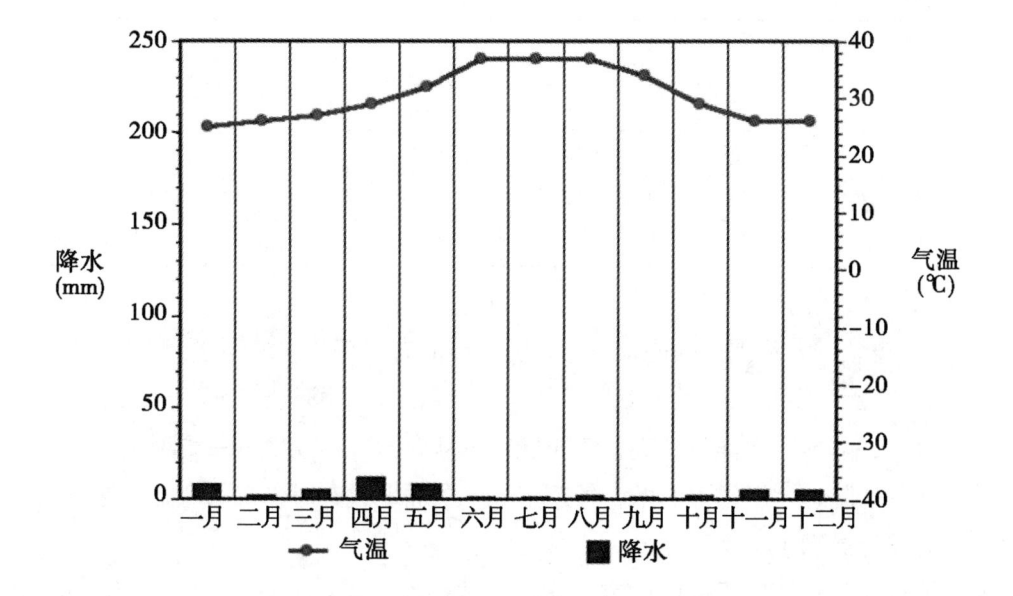

[设计意图]

真实的情境有两层含义：一是情境是真实的，而不是纯粹虚构的；二是此情境对接下来的学习有直接的用处，学生必须依靠此情境发现问题和解决问题。后者比前者更为重要。从上述两点看，小说世界的情境虽然是作者虚构的，但却是在创作小说时的真实事件，这对经常接触此类文本的学生来说，是一个喜闻乐见的问题情境；接下来的学习都在这个情境中确定任务，培养问题解决技能等地理实践力素养。这样的情境增加了学生对将要学习的概念的动机，为学习提供真正的帮助，成为学习的"真情境"。

[激活旧知]

请学生展示预习案中知识梳理的部分内容，着重引导学生解释不同风带、气压带的气温降水属性不同。

一、风压带的性质特征总结

气压带	成因	特征	气流	属性
极地高气压带	热力原因	冷高压	下沉	冷干
副极地低气压带	动力原因	冷低压	上升	温湿
副热带高气压带	动力原因	热高压	下沉	干热
赤道低气压带	热力原因	热低压	上升	湿热

风带	气流 N	气流 S	风向 N	风向 S	属性
极地东风	向南	向北	东北	东南	冷干
盛行西风	向北	向南	西南	西北	温湿（迎风岸）
信风	向南	向北	东北	东南	热干（背风坡）

二、季风环流

1. 概念：大范围地区的盛行风，随季节而有显著改变的现象。
2. 成因：海陆热力性质差异、气压带风带的季节移动

夏季：陆地比海洋气温高，气压低，风从海洋吹向陆地——温暖湿润。

冬季：陆地比海洋气温低，气压高，风从陆地吹向海洋——低温干燥。

[设计意图]

之前学习过天气系统的内容，学生应该已经掌握高/低压（气旋/反气旋）、冷气团/暖气团等所带来的天气现象。因此借助学生展示知识梳理的机会，让其陈述不同风带、气压带可能造成的温度、降水现象，可以激活学生已有的知识，让这一部分内容为接下来的学习提供支架。

[示证新知]

以"西境"为例，向学生示范如何借助"气压带、风带分布示意图"（下图）与"大陆地图"进行对照，从而发现控制当地的分压带，并对当地气候特征进行简要分析。

从西境所在的位置推测，应该处在副热带高气压带的控制下。我们在之前的天气系统中学习过，如果一地被高压（反气旋）控制，应该盛行下沉气流，晴朗干燥。那么容易推测，全年受副热带高气压带控制的话，全年降水都会较少。加之地处副热带地区，气温较高，当地气候特征应该是全年高温少雨。

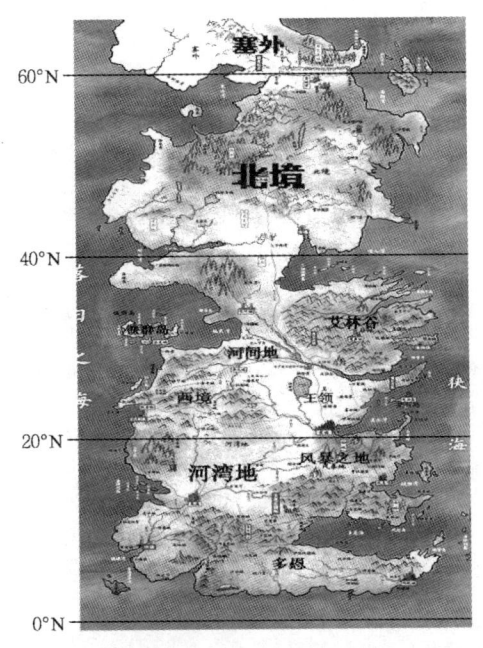

索马里 10.5°N, 海拔: 8 m

	一月	二月	三月	四月	五月	六月	七月	八月	九月	十月	十一月	十二月	年
温度℃	25	26	27	29	32	37	37	37	34	29	26	26	30
沉淀 mm	8	2	5	12	8	1个	1个	2	1个	2	5	5	52

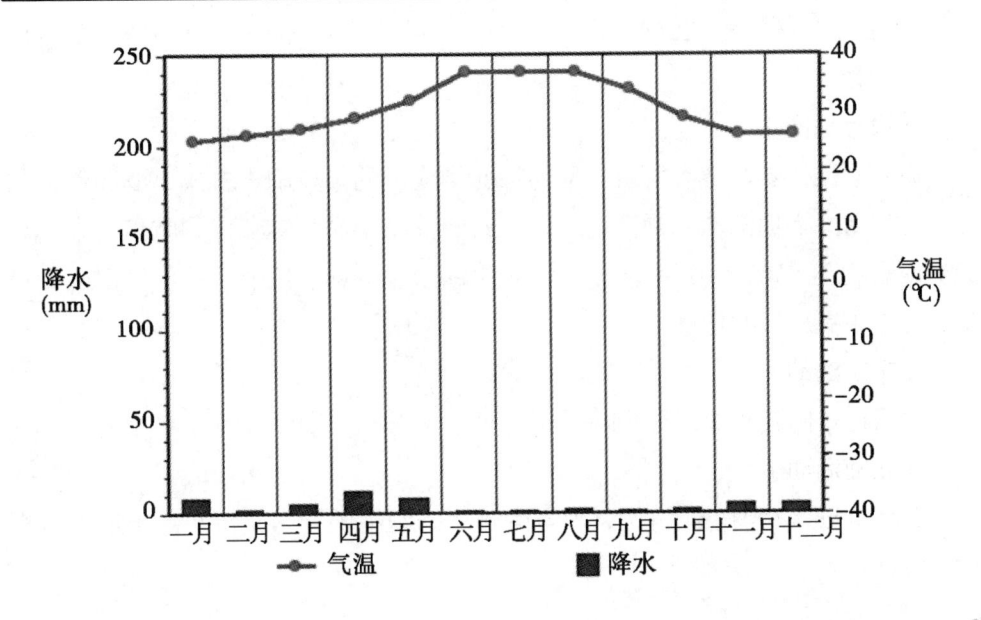

第二部分　问题式教学设计与案例

总结方法，绘制问题解决框架图（提示学生需要根据问题解决的过程，调整完善这一方法）：

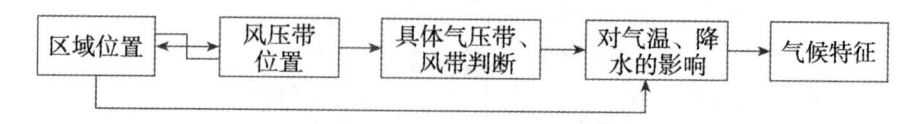

区域位置 → 风压带位置 → 具体气压带、风带判断 → 对气温、降水的影响 → 气候特征

[设计意图]

在学生开始探究之前，解说需要或有必要用到新的概念，并在概念应用的过程中让他们看到知识的意义。对于复杂的问题，通过教师的示范，创建一个特定的图式，帮助学生在更高的抽象层次上表现问题，也可以提高接下来学生学习与迁移的能力。

[活动探究]

提供材料，让学生按分组合作学习。完成以下问题。

1. 对四个区域的气候特征进行特征与区域的配对，阐释配对理由。

区域	多恩	王领	铁群岛	北境西部
气候特征图				

2. 说明风压带在该区域气候形成中的影响。

3. 总结从区域地理位置出发，如何分析风压带对气候的影响（绘制问题解决框架图）？

[设计意图]

摒弃了逐一学习各类气候类型的特征与成因的单一渐进方式，取而代之的是让学生置身于自然的问题情境中，从这些情境中产生本节课的重点：大气环流如何影响气候特征。组织活动，让学生探索、解释、拓展，并评价自己的进步，促进了更深层次地理解。

[学生活动]

分组进行问题解决，建构阐释。

[教师活动]

巡视全班，参与小组讨论，为学生解决问题提供智力支持并适当进行过程性评价记录。

[设计意图]

核心素养在联系真实情境的"做中学"的过程中得到内化。如果学生使用已有经验难以解决认知冲突时,教师要为其搭设"脚手架",使得学生得以克服这种知识和技能的差距,从而导向问题解决。

[成果展示]

每个小组展示气候特征数据配对结果,对结果进行解释,并回答老师和其他同学对解释的质询。

每个小组的问题解决框架图粘贴在黑板,供所有人对比、参照。

[设计意图]

促进学生表达,可视化其思维,参与交流还能引导对自己策略的反思等。培育知识共享、交流协作解决问题的学习文化。倡导以协作的方式提升共同体的集体知识,并且以这样的方法促进个体学习。

对问题解决过程的框架图建构,可以引导学生对自己的答案进行思维上的深入思考,帮助他们反思自己的"模板",去寻找到认知结构的层次。不仅达成地理概念的掌握,还在过程中思考、讨论、反馈、巩固,使得新概念在学生的认知结构内有效地同化或顺应,促进了学习思维的成长。

◇课堂小结◇

针对学生解决问题过程中的难点,预设将会在大陆东岸的大气环流及其对当地气候的影响发生学习困难。教师可以在学生展示、交流中及时引导、分析。通过层层追问让学生认识到控制大陆东西两侧不同的大气环流形势(西岸三圈环流/东岸季风环流)。最后可以针对大陆东西两侧不同的大气环流形势进行进一步梳理与总结。

以北半球夏季为例,副热带高气压带受海陆热力性质差异影响被陆地低压切断,主体位于海洋上。副热带高压的东部是强烈的下沉运动区,下沉气流不断增温,所控制地区会出现持续性晴热天气。而副热带高气压西部受偏南暖湿气流影响,容易产生对流不稳定,带来云雨现象。那么,同处相似纬度但分居大陆两侧的西境与王领两地,就会受到不同形势大气环流的影响,出现气候的差异。因此,影响东岸气候的风压带,就可以用季风环流来解释。

最后,教师根据已提供的问题分析框架,提示学生可以互相参考,取长补短,综合成对自己的学习有意义的问题图式。

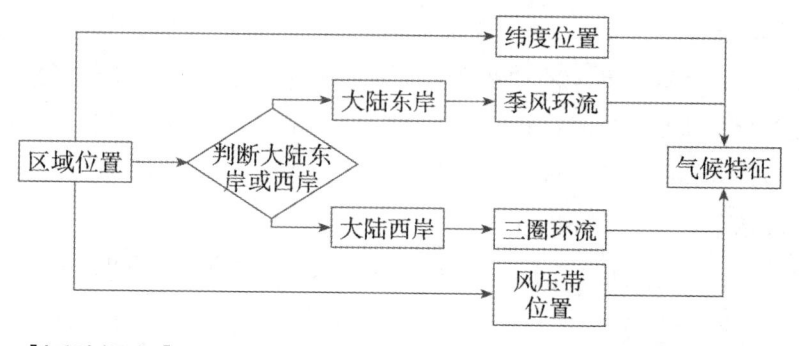

```
                                    ┌──────── 纬度位置 ────────┐
                                    │                          │
                          ┌── 大陆东岸 ── 季风环流 ──┐         │
            ┌── 判断大陆东 ──┤                              ├── 气候特征
  区域位置 ──┤   岸或西岸    │                              │
            └──────────────┤                              │
                          └── 大陆西岸 ── 三圈环流 ──┘         │
                                         风压带位置 ─────────┘
```

[活动探究]

为了向还没有看过这套巨著的朋友分享快乐，师生一起合作制作一些宣传材料。让学生审查对于书中几个王国自然环境的描写，发现其中的错误并订正。

区域	景观图	自然环境描述	需订正的错误
多恩		高大的针叶林，清清的溪流，老藤枯枝，洒满阳光的潮热，令人目不暇接的雨林资源，还有稍纵即过的野生动物。原生态环境下的空中花园、独树而成林的壮美景观、高大的板根植物景致、藤蔓间绞杀形成的自然风景、滴水叶尖凝聚的蝶恋花舞……	
河湾地		大片草原望不到边，植物多低矮丛生，叶面积缩小，根系较浅。在草本植被中间，零星地分布着成片的乔木或独株的乔木。季相变化非常明显，雨季草木繁茂，干季草原呈现一片黄褐景色	

续表

区域	景观图	自然环境描述	需订正的错误
西境		干旱少雨，植物难以生存，植物种类和数量极其稀少。地表裸露，空气十分干燥，极少水分。土壤贫瘠使得大部分植物根系浅薄，并且叶子很小，或者变成棒状或刺状，甚至无叶，以减少蒸腾失水	
北境		林区气候四季分明，夏季炎热多雨，冬季寒冷干燥，植物冬枯夏荣，季相变化十分鲜明。大部分植被具有厚的革质硬叶，一般株高较矮，树干粗壮。藤本和附生植物极少	

[学生活动]

每个小组负责一个区域，查找该区域气候对当地自然景观的影响，分析文本，发现错处并修改。

按小组对结果进行解释，并回答老师和其他同学对解释的质询。

[成果展示]

每个小组的成果粘贴在黑板，供所有师生对比、参照。小组间进行交流、解答师生疑问。

◇课堂小结◇

在学生间交流完成，取得一定共识的前提下，教师展示气候对自然环境影响的简要分析框架，总结如下：

位置不同 $\begin{cases}海陆位置\\绝对位置\end{cases}$ →气候不同→ $\begin{cases}植被不同\\土壤不同\end{cases}$ →自然景观不同

◇板书设计◇

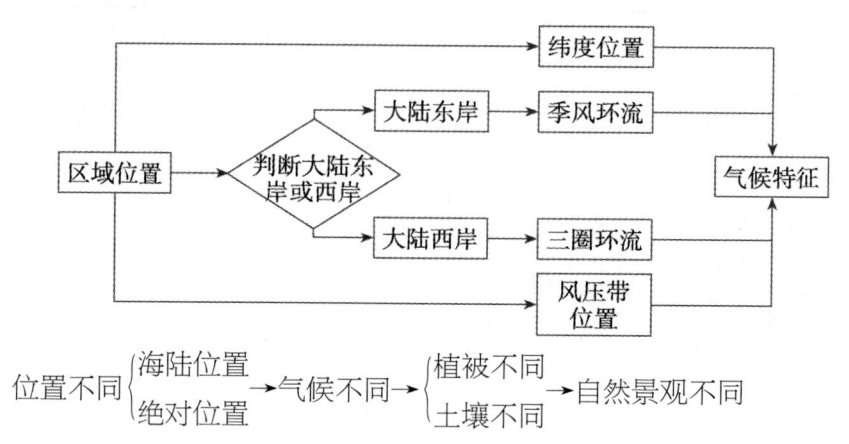

```
区域位置 → 判断大陆东岸或西岸 ┬→ 大陆东岸 → 季风环流
                              └→ 大陆西岸 → 三圈环流
         → 纬度位置
         → 风压带位置
         → 气候特征
```

位置不同 { 海陆位置 / 绝对位置 } → 气候不同 → { 植被不同 / 土壤不同 } → 自然景观不同

◇设计感悟◇

随着《普通高中地理课程标准（2017年版）》的发布、"核心素养"体系的提出，全国各地高中的教育、教学随之进入新课程、新课标、新高考的"三新"时代。本次课改的实质是从仅仅学习"书本知识"，转变为发展"能力与经验"，地理核心素养的培育不可能仅靠学生被动接受课堂讲授形成，而必须通过学生的自主建构，才能得到内化。

如果教师还是使用示范、举例、比较等，帮助学生一步一步分析教材知识点，这从传统课堂角度上看起来完全实现了教学目标，但是实际上这还是基于一种自上而下的课堂结构。学生被教师事先严格设计好的教学环节一步一步推进到最终的结果。这个过程中虽然有一些教学方法降低学习难度，但是学生可能仅仅达到在地理学科内部形成概念、知识，没有推广归纳知识的应用，也不可能利用知识解决现实世界的问题，从素养培育角度看是有遗憾的。

教师完全可以依照布鲁纳"发现法"的教学原则，将授课内容转化为具体区域的"未知的问题"，让学生自己在解决这个"未知问题"的过程中将地理概念概括出来，形成具有个人意义的地理知识，进而培育学生综合分析的思维方式、解决现实问题的地理实践力，并在这个过程中塑造正确的人地协调观，最终实现地理核心素养在课堂的落地。

这样的处理看似耗费时间，但是教师灌输多少知识点并不是课堂教学效率的衡量指标，如果这种做法能调动学生的主观能动性，促使他们思考、交流，对他们学习有好处，那么就是需要的。更为关键的是学生在"做中学"的过程还得到了"策略运用"的学习和反馈,并发展"元认知"能力,持续、灵活地监控自己的学习过程。这样在未来未知的现实情境中利用地理概念解决复杂问题就成为可能,地理核心素养便会真正得到培育。

传统知识传授的课堂教学偏重个体学生掌握课程知识的教学目标和方法,这可以帮助学生形成自主学习的习惯,培育自我管理的素养。但是,心理学与人类学不断揭示出人类思维受到人们与共享文化中其他成员的交互活动的影响。在学习中,协作同伴可以增强学习动机;小组讨论能促进学生表达,可视化其思维;参与交流还能引导对自己策略的反思等。这样就需要在问题式教学中除了鼓励个人探究,更要着力培育知识共享、交流协作解决问题的学习文化。倡导以协作的方式提升共同体的集体知识,并且以这样的方法促进个体学习。

※课后达标检测※

下图是一张反映"有孔叶片排水"现象的照片,据此完成1~2题。

1. 该现象常年出现在（　　）

  A. 温带落叶阔叶林气候带

  B. 热带草原气候带

  C. 亚热带常绿硬叶林气候带

  D. 热带雨林气候带

2. 该现象在我国较普遍出现于（　　）

  A. 天山天池湖畔　　　　　　B. 西双版纳澜沧江畔

  C. 桂林漓江沿岸　　　　　　D. 武夷山九曲溪边

【参考答案】

1. D　2. B

问题研究　阿联酋"造山引雨"是否可行

教学内容分析

※教材分析※

本节内容是基于课堂知识的课外延展，也是学生发散性思维培养的一次锻炼机会。内容方面，主要通过阿联酋水资源短缺问题作为背景，引出"造山引雨"计划，通过提前让学生搜集资料，进行小组合作探究，结合"地形雨"和"水资源的合理利用"相关知识点，以及区域地理学中的因地制宜思想，对阿联酋"造山引雨"方案可行性进行探究。

※学情分析※

在前几章的学习模式和探究方法下，学生已经熟悉了相关学习流程，但是本节的研究内容对于学生来说有一定难度，阿联酋这个区域相对于学生来说比较陌生，整体自然环境状况的网络资料也比较有限，需要学生提前搜集整理归纳，另外在搜索过程中，一些网络资料的真实性也需要学生进行判断。

※核心素养培养目标※

基于课程标准和学情，本节课的教学目标预设如下：

1. 通过课前搜集相关的图文材料，通过区域地理学中对本地自然地理环境中的气候、地形、土壤、水文、植被等要素进行综合，得到本区域的主要自然地理特征，再加上学生提前搜集的相关资料，总结出社会经济要素，从而分析阿联酋"造山引雨"计划的可行性。(地理实践力、综合思维)

2. 运用阿联酋相关专项地图，明确阿联酋区域地理环境，对其水资源短缺问题进行分析。(区域认知)

3. 利用阿联酋"造山引雨"的案例，明确阿联酋地区水资源短缺的严重性，能更深层次地理解人与自然和谐相处的重要性，在今后改造自然的同时，也要尊重自然规律。(区域认知、人地协调)

※**教学重难点**※

1. 教学重点

通过课前相关资料搜集和阿联酋专题地图的解读，分析阿联酋水资源短缺状况，找到适合"造山引雨"计划的地点。

2. 教学难点

通过阿联酋水资源短缺现状和目前的解决措施，对地形雨和水资源短缺原因等相关课内知识进行迁移应用，为"造山引雨"的案例提供可行性分析。

※**教学方法**※

问题式教学法、讨论合作学习法。

※**教学媒体**※

图表、多媒体。

※**教学课时**※

2课时。

教学过程设计

※**课前预习**※

课前让学生通过搜集相关阿联酋地区的资料，查找水资源短缺问题的相关新闻和报道，对阿联酋"造山引雨"计划有初步认识，并且分两个小组进行方案设计，一组同学赞同"造山引雨"计划，另外一组持反对意见，并且提前做好多媒体资料展示报告PPT。

※**课堂教学**※

◇**课堂导入**◇

通过阿联酋地区地理环境视频的展示，吸引学生的注意力，接着教师设置一个问题，将课本中的"水资源"短缺问题引出课堂，启发学生的思考。

◇**问题情境1**◇

通过教材知识拓展"资料1 阿联酋的水资源状况"相关材料和图片的展

出，让学生进行读图思考。

日均最低温度 20℃　日均最高温度 33℃　全年均降水总量 69mm　全年均降水天数 10天

◇问题探究1◇

1. 概括阿联酋严重缺水的自然原因和人为原因。
2. 为什么阿联酋东北部山区降水相对较多？

[投影文本]

参见教材"资料1　阿联酋的水资源状况"。

[学生讨论、交流]

学生进行四人分组讨论，各抒己见。学生在进行自然原因的探索时，更多地谈到这里热带沙漠气候，忽略了这里形成热带沙漠气候的根本原因；人为原因中，部分学生对于本区较为陌生，对当地工农业生产情况也缺乏了解，容易思考不周全。

[教师引导归纳]

在学生进行探究的过程中，教师可以引用我国西北地区的水资源利用问题进行对比，在对比过程中，让学生了解水资源短缺和分布不平衡会影响人类的发展，从而引出"问题探究2"中科学技术的发展（海水淡化等）在解决水的供需矛盾中的重要意义。

1. 自然原因：阿联酋地区位于北回归线附近，终年受副热带高气压带及低纬信风带的控制，形成热带沙漠性气候，全年降水少，夏季漫长，高温，水分蒸发极大。人为原因：人口增长和人类不合理利用水资源。过度开采地下水，导致地下水位下降，沿海地区海水入侵，地下水质退化，供给量不断降低；农业、工业、生活等用水需求增长迅速。

2. 本区东北部地形较高，夏季吹西南风，冬季吹东北风，遇到东北部的山地阻挡时被迫抬升，随着海拔升高，气温降低形成降水。

[设计意图1]

水资源短缺问题是区域较为常见的自然地理现象之一，教师通过新闻资料的展示和教材中地图的分析，让学生对这个较为陌生的区域有了初步了解，通过"问题探究1"，引发学生进行思考和讨论，教师在倾听学生看法的同时，也可以了解学生的课外知识储备，对本节内容的教学有较大帮助。

◇问题情境 2◇

通过教材知识拓展"资料 2 阿联酋解决水资源短缺的措施"相关材料和新闻报道中图片的展示,让学生进行思考。

◇问题探究 2◇

1. 阿联酋大量开采地下水和淡化海水可能带来哪些环境问题?
2. 阿联酋如何实现水资源的可持续利用?

[投影文本]

参见教材"资料 2 阿联酋解决水资源短缺的措施"。

[学生讨论、交流]

阿联酋地区海水淡化资料较少,在探究的过程中容易出现思考点单一等问题。

[教师引导归纳]

1. 大量开采地下水可能带来的环境问题有:地下蓄水层水质严重恶化,农业生态环境受到威胁,并且开采地区有可能面临地面沉降、地面塌陷、海水入侵等。

海水淡化可能带来的环境问题:海水淡化耗能高,并且在淡化过程中,由于技术限制,仅有 9% 的海水会成为饮用水(或被用于发电),其余海水因盐分太高,无法利用,会被重新排入波斯湾中,排出的海水会危及当地生态系统。

2. 减少污水的排放,运用保护水体的方式实现经济的可持续发展;管理水资源的合理利用,倡导节约用水,大力宣传节水观念,号召人民增强节水意识,实现经济的可持续发展;科学利用水资源实现经济可持续发展;坚持统筹兼顾,把推进水利协调发展放在更加突出的位置。

[设计意图2]

在探究阿联酋地区大量开采地下水问题的时候，教师可以对比我国西北地区水资源不合理利用中的无节制掘井，大量开采地下水带来的问题，引导学生进行发散性思考。对于阿联酋如何实现水资源的可持续利用这一问题，教师可以结合"水资源的合理利用"这一章节相关知识点，让学生进一步提升从课内知识延展至课外问题研究的能力。

◇问题情境3◇

通过教材知识拓展"资料3　阿联酋'造山引雨'的设想"相关材料和新闻报道的展示，让学生进行思考。

[投影文本]

参见教材"资料3　阿联酋'造山引雨'的设想"。

◇问题探究3◇

阿联酋如果实施"造山引雨"，你认为地点应该选在哪里？请说明理由。

[学生讨论、交流]

学生进行分组辩论，结合课前准备的材料和课堂探究的结果，进行多媒体展示汇报。在汇报过程中，不同小组选择的地点所考虑的因素都不够全面，有的小组只考虑地形和"地形雨"这一因素，有的小组只考虑人口分布，有的小组侧重海陆位置的探究，辩论的依据较为单薄，需要教师进行进一步引导总结。

[教师引导归纳]

教师通过展示阿联酋地区的地形图、盛行风示意图，以及区域人口密度数据、工农业分布状况，评价学生实施"造山引雨"的几个地点，重点在于鼓励学生畅所欲言，对自己选择的地点进行原因归纳，结合不同学生的答案，对自己选择的方案进行进一步思考。

[设计意图3]

该问题为开放性探究，答案无统一标准，重在培养学生的自主思考探究能力，另外教师在倾听学生进行辩论的时候，注意引导学生从文字、图像中提取信息，从而培养学生提取、分析地理信息的能力和表达能力。

◇板书设计◇

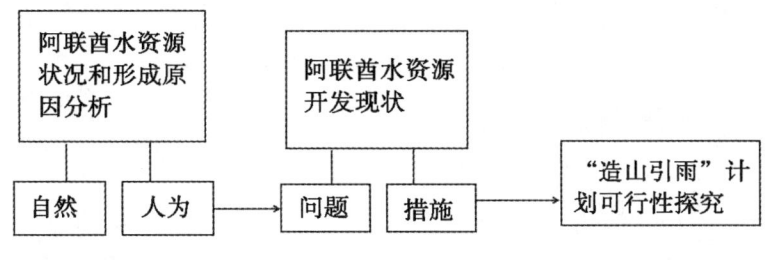

```
┌──────────┐   ┌──────────┐
│阿联酋水资源│   │阿联酋水资源│
│状况和形成原│   │开发现状   │
│因分析     │   │          │
└─┬──────┬─┘   └─┬──────┬─┘      ┌──────────┐
  │      │       │      │        │"造山引雨"计│
┌─▼─┐ ┌─▼─┐   ┌─▼─┐ ┌─▼─┐ ────→│划可行性探究│
│自然│ │人为│→ │问题│ │措施│      │          │
└───┘ └───┘   └───┘ └───┘        └──────────┘
```

◇设计感悟◇

问题探究与常规课相比，更侧重学生为主的思想理念，在这种探究性学习的引导中，学生比教师直接教授为主的课堂表现更加活跃，发言和思考状态更加积极主动，因此在今后教学中，应该多把话语权和发言权留给学生，让他们自主学习，教师再进行总结和引导，课堂效果往往更好。

※课后达标检测※

读"某地区年等降水量线分布图"，完成1~2题。

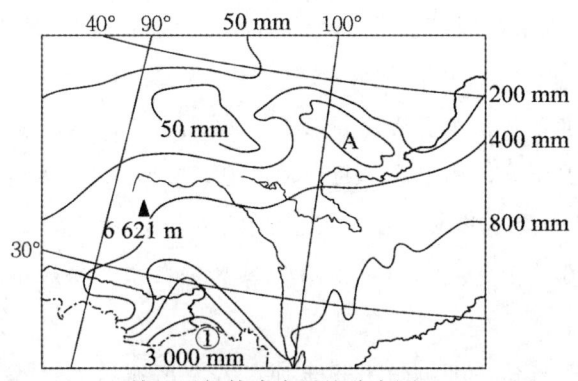

某地区年等降水量线分布图

1. 根据等值线的分布规律和该地地形，判断A点等值线的数值是（   ）

   A. 50   B. 200   C. 400   D. 800

2. 图中①地降水丰富的原因是（   ）

   A. 位于沿海地区，且有暖流经过

   B. 处于东南季风的迎风坡，多地形雨

   C. 处于西南季风的迎风坡，多地形雨

   D. 冷、暖气团长期在此地交汇，多锋面雨

3. 以下关于水资源的说法正确的是（　　）

　　A. 人类目前比较容易利用的水资源只有河流水

　　B. 跨流域调水属于水资源合理利用中的节流措施

　　C. 评价水资源丰歉程度的指标是多年平均降水量

　　D. 以色列合理利用水资源的开源措施为海水淡化

4. 水资源利用率是指流域或区域用水量占水资源可利用量的比率。国际上一般认为，一条河流的合理开发限度为40％。读"我国部分地区及世界平均水资源开发利用率比较示意图"，完成问题。

我国部分地区水资源开发利用率（2000年）

	世界平均	中国平均	河西走廊	塔里木河	准噶尔盆地	海河流域
水资源开发利用率	30％	20％	92％	79％	80％	95％

图中反映出我国一些地区水资源利用存在的共同问题有（　　）

　　A. 水资源更新速度快　　　　　B. 工业用水比例过大

　　C. 过度利用水资源　　　　　　D. 水资源污染严重

5. 阅读材料，完成下列问题。

材料一　海水稻是指能在沿海滩涂和盐碱地生长的水稻。海水稻不需施用肥料、农药，不需除草，不惧海水的短期浸泡，可吸纳海水的养料，长势旺盛。我国自1986年开始海水稻的种植研究。2017年秋，青岛海水稻研发中心的海水稻最高亩产达621千克。2018年9月，海水稻在东北松嫩平原盐碱地上以亩产900斤的产量喜迎首届中国农民丰收节。

材料二　阿联酋位于阿拉伯半岛东部，首都阿布扎比，人口约954万，其中外籍人口占总人口的88.5％，该国粮食供应日趋紧张。2017年底，青岛海水稻研发中心秉承"一带一路"倡议的精神，受邀在当地热带沙漠里开展海水稻试验种植项目。2018年5月试验种植获得成功。

材料三　阿联酋地理位置示意图（参见教材图3.24）

（1）根据阿联酋的气候、土壤条件和人口状况，说明阿联酋粮食产需矛盾较大的原因。

（2）说明阿联酋邀请中国参与海水稻种植试验的原因。

(3) 简析阿联酋开展海水稻试验种植的优势条件。

(4) 分析阿联酋推广海水稻种植对社会经济和生态环境产生的积极意义。

【参考答案】

1. B 2. C 3. D 4. C

5. (1) 产：阿联酋属于热带沙漠气候，降水稀少，气候干旱，蒸发旺盛，淡水资源短缺；沙漠广布、土壤贫瘠，气候、土壤条件不利于粮食作物生长，粮食产量较低。

需：大量外籍工人移入，对粮食需求量大。

(2) 随着"一带一路"倡议的提出，中阿两国往来愈加紧密，国际关系稳定；中国海水稻技术先进，在青岛取得了海水稻测产成功。

(3) 热带沙漠气候，光热充足（昼夜温差大）；有大面积滩涂和盐碱地；经济发达，资金充足；政府政策支持。（答对3点即可）

(4) 社会经济：改良盐碱地，提高土地资源的利用率，增加粮食产量，利于农业经济发展；缓解当地粮食紧张状况，利于国家粮食安全。

生态环境：改良盐碱地，防止沙漠化面积进一步扩大，改善生态环境；沙漠地区种植水稻，可以增加大气湿度，调节当地气候，净化空气；沿海地区大规模种植海水稻，可减少海水对海岸的侵蚀。（答对其中一点即可）

第四章　水的运动

第一节　陆地水体及其相互关系

教学内容分析

※课标要求※

绘制示意图，解释各类陆地水体之间的相互关系。

※课标解读※

本条要求关注的对象是自然环境的组成要素——水体，重点是各种水体的相互补给关系。本条要求中的"各类陆地水体"主要指有比较明显的补给关系的河流水、湖泊水、冰雪（川）融水、沼泽水、地下水等陆地水体，它们之间存在相互补给与转化的关系。陆地水体类型之间的相互关系是水循环的重要组成部分，也是陆地水体水文特征的重要影响因素。

落实本条要求有两个要点。一是明确陆地水体的类型、储量、作用等基本概况，让学生理解陆地水的概念及其对人类生活的重要意义。但同时应该避免深入探讨某个水体类型概念，如系统讲述地下水（一组概念），而应把重点放在这个水体与其他水体的相互关系上，从整体水体的视角看待某一种水体类型，体现综合思维。二是解释陆地水体类型之间的相互关系。这种关系是不同类型陆地水体之间的相互转化与补给的关系。以河流补给为例，河流水作为一种重要的陆地水体，与雨水、冰雪融水、湖泊和沼泽水、地下水之间存在补给关系。因此，河流补给可以分为雨水补给、融水补给、湖泊和沼泽水补给和地下水补给等类型。这些补给决定了河水水情要素的变化和河流的特征。

本条要求提出通过"绘制示意图"来解释水体之间的联系。示意图的形式可以多种多样，但不论哪种样式，首先要求准确，其次要求美观。从教学实践来看，学生在绘制水体相互关系示意图时，可能出现忽略水体类型或者理不清补给关系的问题，教师要特别注意对此类问题的引导。

※**教材分析**※

本节内容是在课标"运用示意图，说明水循环的过程及地理意义"的学习基础上对地球上的水进一步深化学习。教学的内容难度属于中等，重点培养学生综合学习思维、发展观点和正确的人地关系观。

※**学情分析**※

进入高中的学生，学习态度端正，学习的能力较好，学习的探究欲望强，有明确的职业规划目标，学习的意志和品质良好；学生在经过必修部分的学习后，形成了较为科学、系统的地理学习方法，懂得如何进行地理学习。

※**核心素养培养目标**※

1. 运用图、视频等资料，认识陆地水体类型和数量。（区域认知）
2. 通过定义理解陆地水体对人类生活的意义。（综合思维、人地协调观）
3. 某个水体与其他水体的相互关系上，从整体水体的视角看待某一种水体类型。（综合思维）
4. 解释陆地水体类型之间的相互关系，不同类型陆地水体之间的相互转化与补给。（综合思维、地理实践力）
5. 学会绘制陆地水体的相互补给关系。（地理实践力）
6. 通过学习陆地水体的有关知识，使学生增强水资源的忧患意识，树立科学的资源观，养成节约用水的好习惯。（人地协调观）

※**教学重难点**※

1. 读图分析陆地水体的相互补给关系。
2. 学会绘制陆地水体的相互补给关系。

※**教学方法**※

1. 图式教学法：学生读图分析问题。
2. 探究式教学法：通过分组讨论、学生自主观察、学习、探究，并得出观点。

3. 多媒体教学法：运用多媒体设备播放 Flash 动画和幻灯片，弥补学生空间想象力不足的缺陷。

※**教学媒体**※

图表、视频、多媒体课件。

※**教学课时**※

1 课时。

教学过程设计

※**课前预习**※

[知识梳理]

一、陆地水体

1. 水的存在形式

（1）水圈：由_____态、液态和_____态三种形式的水体构成，是一个_____但_____的圈层。

（2）水体存在形式的分布及数量特征_____。

2. 水体空间分布

（1）海洋水：储量最大，占全球水储量的 96.53％。

（2）陆地水：包括河流水、_____水、沼泽水、土壤水、地下水、_____水、_____水等，储量较少，但作用巨大。

3. 陆地水体的_____、_____、_____等受自然环境的制约，气候湿润的地区_____，_____；气候寒冷的高海拔、高纬度地区_____；地势较低的地区容易积水形成_____或_____；_____可形成较大的湖泊。

4. 陆地水体对自然环境有重要的影响。河流、湖泊、沼泽对周边_____具有调节作用；冰川、河流是_____的主要动力。陆地水体与人类活动关系密切，不仅提供人类活动的_____；而且还具有_____、_____、_____、_____等价值。

二、陆地水体的相互关系

陆地水体之间存在水的交换和转换，河流呈线状且流动性好，是连接其他水体的纽带。

1. 河流与湖泊：湖泊接纳了_____、_____、_____，并且能暂时储存起来。

2. 河流与地下水：河流与地下水也存在相互补给的关系；丰水期时，_____补给_____，枯水期时，_____补给_____。

3. 河流与冰川、积雪：冰川、积雪融水是河流的重要补给水源。补给水量随着_____变化而变化。

※课堂教学※

◇课堂导入◇

咸海位于中亚，水域面积曾达 7 万平方千米，是世界第四大湖泊。20 世纪 60 年代以来，湖泊面积不断缩小。1987 年，湖泊分为南北两部分。1998 年，咸海水域面积缩小至 2.98 万平方千米，在世界大湖中仅排第八位。目前咸海水域面积仅数千平方千米。

◇问题探究 1◇

从陆地水的组成和来源，说说 20 世纪 60 年代以来，咸海为什么会急剧萎缩？

［学生讨论、交流］

略。

［教师引导归纳］

通过视频，同学们知道自然界当中，最活跃的要素是——水。这节课我们将进入本节学习陆地水的相关知识。这些水体之间又有什么相互联系？

［展示水圈的构成］

参见教材图 4.2。

◇追问◇

水的存在形式和空间分布。

［学生讨论、交流］

略。

第二部分 问题式教学设计与案例 177

[教师引导归纳]

水圈是由气态、液态和固态三种形式的水体构成,是一个连续但不规则的圈层。其中海洋水储量最大,占全球水储量的96.53%;大气水分布最广;陆地水包括河流水、湖泊水、沼泽水、土壤水、地下水、冰川水、生物水等,储量较少,但作用巨大。

◇追问◇

陆地水体受什么因素影响?

[学生讨论、交流]

略。

[教师引导归纳]

陆地水体的类型、水量、分布受自然环境的制约。

自然环境	类型	水量	分布
气候湿润	河网密布	水量丰富	湿润地区
气候寒冷	冰川发育	结冰	高纬度、高海拔
地势较低	湖泊或沼泽	积水	地势较低

◇追问◇

陆地水体对自然环境有什么影响?

[学生讨论、交流]

略。

[教师引导归纳]

调节气候、塑造地表形态、提供淡水资源、航运、发电、水产养殖、生态服务等。

案例:贝加尔湖——世界上蓄水量最大的淡水湖泊。

◇问题探究2◇

从水的运动和更新的角度看,陆地上的各种水体之间具有水源相互补给的关系,它们究竟是怎样相互补给的呢?

问:首先,这幅图中出现了哪几种陆地水体?什么是河流补给?图中河流补给可能涉及哪几种水体?

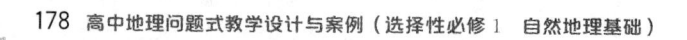

归纳：河流补给是指河水的来源。本图中河流补给可能涉及的水体有：大气水、冰川水、湖泊水、地下水。

补充：河流的主要补给类型。

PPT展示教材"洞里萨湖与湄公河的相互补给"。

◇问题探究3◇

转承：通过洞里萨湖与湄公河的相互补给，我们知道湖泊水补给河流水，那么河流水能不能补给湖泊水呢？它们的补给关系是怎么样的呢？什么时候湖泊水补给河流水，什么时候河流水补给湖泊水？

播放河流与湖泊的补给关系Flash动画并归纳：

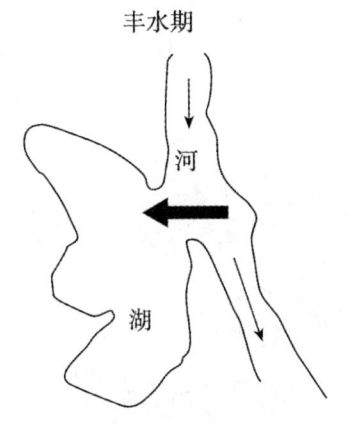

丰水期：河流补给湖泊

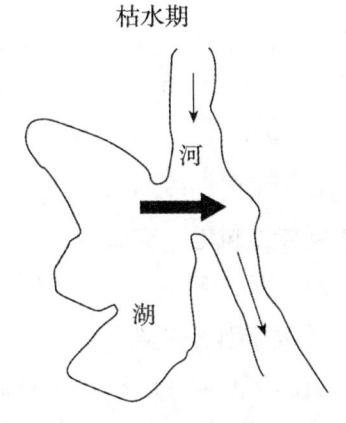

枯水期：湖泊补给河流

丰水期，河流水位较高，河流补给湖泊；

枯水期，河流水位较低，湖泊补给河流。

湖泊位置	对河流补给影响
河流中下游	对河流削峰补枯
人工湖泊——水库	人为调节河流径流
山地湖泊	湖泊补给河流
内流区湖泊	河流补给湖泊

◇问题探究4◇

根据河流与湖泊的补给原理，河流与地下水的补给关系又是怎样的呢？

播放河流与地下水的补给关系 Flash 动画并归纳：

丰水期，河流补给地下水；枯水期，地下水补给河流。

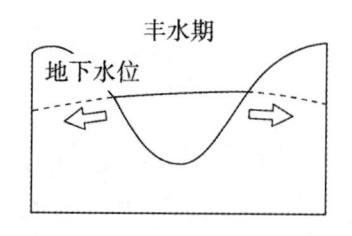

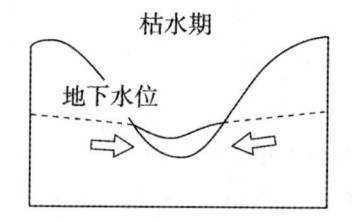

```
        丰水期                        枯水期
   地下水位                        地下水位
```

迁移应用：

有句俗话是这么说的："井水不犯河水。"从地理学的角度来看，这句话是否科学呢？前面已经说过，井水也就是浅层地下水。（在一定的条件下，井水还是会犯着河水的。）

◇追问◇

黄河下游河段河水与地下水的补给关系是怎样的？

［学生讨论、交流］

略。

［教师引导归纳］

黄河下游地区由于泥沙的淤积，所以下游河段的黄河是一条地上河，黄河地上河始终补给地下水。

学生讨论，分组合作，将成果在班级展示出来，教师引导学生学会绘制陆地水体中地下水与河流水、湖泊水与河流水、湖泊水与地下水等类型相互补给关系的示意图。

◇追问◇

河流与冰川、积雪的关系又是怎么样的呢？请同学们读图并分析。

［学生讨论、交流］

略。

［教师引导归纳］

冰川和积雪融水是河流的重要补给，补给水量随着气温的上升而上升。高山永久积雪地区，夏季气温高，冰川融水量大，河流径流量大。冬季有积雪的地区，春季气温回升，积雪融化，出现春汛。

通过学习我们知道陆地的水体之间具有相互补给的关系，冰川融水与河流水以及湖泊水的补给关系是单向补给，河流水、湖泊水、地下水这三者之间的补给关系是相互补给。

[小组合作]

绘制陆地水体中地下水与河流水、湖泊水与河流水、湖泊水与地下水等类型相互补给关系的示意图。

[学生讨论、交流]

学生讨论，分组合作，将成果向班级同学展示出来。

[教师引导归纳]

通过本节课的学习我们知道陆地水体的类型、水量、分布受自然环境的制约，陆地水体对自然环境有重要的影响；陆地的水体之间具有相互补给的关系，河流单一补给的很少，往往是多种水源补给。冰川融水与河流水以及湖泊水的补给关系是单向补给，河流水、湖泊水、地下水这三者之间依据水位、流量的动态变化具有水源的相互补给。

◇板书设计◇

一、陆地水体

1. 水的存在形式

(1) 水圈。

(2) 水体存在形式的分布及数量特征。

(3) 水体空间分布：海洋水、陆地水、大气水。

2. 陆地水定义

二、陆地水体的相互关系

(1) 河流水与湖泊水的相互补给关系

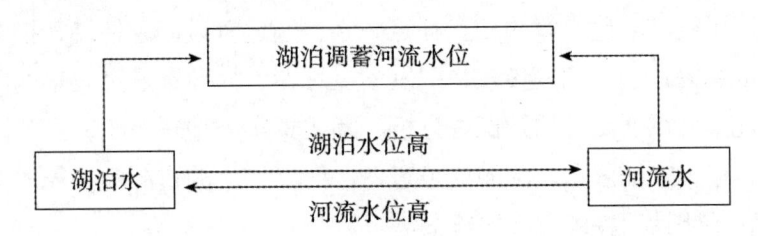

```
            ┌─────────────────┐
      ┌────→│  湖泊调蓄河流水位  │←────┐
      │     └─────────────────┘     │
      │                             │
  ┌───────┐    湖泊水位高     ┌───────┐
  │ 湖泊水 │ ───────────────→ │ 河流水 │
  │       │ ←─────────────── │       │
  └───────┘    河流水位高     └───────┘
```

（2）河流水与地下水的相互补给关系

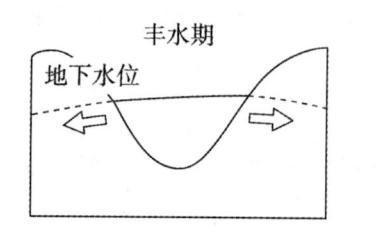

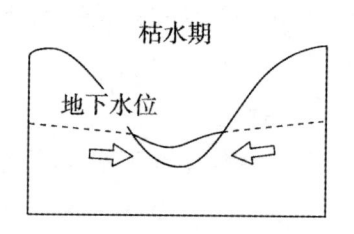

丰水期　地下水位

枯水期　地下水位

（3）河流与冰川、积雪的相互补给关系

冰川、积雪是河流重要补给水源，随着气温的变化而变化。

知识升华：

（4）河水与其他水体的相互补给关系

◇知识小结◇

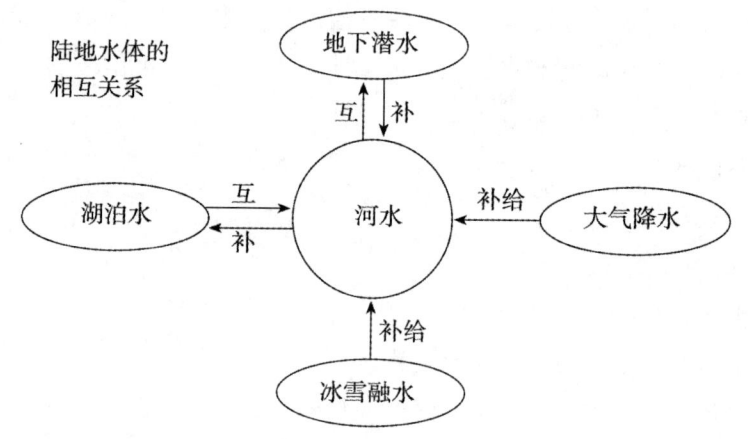

陆地水体的相互关系

地下潜水　互补　河水

湖泊水　互补　河水　补给　大气降水

冰雪融水　补给　河水

◇设计感悟◇

本节课在地理学科素养的水平分级中只要求达到水平3。我们通过一组问题一起认识了陆地的水体，通过学习陆地水体的有关知识，知道了它们之间的关系；学习了绘制陆地水体的相互补给关系，通过创设问题情境，把知识还原到真实情境中去；通过问题设置，引发学生思考、探究；通过大量的图表与文本资料，让学生用所储备的知识去分析、阐述真实的地理事象，去解决现实的地理问题，让大家增强水资源的忧患意识，树立科学的资源观，养成节约用水的好习惯，要坚持可持续发展的理念。

※课后达标检测※

读"三种陆地水相互转化关系示意图",完成1~3题。

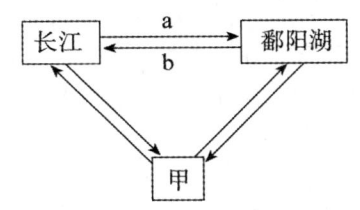

1. 甲代表的水体是（　　）

   A. 雨水 　　　　　　B. 冰川融水

   C. 潜水 　　　　　　D. 承压水

2. 箭头a代表的现象一般发生在（　　）

   A. 1~2月

   B. 3~4月

   C. 6~7月

   D. 10~11月

3. 鄱阳湖区进行大规模围湖造田,由此导致的箭头a、b流量的变化趋势是（　　）

   A. a变大

   B. b变稳定

   C. a在丰水期变小

   D. b在枯水期变大

读某河流量过程线示意图（该河以降水补给为主）,完成4~5题。

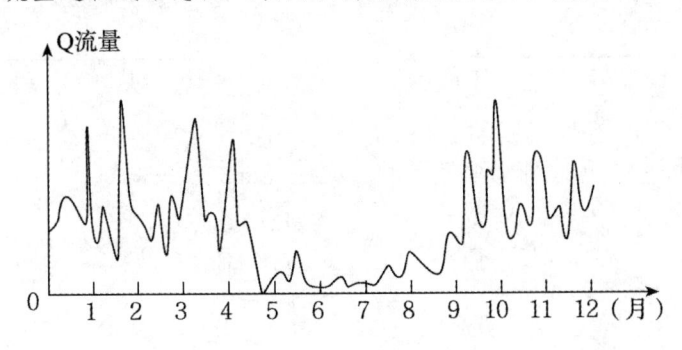

4. 该河流所在位置大致位于（　　）

　　A. 北纬 40°－60°之间的大陆西岸

　　B. 北纬 30°－40°之间的大陆东岸

　　C. 南纬 30°－40°之间的大陆西岸

　　D. 北纬 30°－40°之间的大陆西岸

5. 该河流 6～8 月流量减少由于该地区（　　）

　　A. 受副热带高气压带控制

　　B. 受极地高气压控制

　　C. 受东北信风带控制

　　D. 受副极地低气压控制

读我国东部季风区、东北地区、西北内陆地区、南部沿海地区河流流量过程曲线图，完成 6～8 题。

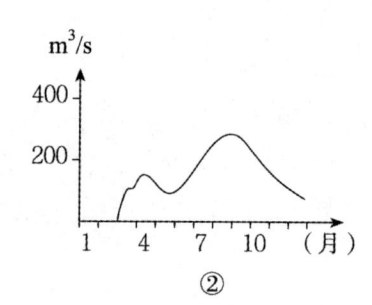

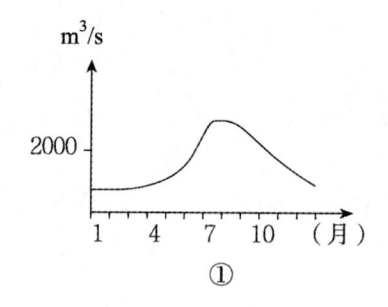

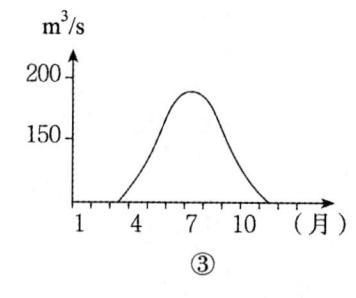

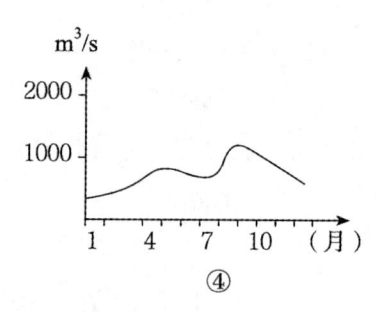

6. 上面图中表示南部沿海地区河流流量过程曲线的是（　　）

　　A. ①　　　　　　　　　　　B. ②

　　C. ③　　　　　　　　　　　D. ④

7. ②、③图中河流 1、2 月断流的原因是（　　）

　　A. 降水少　　　　　　　　B. 气温低

　　C. 用水量大　　　　　　　D. 地下水补给少

8. 上述四个地区的河水补给中都有（　　）

①大气降水补给　②地下水补给　③冰雪融水补给　④湖泊水补给

　　A. ①②　　　　　　　　　B. ①③

　　C. ②④　　　　　　　　　D. ①④

9. 下图为我国东部地区一个水电站大坝下游某水文站在修坝前后测得的该河两条全年流量曲线图，读图完成下列问题。

(1) 图中 A、B、C 分别是这条河流水源补给形式，请判断，A 是_____补给；B 是_____补给；C 是_____补给。

(2) 图中①、②两条曲线，哪一条是建坝前测到的？_____，判断理由是_____。

(3) 这条河流位于我国_____地区，判断理由是_____。

【参考答案】

1. C　2. C　3. C　4. D　5. A　6. D　7. B　8. A

9.（1）地下水　大气降水　季节性积雪融水

（2）①　径流量不稳定，季节变化大　说明没有受到水库的调节作用

（3）东北　一年有春汛和夏汛两个汛期

第二节　洋流

教学内容分析

※课标要求※

运用世界洋流分布图，说明世界洋流的分布规律，并举例说明洋流对地理环境和人类活动的影响。

※课标解读※

本条要求关注水圈中的海洋水。海洋水是地球上最主要的水体，也是大气最重要的水汽来源和热量来源。学生在地理必修1中，从海水运动的类型的角度，简要学习过洋流的概念及洋流对人们生产生活的影响。本条要求在此基础上，进一步学习"世界洋流分布规律"和"洋流对环境和人类活动的影响"两方面内容。从知识的内在联系看，前者是后者的基础。

落实本条要求，有三个要点。其一，学习应落实在地图上，其中最主要的是"世界洋流分布图"，此外，还有"世界渔场分布图""世界气候分布图"等。其二，通过阅读"世界洋流分布图"，归纳世界洋流分布的一般规律，即分别以副热带为中心和副极地为中心的大洋环流。其中，南半球高纬度地区没有形成大洋环流，而是形成连续的西风漂流和南极绕极流。其三，通过阅读"世界洋流分布图"及有关地图，分析洋流对全球热量输送、沿岸气候、海洋污染等的影响。

把握本条要求应注意以下三点。第一，在阅读"世界洋流分布图"的基础上，可以把世界洋流的分布模式化，以加强对世界洋流分布规律的把握，并为分析洋流对地理环境的影响打下基础。第二，一般不对洋流知识进行加深和扩展。例如，洋流的成因不需要系统讲述，风海流、密度流、补偿流的名称都可以不出现，只要能解释世界洋流的分布规律即可；局部海域（如北印度洋）具有季节变化的洋流也不需要了解。第三，对各洋流的名称不要求记住，但是为了分析洋流对地理环境影响的需要，应了解不同纬度大陆两岸的洋流性质（暖流或寒流）。

※**教材分析**※

根据课标本条教学内容应包括：

1. 说明世界洋流的分布规律，归纳世界洋流分布的一般规律，将世界洋流分布模式化。

2. 洋流对地理环境（"热量平衡、气候、海洋生物、航海及海洋污染"等五个方面）和人类活动的影响。

※**学情分析**※

学生已知道了洋流是海水运动形式之一，已了解"根据性质可以分为寒流和暖流，根据成因的不同可以分为风海流、密度流和补偿流"，本条课标要帮助学生归纳总结全球洋流分布规律；学生了解"洋流调节高低纬度间热量平衡，洋流影响气候、航运和渔场分布"等知识，而深入学习则是本节课的又一主要任务。

※**核心素养培养目标**※

能够运用"世界洋流分布图"（地理实践力），进行归纳总结（综合思维），得出世界洋流的分布规律，通过对具体区域（区域认知）的案例学习，理解洋流对地理环境和人类活动的影响（综合思维），从而树立正确的人地关系观（人地协调观）。

※**教学重难点**※

1. 教学重点

归纳世界洋流分布规律；洋流对地理环境的影响。

2. 教学难点

洋流分布规律；洋流对沿岸气候和海洋生物的影响。

※**教学方法**※

问题式教学法。

※**教学媒体**※

图表、视频、多媒体课件。

※**教学课时**※

2课时。

教学过程设计

※课前预习※

[知识梳理]

一、世界表层洋流的分布

1. 洋流：_____吹拂海面，推动海水随风漂流，并且使上层海水带动下层海水流动，在海洋表层形成规模很大的洋流。

2. 影响洋流运动方向的因素：盛行风、_____、_____等。

3. 中低纬度海区的大洋环流：_____驱动赤道南北两侧的海水由_____向_____流动，到达大洋西岸时，受到陆地阻挡，除小股回头向东形成_____外，大部分沿着海岸流向较高纬度海区。到中纬度海区时，在_____吹拂下，洋流向东流去。到达大洋东岸时，又有部分折向低纬度海区。这样就在中低纬度海区形成大洋环流，在北半球呈_____时针方向流动，在南半球呈_____时针方向流动。

4. 北半球中高纬海区的大洋环流：在北半球中高纬度海区也形成大洋环流，它呈_____时针方向流动。

5. 南半球的西风漂流：南极大陆外围，海面广阔。这里终年受_____影响，形成_____。

6. 北印度洋海区的季风环流：北印度洋海区，冬季盛行_____，海水向_____流动，呈_____时针方向旋转；夏季盛行_____，海水向_____流动，呈_____时针方向旋转。

二、洋流对自然环境的影响

1. 对气候：洋流可以从低纬度向高纬度地区传输_____，从高纬度地区向低纬度地区输送_____和_____，这样使得地球上高纬度和低纬度间_____大幅度减小，在冬季更为明显。

2. 暖流是所经海面即附近地区气温偏_____，使空气变得_____，对流加强，易形成_____；寒流使所经海面及附近地区气温偏_____，是空气_____增强，难以致雨。澳大利亚、非洲和南美洲西岸_____的形成都与沿岸_____有关。

188 高中地理问题式教学设计与案例（选择性必修 1 自然地理基础）

3. 寒流和暖流_____海水扰动强烈，沉积于海底的_____上涌，_____繁盛，以浮游生物为饵料的鱼类聚集，形成_____。

4. 秘鲁沿海，在_____吹拂下，表层海水_____海岸，深部冷水带着海底的营养物质_____，使得这里也形成世界著名的渔场。

※课后达标检测※

读"某海区海水等温线图"，完成1~3题。

1. 根据等温线的分布判断，该海区位于（ ）
   A. 南半球   B. 北半球
   C. 东半球   D. 西半球

2. A处与B处相比较，下列说法正确的是（ ）
   A. A处流经的是寒流   B. B处流经的是暖流
   C. A处洋流由南向北流   D. B处洋流由南向北流

3. 若此图表示大西洋海区，下列说法正确的是（ ）
   A. A位于大陆西岸   B. B位于大陆东岸
   C. A可能是墨西哥湾暖流 D. B可能是东澳大利亚暖流

读"洋流模式图"，完成4~5题。

4. 若该洋流系统在大西洋，下列说法正确的是（ ）
   A. 洋流③是拉布拉多寒流
   B. 洋流①是本格拉寒流
   C. 洋流②③交汇处形成纽芬兰渔场
   D. ④是暖流

5. 若该洋流系统在太平洋，则①、②、③、④四个海域中有世界著名渔场的是（ ）
   A. ①   B. ②
   C. ③   D. ④

【参考答案】

1. B 2. C 3. C 4. B 5. A

※课堂教学※

第1课时

◇课堂导入◇

玩具鸭散落地在北太平洋，却在世界各地，比如北美洲东岸、南美洲西岸、欧洲西岸等地被发现。这跟洋流的运动有关系。今天我们将通过探讨洋流的分布规律，从而得出小黄鸭的漂流轨迹。（参见教材图4.8。）

◇问题情境1◇

跟玩具鸭一样拥有海上漂流经历的还有一封浪漫的情书——

这一封情书在网络上广为传播，感动了全世界。这封情书是被一名中国海员扔在印度洋中，在洋流的作用下漂到澳大利亚东北部的圣灵群岛，被一名游客捡到了。澳大利亚的圣灵群岛是一个美丽的珊瑚群岛，属于大堡礁世界遗产保护区。

◇问题探究1◇

请大家根据世界表层洋流分布图（参见教材图4.9），想想这封情书是怎么到达圣灵群岛的？

［学生讨论、交流］

略（因为没确定漂流瓶的起始点，所以会有多种可能）。

［教师引导归纳］

我们可以看到，在南印度洋和南太平洋，洋流都呈逆时针方向流动（展示图片）。

而顺着洋流，漂流瓶从印度洋漂到了大堡礁。那么航海是否可以利用洋流呢？请看下面案例。

[设计意图1]

通过有趣的事件引起学生的兴趣，让学生观察图片，并且漂流瓶起始点没有明确，激发学生讨论从而强化其对南半球中低纬度海区洋流分布规律的认识。

◇问题情境2◇

1492年8月3日，意大利航海家哥伦布在西班牙王后伊莎贝拉的支持下，率领由3只船组成的船队，从巴罗斯港出发，向西横渡茫茫的大西洋，寻找通往印度的航线以掠夺东方的财富。经过37天的漫长航行，到达了今天的巴哈马群岛，发现了一块新大陆——美洲。

1493年，哥伦布第二次去美洲时，却没有按原路向西航行。而是顺着西班牙和北非西海岸南下，接近赤道时才向西横渡大西洋。这次只花了20天时间就顺利到达美洲，时间比第一次少用了17天。

◇问题探究2◇

绕了一个大圈，时间却比第一次少用了17天，这究竟是怎么回事呢？

请画出哥伦布两次航海的路线，画好后对比教材图4.9（世界表层洋流分布图），发现了什么？

[学生讨论、交流]

画图、讨论略。

[教师引导归纳]

展示学生画的线路图并对比北大西洋的洋流分布图

通过画图我们发现，1493年第二次航海走的路线更长，却比1492年花的时间更少；而对比大西洋海域的洋流分布图后，我们不难发现哥伦布航海利用了洋流的分布规律：第一次航海是逆着北大西洋暖流航行的，第二次则是顺着加那利寒流和北赤道暖流航行的。这两次航行的时间差异向我们证实了：在北半球中低纬度海区，洋流呈顺时针方向流动。

◇追问◇

我们知道，古代帆船航海中，风向是重要的考虑因素之一，那么这两次航海是否跟风向有关呢？请大家对比这两次航海路线图和三圈环流图看看。

[学生讨论、交流]

略。

[教师引导归纳]

通过对比我们发现，1493年第二次航海，哥伦布不仅顺着洋流航行，也借助了风力，可谓顺风顺水，自然速度快了很多。

实际上，洋流的运动也跟盛行风有关：东北信风吹拂海面，并使上层海水带动下层海水流动，在地转偏向力作用下，在海洋表层形成自东向西的规模很大的洋流（北赤道暖流），同样，在盛行西风作用下，形成了北大西洋暖流。这种由盛行风形成的洋流，我们称之为"风海流"。

◇追问◇

大家回顾一下前面我们讨论的南半球中低纬度的洋流分布规律，是不是也是跟盛行风有关呢？

[学生讨论、交流]

略。

[教师引导归纳]

南半球低纬度地区，在盛行东南信风和盛行西风（西北风）作用下，形成了南赤道暖流和西风漂流。

下面请大家完成教材活动题"绘制世界洋流模式图"。

[学生讨论、交流]

略。

[教师引导归纳]

通过活动题，我们知道：

在信风、盛行西风、地转偏向力以及海陆轮廓影响下，

①中低纬度海区的大洋环流，北半球呈顺时针方向流动，南半球呈逆时针方向流动；

②北半球中高纬度海区形成呈逆时针方向流动的大洋环流；

③南半球中高纬度由于南极大陆分布，没有形成类似北半球的环流。

[设计意图2]

结合航海趣事，通过学生动手画航海线路图，对比洋流分布图，得出洋流分布规律；再通过追问和复习前面内容，总结归纳洋流分布模式图。

◇问题情境3◇

关于远洋航行，中国人不仅在时间上早于欧洲人，规模上更远远超过欧洲

人,在利用洋流助航方面,也远远领先于欧洲人。1405年(比哥伦布早了半个多世纪)到1433年,历经28年,郑和先后航海七次,率领由200多艘大小海船,2.7万多人组成的庞大航队浩浩荡荡地从刘家港出发,船队沿中国海岸南下,经马六甲海峡,横渡北印度洋,沿途经中南半岛、南洋群岛、南亚,最远到达非洲东海岸和红海沿岸。

◇问题探究3◇

请根据印度洋洋流分布图和郑和船队航海示意图推测船队出发时间和归航时间。

[学生讨论、交流]

略。

[教师引导归纳]

郑和船队充分利用了北印度洋季风环流为其助航,他们在冬季出发向西航行,此时北印度洋上吹的是东北季风,在东北季风吹拂下,海水从东向西流,沿途顺风顺流,半年后进入夏季,北印度洋上改吹西南季风,在西南季风吹拂下,海水从西向东流,这时他们开始返回,一路还是顺风顺流。

所以,我们知道:

④北印度洋海区,冬季盛行东北风,海水向西流动,呈逆时针方向旋转;夏季盛行西南风,海水向东流动,呈顺时针方向旋转。

◇追问◇

冬季为"索马里暖流",而夏季却是"索马里寒流",这是为什么呢?寒流是怎么形成的?

[学生讨论、交流]

略。

[教师引导归纳]

北半球夏季,风带和气压带位置偏北,南半球东南信风越过赤道后向右偏转形成离岸风(西南风),近岸海区表层海水在离岸风吹拂下向东流去,底层海水上升补偿,因底层海水水温较低,所以为寒流,我们称这种洋流为"上升补偿流"。

◇追问◇

想想哪些海区可能有上升补偿流?

[学生讨论、交流]

略。

[教师引导归纳]

根据上升补偿流形成的原理可知，有离岸风的海区就可能存在上升补偿流。所以中低纬度的大陆西岸，信风为离岸风，均有可能存在上升补偿流，而其中最著名的为秘鲁寒流。实际上，冬季我国东部沿海，在西北风（离岸风）作用下，也存在一定的上升流。

[设计意图3]

结合中国古代著名航海事件，让学生在学习地理原理知识的同时增强了文化自信。通过冬夏季洋流的差异，培养学生观察能力，引发思考，从而理解地理原理，再通过"追问"，从而掌握洋流成因的一般规律，其中着重强调秘鲁寒流，为后面的渔场形成埋下伏笔。

◇问题情境4◇

洋流被航海家观测到并利用，1770年富兰克林发表海图并命名了湾流（现为墨西哥湾暖流和北大西洋暖流），为北美—西欧航线节省了燃料和时间。而洋流还有军事上的运用。

直布罗陀海峡位于欧洲和非洲之间，沟通地中海和大西洋，具有重要的战略地位。二战时盟军控制了直布罗陀海峡。但是德国的潜水艇居然成功进出地中海，并偷袭了盟军。

◇问题探究4◇

德国是如何偷袭成功并且全身而退的呢？请结合相关知识与地图说明原理。

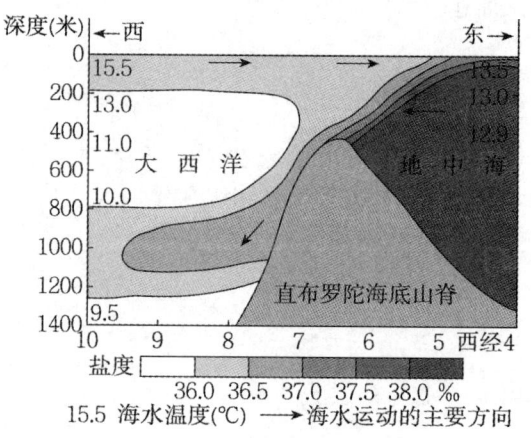

[学生讨论、交流]

略。

[教师引导归纳]

根据上图海水运动方向可以推测：德国潜艇经过直布罗陀海峡时，关闭了发动机，潜艇顺着表层洋流从大西洋漂进地中海，成功偷袭了英法联军。后又顺着底层洋流，偷偷地从地中海溜回到大西洋，平安地回到德国军港，创造了一个战争奇迹。

海水密度的大小取决于海水的温度和盐度，而更主要取决于盐度。盐度越大，密度越高。地中海四周被陆地环抱，海区较封闭，与外界海水交换少，加上蒸发旺盛，海水盐度较高，密度较大，水位较低；相反，大西洋盐度较低，水位较高，因此表层海水从大西洋流入地中海，底层海水从地中海流回到大西洋。

我们把直布罗陀海峡因两侧海水密度差异形成的海水常年定向地流动，称为"密度流"。

[设计意图4]

通过军事上洋流知识的运用，引导学生对密度流成因进行思考。从而得出洋流的成因之一：海水密度差异。

◇课堂小结◇

1. 洋流按成因分类：风海流、补偿流、密度流。

2. 洋流分布规律：

①中低纬度海区的大洋环流，北半球呈顺时针方向流动，南半球呈逆时针方向流动。

②北半球中高纬度海区形成呈逆时针方向流动的大洋环流。

③南半球中高纬度由于南极大陆分布，没有形成类似北半球的环流。

④北印度洋海区，冬季盛行东北风，海水向西流动，呈逆时针方向旋转；夏季盛行西南风，海水向东流动，呈顺时针方向旋转。

⑤离岸风作用下，形成上升补偿流。

⑥在连接密度差异大的两个海域的海峡处，存在密度流。

第 2 课时

◇课堂导入◇

播放视频《洋流是如何运动的?》。

[设计意图]

通过视频复习上一课时关于洋流的成因,拓宽学生视野(温盐环流),同时引出新课:洋流对地理环境的影响。

◇问题情境 1◇

在上一课时我们讲述了不少成功利用洋流进行航海的故事。然而,1912年4月11日,当时世界上最大、最先进、最舒适的游轮泰坦尼克号载着1316名乘客和891名船员,从昆士敦起航,开始了横渡大西洋的首航。4月14日晚11点40分,泰坦尼克号在北大西洋撞上冰山(大约在50°14′W,41°16′N附近),两小时四十分钟后,4月15日凌晨2点20分沉没,由于只有20艘救生艇,1523人葬身海底,造成了当时在和平时期最严重的一次航海事故。

◇问题探究 1◇

请在地图上找出泰坦尼克号事故发生地点,思考冰山是从哪里来的。

[学生讨论、交流]

略。

[教师引导归纳]

拉布拉多寒流就是北大西洋中高纬环流西部两条寒流之一,位于北美洲大陆与格陵兰岛之间的海域,是极地东风和地转偏向力共同作用下的结果,属于风海流。它将北冰洋上的冰山向南推移至加拿大以东和美国东北部海域,这里就是泰坦尼克号客船葬身之处。

◇追问◇

从航海线路选择上看,泰坦尼克号是否可以避免事故发生?

[学生讨论、交流]

略。

[教师引导归纳]

如果改变一下航线,从英国向南顺着加那利寒流、东北信风,转向西依着北赤道暖流、东北信风，最后顺着墨西哥湾暖流就可以顺利到达目的地。

◇追问◇

据说由于海雾，太迟发现冰山，加之泰坦尼克号体积太大，来不及避开冰山并与其撞上。请问，海雾是如何形成的？

[学生讨论、交流]

略。

[教师引导归纳]

洋流会影响上方的空气：暖流上方的空气相对温暖湿润，寒流上方的空气相对寒冷干燥。

寒暖流交汇处，上空的空气也会发生交汇，形成弱的锋面，由于暖气流密度相对小，于是便会被抬升，形成锋面云系以及锋面雾；而当暖空气流经寒流上面时空气冷却也会形成大面积的平流雾，在海上产生的这两种雾统称为海雾。

[设计意图1]

通过重大海难引发学生对事故原因的思考，同时探讨避免事故发生的方法（改变航线），既复习了上一课时的洋流分布规律，也加强了地理实践力的培养。

◇问题情境2◇

教材案例《北大西洋暖流与西北欧气候》（参见教材图4.12）。

◇问题探究2◇

描述卑尔根的气候特征，并分析其成因。

[学生讨论、交流]

略。

[教师引导归纳]

卑尔根属于温带海洋性气候，全年气候温和。它的形成与北大西洋暖流有关，暖流对沿岸地区气候的影响表现为"增温增湿"。也正是北大西洋暖流的影响，使得摩尔曼斯克港（69°N，33°E）成为北极圈内唯一的终年不冻港。

而大洋西岸的拉布拉多半岛，受寒流"降温减湿"的影响，呈现出了苔原景观。

◇追问◇

马达加斯加岛东部的热带雨林形成是否与洋流有关？

[学生讨论、交流]

略。

[教师引导归纳]

马达加斯加岛纬度较低，加之暖流增温，全年高温；而暖流从东岸流过，起增温增湿的作用，同时来自印度洋的东南信风为迎风坡，多地形雨，即"全年高温多雨"，为热带雨林气候。

同理，在澳大利亚东北部、巴西东南部、中美地峡东部，这些地区的热带雨林气候的形成都与流经的暖流有关。

而洋流的气候效应（暖流——增温增湿，寒流——降温减湿），还与著名的葡萄酒产区有关系。

波尔多产区位于北纬45°左右，但是全年温暖湿润，即使在冬季，波尔多产区也相对暖和，这为葡萄树的越冬提供了良好的气候条件。这是因为北大西洋暖流带来的暖湿气流沿着吉隆特河口，溯流直上，深入波尔多产区内部，使得波尔多整个产区的气候相当温和。当地主要种植的酿酒葡萄品种赤霞珠属于晚熟葡萄品种，如果不是暖流影响，使得波尔多产区终年温暖湿润，此葡萄品种很难在此纬度地区存活。而加利福尼亚寒流带来的海风和晨雾使得早晚温差较大，红葡萄品种能保持较好的酸度，这使得加州成为另一个重要的葡萄酒产区，这里盛产高品质的黑皮诺和霞多丽。

[设计意图2]

利用教材案例，设计气候特征描述，不仅复习气候，更直观地说明了洋流对气候的影响。而葡萄酒产区的例子，则能引起学生的兴趣，也为农业的区位分析提供了很好的案例。

◇问题情境3◇

有"海洋之舟"美称的企鹅是一种最古老的游禽，它们很可能在地球穿上冰甲之前，就已经在南极安家落户。全世界的企鹅共有18种，大多数都分布在南半球。在科隆群岛（参见教材图4.13），分布着加拉帕戈斯企鹅，它是唯一的一种赤道区企鹅。对加拉帕戈斯企鹅来说保持凉爽的身体温度是一个非常困难的问题。它们白天在冷水中寻找食物，用冷水保持身体的温度；夜晚则在陆地上度过。

◇问题探究 3◇

科隆群岛能成为企鹅栖息地的原因是什么?

[学生讨论、交流]

略。

[教师引导归纳]

科隆群岛成为企鹅栖息地主要得益于秘鲁寒流的降温作用,同时还与这里有大量的食物有关(秘鲁渔场)。

◇追问◇

秘鲁渔场是如何形成的?

[学生讨论、交流]

略。

[教师引导归纳]

在秘鲁沿海,在东南信风的吹拂下,表层海水偏离海岸,深部冷水带着海底的营养物质上涌(上升补偿流),光合作用下生成大量的浮游生物,成为鱼类的饵料,使得这里形成了著名的秘鲁渔场。

◇追问◇

寒暖流交汇处为何也有渔场形成?

[学生讨论、交流]

略。

[教师引导归纳]

寒流和暖流交汇处,海水扰动剧烈,沉积于海底的营养物质上涌,浮游生物繁盛,从而形成大渔场。世界上著名的寒暖流交汇形成的渔场有:北海道渔场、纽芬兰渔场和北海渔场。

◇追问◇

请归纳渔场形成的条件。

[学生讨论、交流]

略。

[教师引导归纳]

①上升流海区:离岸风→底层海水上泛→表层营养盐丰富→浮游生物繁殖→鱼类饵料丰富→形成渔场。

②寒暖流交汇：寒暖流交汇→海水发生搅动→表层营养盐丰富→浮游生物繁殖→鱼类饵料丰富→形成渔场。(舟山渔场可用)

③河口处：入海河流带来丰富的营养盐类→浮游生物繁殖→鱼类饵料丰富→形成渔场。

④温带浅海：水温变化明显，海水扰动，底部营养盐带至表层→表层营养盐丰富→浮游生物繁殖→鱼类饵料丰富→形成渔场。

⑤大陆架：阳光充足，生物光合作用强→浮游生物繁殖→鱼类饵料丰富→形成渔场。

⑥生存空间：岛屿众多，生存空间大，海域环境有利于鱼类生存。

[设计意图3]

与大家普遍认识——企鹅生活在南极——不同，材料指出赤道企鹅的存在，激发学生兴趣，而从食物充足过渡到秘鲁渔场也比较自然，进而归纳提升，探究渔场形成的条件。

◇问题情境4◇

当地时间2017年9月18日，据美国财经网站Quartz报道，在太平洋北部正漂浮着一片面积接近法国的垃圾岛。环保主义者们为了唤醒人们对环境保护的意识，决定申请让联合国承认这是一个国家。

◇问题探究4◇

垃圾岛是如何形成的？

[学生讨论、交流]

略。

[教师引导归纳]

垃圾岛主要由生活垃圾构成，其中80%都是废弃的塑料制品，主要来自陆地。塑料进入了海洋后，由于洋流呈循环式运动，原本分散的小块垃圾会被逐渐地汇聚在一起，并最终形成了现在看到的"垃圾岛"。

◇追问◇

洋流对于海洋污染的影响有哪些？

[学生讨论、交流]

略。

[教师引导归纳]

洋流对海洋污染的影响是有利于污染物的扩散，加快净化速度，但扩大了污染范围。

[设计意图4]

通过对热点事件的关注，激发学生学习兴趣，也培养环境保护意识。

◇课堂小结◇

洋流对地理环境的影响：

①洋流调节全球的热量平衡；

②洋流对沿岸气候的影响：暖流增温增湿；寒流降温减湿；

③洋流对海洋生物的影响——世界四大渔场形成；

④洋流对航海的影响（顺流，逆流，海雾，冰山）；

⑤洋流对海洋污染的影响：加快净化，扩散污染范围。

◇板书设计◇

洋流

一、成因

盛行风、地转偏向力、海陆轮廓、密度差异

二、分布规律

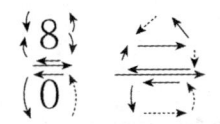

三、对地理环境的影响

热量平衡、气候、海洋生物（渔场）、航海、污染

◇设计感悟◇

本节课在地理学科素养的水平分级中只要求达到水平3、水平4。虽然学生在地理必修1中学习了海水性质和运动，但是这节的知识容量大，理解起来难度也大。本设计通过大量的案例情境，帮助学生理解地理原理，并且有意识地培养学生将识记的知识转化成解决问题的能力。通过创设问题情境，把知识还原到真实情境中去，通过问题设置，引发学生思考、探究，通过大量的图表与文本资料，让学生用所储备的知识去分析、阐述真实的地理事象，去解决现实的地理问题，让学生感受生活化的地理，实现知识的自我建构。

※课后达标检测※

中国东部海域汇集了多种水体,如长江冲淡水、台湾暖流、中国沿岸流以及日本暖流分支等。各种水体相互穿插,叠加风的影响,使得该海域具有丰富的冷、暖水团的生成、消散现象,从而形成与常见天气系统类似的典型锋面涡。根据所学知识完成1~2题。

1. 典型锋面涡形成产生的影响最有可能是(　　)
    A. 利于海洋航行
    B. 吸引鱼群集聚
    C. 加快污染物扩散
    D. 形成连续性降水

2. 形成舟山渔场的有利自然条件是(　　)
①位于大陆架海区,海水较浅,光照充足,光合作用强
②寒暖流交汇,鱼的饵料丰富
③上升补偿流,将海底的营养盐上泛到海面
④长江冲淡水带来了无机营养盐
⑤位于温带海区,冬季表层海水水温低,上下层海水容易搅动
    A. ①②③④   B. ②③④⑤
    C. ①③④⑤   D. ①②④⑤

3. 北太平洋分布了大量"垃圾洲"(由大量塑料物品和碎屑物组成的漂浮物聚集区域)。"垃圾洲"的固体漂浮物主要来自(　　)
①大气沉降　②河流输入　③海洋运输　④海底上泛
    A. ①②   B. ③④
    C. ②③   D. ①④

【参考答案】
1. B　2. D　3. C

第三节 海—气相互作用

教学内容分析

※课标要求※

运用图表，分析海—气相互作用对全球水热平衡的影响，解释厄尔尼诺、拉尼娜现象对全球气候和人类的影响。

※课标解读※

第一，在海—气相互作用中，海洋是大气中水汽最主要源地与热量源地，它参与整个地表物质和能量的平衡过程，并对全球天气和气候形成深刻影响。第二，在海—气相互作用中，大气主要以风的形式向海洋输送能量。第三，领会海—气相互作用的地理意义，以加深对地理环境整体性和地球圈层间物质能量流动等基本原理的认识。最后，厄尔尼诺、拉尼娜现象的形成机制很复杂，只需了解这种现象的表现，及其对全球气候的影响，进而对人类活动的影响。

※教材分析※

本节课的内容主要有大气圈和水圈通过物质与能量交换，形成大洋环流与大气环流，并通过各种环流实现水热输送，最终达到全球的水热平衡。大气环流有多种形式，包括全球性的三圈环流、区域性的季风环流、沃克环流等。沃克环流如果发生异常，即我们所说的厄尔尼诺现象和拉尼娜现象。本节课要求学生阐述海洋和大气之间通过水热交换等过程，理解其对全球水热平衡的影响，并运用海—气相互作用原理去解释厄尔尼诺现象和拉尼娜现象。沃克环流对于学生来说是一个新的概念，在教学当中教师可以不涉及或具体解释这个概念，但是学生在解释厄尔尼诺和拉尼娜现象的时候要用到沃克环流的原理。

对本节课的知识框架的理解。第一，海气相互作用的主要方式和过程。海—气之间的水的交换，主要是通过海洋当中的水蒸发到大气当中，然后大气当中的水出现凝结，以降水的形式再回到海洋，这样完成了水的交换。海气之间的热量交换，主要是海水吸收太阳辐射而增温，然后通过长波辐射的形式把热量传递给大气；而更重要的途径是海水的蒸发使海水失去热量，这些热量随着水汽进入大气当中，当水汽凝结的时候，将它从海洋吸收的热量又释放出来了，这个就是海气水热交换的一个主要的形式，即潜热输送。海气之间的能量传输，主要是大气以风的形式向海洋输送能量，如风海流的形成，这部分内容与上条课标"运用世界洋流分布图，说明世界洋流的分布规律，并举例说明洋流对地理环境和人类活动的影响"相互呼应，引导学生加深对世界洋流分布规律的理解。通过海气之间的水、热、能量的交换与传输过程的学习，就形成了海—气作用的基本原理。第二，海气作用对全球水热平衡的影响，主要是通过大洋环流和大气环流，把高低纬度之间、海陆之间的水热进行输送，在全球范围内实现水和热的平衡。第三，厄尔尼诺现象实际上是一种赤道附近太平洋中东部表层海水异常增暖的现象，影响表现首先是导致沃克环流异常，使得太平洋东西部的气候异常，主要是降水的异常。海水水温异常会导致全球的大气环流发生异常，进而影响全球的气候，对人类活动造成影响。拉尼娜现象的表现则与厄尔尼诺现象相反。

※**学情分析**※

学生已有基础：1. 知识基础，学生已学习了大气受热过程、水循环、洋流等相关知识，但是这些内容学习的时间跨度较大，在课前有必要做前测，评估知识的掌握情况；2. 心智基础：高二年级的学生具有一定的综合分析和逻辑推理能力，为本节课的探究学习奠定学习基础；3. 厄尔尼诺、拉尼娜现象是时下的地理热点问题，学生在生活当中通过新闻媒体的报道有所耳闻，甚至可能有些学生进行过深入地了解。

※**核心素养培养目标**※

基于课程标准和学情，本课的地理核心素养培养目标设置如下：

1. 通过对赤道附近南太平洋海区的气候、水文、生物等自然背景知识的学习，理解沃克环流的形成，形成从空间—区域视角认识地理事物和现象的意识。（综合思维、区域认知）

2. 运用时空综合、要素综合等思维，结合图表分析大气环流、洋流、生物等地理自然环境各要素之间的相互联系，理解沃克环流的形成机制，解释厄尔

尼诺、拉尼娜现象对全球气候和人类活动造成的影响。（综合思维、人地协调观）

3. 通过解释厄尔尼诺、拉尼娜现象对全球气候和人类活动的影响，认识人类活动对环境带来的影响以及环境对人类的反馈，自觉树立人地协调发展观念。（地理实践力、人地协调观）

4. 通过课堂小组合作设计"海—气作用原理"思维导图活动，学会运用已有知识和工具，探索尝试解决实际问题，并主动从体验和反思中学习，培养坚韧品质。（地理实践力）

※**教学重难点**※

1. 教学重点

阐述海洋和大气之间的物质能量交换过程，理解海—气作用对全球水热平衡的影响，并运用海—气相互作用原理解释厄尔尼诺现象和拉尼娜现象。

2. 教学难点

通过对厄尔尼诺现象的探究理解海—气作用原理。

※**教学方法**※

问题式教学法。

※**教学课时**※

1课时。

教学过程设计

※**课前预习**※

[知识梳理]

一、海—气相互作用与水热交换（参见教材图4.15）

1. 水分交换

（1）水分交换的方式和过程

①海洋通过_____作用，向大气提供水气，_____是大气中水汽的最主要来源。

②大气中水汽在适当条件下凝结，并以_____形式返回海洋，从而实现

与海洋的交换。

(2) 水分交换的活跃程度

①一般来说，海水_____越高，蒸发量越大。

②_____海区和_____流经过的海区，海面蒸发旺盛，空气湿度_____，降水较_____，海—气间水分交换较为_____。

2. 热量交换

(1) 热量交换的方式和过程

①海洋吸收到达地表_____的大部分而增温，再通过_____、_____等方式把储存的太阳辐射送给大气。_____是大气最主要的热量储存库。

②大气中水汽凝结时，将它从海洋中吸收得_____释放出来。

(2) 不同海区热量交换的差异

海洋向大气输送的热量受海洋表面水温的影响，水温高的海区，向大气输送的热量_____。

二、海—气相互作用与水热平衡

1. 海—气相互作用形成_____环流和_____环流。

①不同纬度海洋对大气加热差异，导致大气产生_____间的环流。

②海洋和陆地对大气加热差异，形成_____环流。

③大气的运动，促使海水运动，海—气通过长期的相互作用，并在地转偏向力作用下，形成了运动方向基本一致的_____环流和_____环流。

三、厄尔尼诺现象和拉尼娜现象的对比

	正常年份（沃克环流）	厄尔尼诺现象发生年份	拉尼娜现象发生年份
洋流	秘鲁寒流沿海岸向西北流动	温暖海水从赤道向南流动，迫使秘鲁寒流向西流	秘鲁寒流过于强盛时，冷水沿赤道附近海域向西扩散到更远
生物	秘鲁寒流上升带来丰富的_____，形成_____	浮游生物和鱼类、鸟类_____	

续表

	正常年份（沃克环流）	厄尔尼诺现象发生年份	拉尼娜现象发生年份
天气气候	大洋西岸_____；大洋东岸_____；形成_____	西岸的澳大利亚、新几内亚、印尼等地出现_____灾，东岸_____灾	大洋东岸_____灾加剧，大洋西岸引发_____灾

※课后达标检测※

1. 以洋流上升为特征的水域在大范围内增温的现象，科学家称为"厄尔尼诺"。厄尔尼诺到来时，会导致全球气候异常。厄尔尼诺现象发生时，下列现象可能发生的是（　　）

  A. 秘鲁渔场损失很小　　　　B. 智利沿岸更加干旱

  C. 印尼热带雨林易发生火灾　D. 澳大利亚东部暴雨成灾

2. 下列因素与厄尔尼诺现象的出现有关的是（　　）

  A. 东北信风带　　　　　　　B. 沃克环流的改变

  C. 季风的影响　　　　　　　D. 全球变暖

3. 厄尔尼诺现象对气候的影响主要有（　　）

①使所经过区域的气温多低于年平均值　②向所经过区域的大气输送大量热量　③扰乱了常规海流模式，使气候反常　④使全球降水总量异常增多

  A. ①②　　　B. ②③　　　C. ③④　　　D. ②④

【参考答案】

1. C　2. B　3. B

※课堂教学※

第1课时

◇课堂导入◇

（播放视频）2019年2月28日新闻《国家气候中心：南方近期降雨偏多与厄尔尼诺有关》。学生思考：什么是厄尔尼诺？为什么会影响我国的气候？

◇问题情境1◇

"厄尔尼诺"一词来源于西班牙语，原意为"圣婴"。19世纪初，在南美洲

的厄瓜多尔、秘鲁等西班牙语系的国家，渔民们发现，每隔几年，从10月至第二年的3月便会出现一股沿海岸南移的暖流，使表层海水温度明显升高。南美洲的太平洋东岸本来盛行的是秘鲁寒流，随着寒流移动的鱼群使秘鲁渔场成为世界四大渔场之一，但这股暖流一出现，性喜冷水的鱼类就会大量死亡，使渔民们遭受灭顶之灾。

后来人们研究发现，在厄尔尼诺年太平洋中、东部海域大范围内海水温度异常升高，海水水位上涨，并且形成一股暖流向南流动。它使原属冷水域的太平洋东部水域变成暖水域，在中、东太平洋及南美洲太平洋沿岸国家引起异常多雨，而在太平洋西部的印度尼西亚、澳大利亚等地则出现干旱。

◇问题探究1◇

1. 厄尔尼诺是一种什么现象？是什么导致秘鲁渔场的渔获量大幅度降低？

2. 关于厄尔尼诺现象的成因，目前科学界没有统一的定论，但是多数学者认为，东南信风的减弱是引发厄尔尼诺的主要原因。尝试运用这一假说来解释厄尔尼诺的形成过程并画出思维导图。

3. 依据对"厄尔尼诺现象与气候异常"问题的探究，结合教材图4.15，说明海—气之间的物质和能量交换方式和过程。

[学生讨论、交流]

调用已有知识自主探究厄尔尼诺现象的本质，及其对海洋生物的影响与对气候的影响。对厄尔尼诺现象背后的地理原理的探索是一个从现象到原理的抽象认识，难度较大，应采用小组合作探究的方式，并利用思维导图工具进行表达。

[教师引导归纳]

1. 厄尔尼诺现象本质上是太平洋中、东部海域大范围内海水温度异常升高。秘鲁渔场的渔获量减少可以引导学生从渔场的成因入手分析，厄尔尼诺发生时，南美洲西海岸的上升补偿流减弱，甚至消失，导致鱼类的饵料减少，造成鱼类大量死亡。

2. 思维导图参考下图。

信风 → 洋流 → 海水温度 → 大气运动 → 降水

3. 海—气作用的方式与过程总结。

（1）水分交换

海洋通过蒸发作用，向大气提供水汽。海洋是大气中水汽的最主要来源。大气中水汽在适当条件下凝结，并以降水的形式返回海洋，从而实现与海洋的交换。

（2）热量交换

海气之间的热量交换有两种形式：一种是海水吸收太阳辐射而增温，然后通过长波辐射的形式把热量传递给大气；第二种是海水在蒸发过程中失去热量，这些热量随着水汽进入大气当中，当水汽凝结的时候，将它从海洋吸收的热量又释放出来了，这个过程即潜热输送。

（3）能量传输

海气之间的能量传输，主要是大气以风的形式向海洋输送能量，如风海流的形成。

[设计意图 1]

从地理热点问题切入，让学生在好奇心地驱动下，调用已有的相关地理知识在探究真实地理问题的过程中去发现地理原理，并在构建地理原理的过程中达到对知识的深刻理解。如果先讲原理，再让学生运用原理去解决问题，会让学生缺少主动学习的动机。

◇问题情境 2◇

根据气象监测，从 2018 年 12 月开始到 2019 年 2 月下旬，南方不少地区降水日数普遍达到 40 至 55 天，较常年同期偏多 10 至 15 天。这种本应发生在夏季的长江流域持续性降水提前到冬季出现，可以称为"冬行夏令"，即在冬季出现夏季梅雨季的大气环流和持续性降雨。这种天气现象与从 2018 年 9 月起出现的厄尔尼诺有关，是海洋和大气协同作用的产物。

专家提醒，这种冬春季的低温连阴雨，对南方稻秧生长十分有害。如果低温连阴雨持续时间过长，则将会对南方的农业生产产生重要影响。

◇问题探究 2◇

海—气相互作用所形成的大气环流和大洋环流，驱使着水分和热量在不同地区传输，从而维持着地球上水分和热量的平衡。（参见教材图 4.16）

1. 读图 4.16，比较陆地与海洋的降水量与蒸发量，这种不平衡是如何调节的？如果海洋蒸发量增加或减少，陆地可能发生怎样的变化？请利用水量平衡原理加以说明。

2. 读"北半球海洋热量收支随纬度的变化"图，北半球低纬度、高纬度海区热量盈余或亏损状况有何不同？这种不平衡是如何调节的？

3. 为什么我国冬季出现夏季梅雨季的大气环流和持续性降雨也与厄尔尼诺现象有关？厄尔尼诺现象如何影响人类活动？

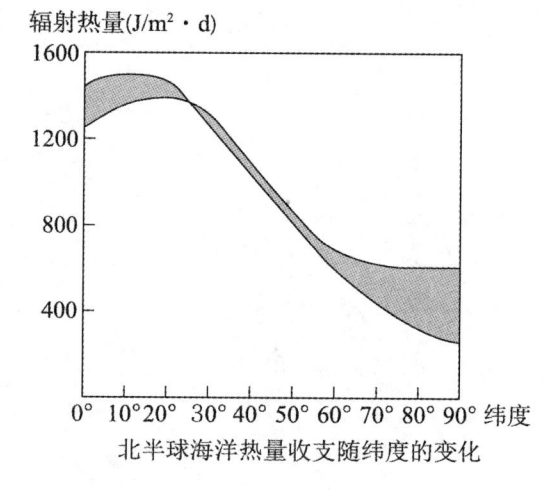

北半球海洋热量收支随纬度的变化

[学生讨论、交流]

学生结合上述两图，探究海—气作用在维持全球水热平衡中的作用。

[教师引导归纳]

1. 陆地降水量大于蒸发量，海洋蒸发量大于降水量，这种不平衡通过海陆间水循环当中的水汽输送和径流环节来实现海陆间的水分收支平衡，从而调节了全球的水平衡。如果海洋蒸发量增加或者减少，陆地的降水也将相应增加或者减少，从而在全球范围内发生降水异常，进而导致旱涝灾害。

2. 北半球低纬度海区热量盈余，高纬度海区热量亏损。这种不平衡通过大洋环流和大气环流将低纬度海区盈余的热量输送到高纬度海区释放，调节了全球热量平衡。

3. 因为海—气作用而形成的大气环流和大洋环流的影响是全球性的，一个地方的海水温度异常会通过环流影响到其他海区的水温，而海洋作为大气的主要水源地和热源地，水温异常会影响到大气的湿度、温度、气压等物理状态，造成全球的气候异常，进而对当地人类社会的农业、交通、生活等正常的人类活动造成影响。

[设计意图2]

通过回顾引入材料的实际问题，学以致用，将学生对知识的理解引向深入。通过对海—气作用对全球水热平衡的影响的学习，理解厄尔尼诺不仅影响赤道附近太平洋海区，还影响到中纬度的中国甚至是全球，将对原理的分析和理解推向深入。

◇课堂小结◇

学生以小组为单位展示课堂生成的思维导图,参照附件1,小组内、小组间进行自评、互评。

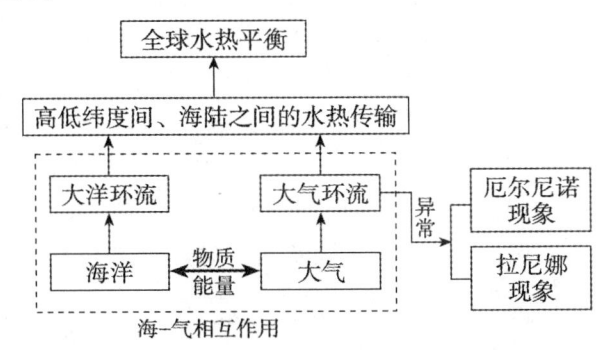

```
                    ┌─────────────┐
                    │ 全球水热平衡 │
                    └──────▲──────┘
                           │
          ┌────────────────────────────────┐
          │ 高低纬度间、海陆之间的水热传输 │
          └────────────────────────────────┘
              ▲                    ▲
    ┌ ─ ─ ─ ─ │ ─ ─ ─ ─ ─ ─ ─ ─ ─ │ ─ ─ ─ ─ ┐
    │  ┌──────────┐         ┌──────────┐   │        ┌──────────┐
    │  │ 大洋环流 │         │ 大气环流 │   │──异常─▶│ 厄尔尼诺 │
    │  └────▲─────┘         └────▲─────┘   │        │   现象   │
    │       │    物质               │      │        └──────────┘
    │  ┌────┴─────┐ 能量  ┌────┴─────┐   │        ┌──────────┐
    │  │   海洋   │◀─────▶│   大气   │   │        │  拉尼娜  │
    │  └──────────┘         └──────────┘   │        │   现象   │
    │              海-气相互作用            │        └──────────┘
    └ ─ ─ ─ ─ ─ ─ ─ ─ ─ ─ ─ ─ ─ ─ ─ ─ ─ ─ ─ ┘
```

◇课外拓展◇

利用网络搜集有关拉尼娜现象的相关资料,参考教材图4.18绘制思维导图并进行展示。

◇板书设计◇

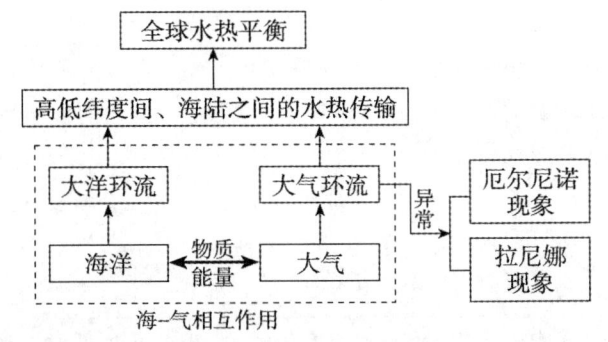

```
                    ┌─────────────┐
                    │ 全球水热平衡 │
                    └──────▲──────┘
                           │
          ┌────────────────────────────────┐
          │ 高低纬度间、海陆之间的水热传输 │
          └────────────────────────────────┘
              ▲                    ▲
    ┌ ─ ─ ─ ─ │ ─ ─ ─ ─ ─ ─ ─ ─ ─ │ ─ ─ ─ ─ ┐
    │  ┌──────────┐         ┌──────────┐   │        ┌──────────┐
    │  │ 大洋环流 │         │ 大气环流 │   │──异常─▶│ 厄尔尼诺 │
    │  └────▲─────┘         └────▲─────┘   │        │   现象   │
    │       │    物质               │      │        └──────────┘
    │  ┌────┴─────┐ 能量  ┌────┴─────┐   │        ┌──────────┐
    │  │   海洋   │◀─────▶│   大气   │   │        │  拉尼娜  │
    │  └──────────┘         └──────────┘   │        │   现象   │
    │              海-气相互作用            │        └──────────┘
    └ ─ ─ ─ ─ ─ ─ ─ ─ ─ ─ ─ ─ ─ ─ ─ ─ ─ ─ ─ ┘
```

◇设计感悟◇

本节课采用问题式教学,围绕当下学生关注的地理热点问题创设情境,调动学生学习的积极性。在教学过程中,调整课标的学习顺序,依托网络资源并参考教材重组教学内容,在问题的解决中去组织、调用地理知识,激发学生的探究意识;结合现实热点地理问题,创设问题情境,给出工具,引导学生主动探究。用问题情境引领学习过程,教师提供材料和脚手架,助推学生达成学习目标。

附件 1

"海—气相互作用"思维导图评价量规

评价指标	优秀级 （0.9—1）	良好级 （0.7—0.8）	改进级 （0—0.6）	得分
科学性 （80%）	□正确表达内容主题、相关概念及其内在的关联。 □全面反映主题的有关内容，没有遗漏。 □精准提炼关键词，没有使用长的句子的现象。 □结构清晰明了，重点突出，副主题设置合理，布局有层次性和逻辑性，各级分支的层次深度适中（3—4层）。	□正确表达相关内容主题的多个概念，不能体现知识之间的内在联系。 □有1—3处遗漏。 □准确提炼关键词，个别地方使用长句子的现象。 □结构清晰明了，副主题设置合理，重点不够突出，布局缺乏层次性和逻辑性。	□只是对知识的罗列与"搬运"，不能体现知识的内在联系与逻辑关系。 □有多处遗漏。 □没有提炼，多为较长的句子。 □结构较为混乱，副主题设置较多或较少，没有布局。	
艺术性 （20%）	□必要时，适切地使用相关简易符号，小图标，图文并茂，使用多种色彩。 □文字工整，作品整体视觉效果好。	□有多处使用相关的简易符号、小图标，但符号图标系统稍显混乱，色彩较为单一。 □文字较为工整，作品整体视觉效果一般。	□没有使用相关的简易符号，小图标，只有文字，色彩单一。 □文字潦草，视觉效果差。	
知识理解与应用	能正确表述海—气相互作用的过程和机制；并能依据原理解释厄尔尼诺、拉尼娜等现象。	能正确表述海—气相互作用的过程和机制，但是出现遗漏过程环节或用词不严谨的现象；能依据原理解释厄尔尼诺、拉尼娜等现象，但是解释不完整。	不能正确表述海—气相互作用的过程和机制；不能依据原理解释厄尔尼诺、拉尼娜等现象。	
合作意识	能够和谐愉快地与他人合作，效率高。	多数时间能够与他人合作完成活动。	基本不参与活动，小组合作意识较弱。	

※课后达标检测※

1. 地球大气层与海洋作用是相互的。下列作用过程及结果符合事实的是（　　）

  A. 大气通过降水将水分输送给海洋，驱动洋流

  B. 海洋通过蒸发将水汽输送给大气，形成信风

  C. 大气通过对流将臭氧输送给海洋，加重赤潮

  D. 海洋通过辐射等形式将热量输送给大气，影响大气环流

2. 阅读材料，完成下列问题。

  材料一　由于全球变暖，极端天气、气候事件出现的频率和强度增加，如厄尔尼诺、拉尼娜、干旱、洪涝、雷暴、冰雹、风暴、高温天气和沙尘暴等，对全球造成巨大的损失。

  材料二　厄尔尼诺又称厄尔尼诺海流，是太平洋赤道带大范围内海洋和大气相互作用后失去平衡而产生的一种气候现象。其基本特征是赤道东太平洋海面水温异常升高，海水水位上涨，并形成一股暖流向南流动，它使原属冷水域的太平洋东部水域变成暖水域，而赤道太平洋西部海域水温下降。结果造成一些地区干旱，一些地区暴风骤雨。拉尼娜是指赤道太平洋东部和中部海面温度持续异常偏冷的现象（与厄尔尼诺现象正好相反）。

  材料三　厄尔尼诺与赤道中、东太平洋海温的增暖、信风的减弱相联系，而拉尼娜却与赤道中、东太平洋海水温度变冷、信风的增强相关联。

  (1) 下图为赤道太平洋上空甲、乙两种大气环流形式图，属于正常年份的是_____图，属于厄尔尼诺年份的是_____图。

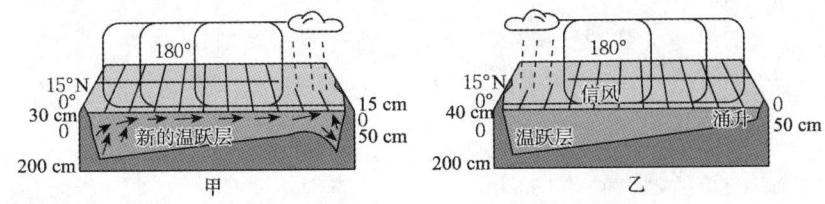

  (2) 正常年份与发生厄尔尼诺现象的年份大洋东侧的秘鲁沿岸和大洋西侧的印度尼西亚的气候特征有何差异？

  (3) 在厄尔尼诺盛期，秘鲁渔业生产损失巨大，试分析原因。

(4) 在拉尼娜盛期，我国东南沿海一带发生台风的次数将增多还是减少？请联系影响我国台风的发源地简要加以分析。

【参考答案】

1. D

2. (1) 乙　甲

(2) 秘鲁沿岸：由干旱变得多雨。印度尼西亚：由多雨变得干旱。

(3) （受暖流影响）海水温度升高，冷水性鱼类大量死亡；东南信风减弱，抑制了秘鲁沿岸的上升流，鱼类饵料锐减。

(4) 增多。影响我国的台风发源于西北太平洋热带洋面，在"拉尼娜"盛期，赤道太平洋西侧海水比往常更加温暖，上升气流更加旺盛，故更容易形成台风。

问题研究　能否利用南极冰山解决沙特阿拉伯的缺水问题

教学内容分析

※课标解读※

本单元问题研究是在学习了前面三节知识后对学生核心素养的一次综合实践，涵盖了本次地理新课标要求的四个能力的实践，具体研讨内容及能力要求细分如下：

(一) 区域认知

1. 运用相关图文资料，说出沙特阿拉伯水资源的现状。

2. 运用相关图文资料，说出南极冰山淡水资源的优势，并说明原因。

(二) 综合思维

1. 运用相关资料，分析运输冰山之前必须解决的技术问题有哪些；运用已有的洋流相关知识，分组设计运送冰山的路线。

2. 分析大量利用南极冰山可能对全球环境造成的影响。

(三) 人地协调观：分析大量利用南极冰山可能对全球环境造成的影响。

（四）地理实践力：分组探讨、合作探究，提高行动意识和行动能力。

※**学情分析**※

学生之前已学习了水资源的合理利用，也基本掌握全球水资源的分布、水资源与人类社会的关系以及合理利用水资源的措施。另外，学生对世界洋流的分布也有了一定认识，重点是在运用所学洋流知识能够自己设计并评价运输冰山的方案和路线。本校属于三级达标校，学生地理素养水平略有参差，所以能力水平要求可适度降低，由于牵涉的相关资料较多，所以任务分工可以提前至课前完成。

※**核心素养培养目标**※

本节问题研究是在学习了"绘制示意图，解释各类陆地水体之间的相互关系"和"运用世界洋流分布图，说明世界洋流的分布规律，并举例说明洋流对地理环境和人类活动的影响"之后，在这两节内容综合上的地理实践活动，所以教学目标设置为对本章节相关课标的再运用、再掌握，以提高学生的地理综合思维和地理实践能力。

※**教学重难点**※

1. 教学重点

（1）全球水资源分布状况。

（2）世界洋流的分布。

（3）分析大量利用南极冰山可能对全球环境造成的影响。

2. 教学难点

（1）运输冰山的技术措施。

（2）运输冰山的路线。

※**教学方法**※

问题式教学法、案例探究法、小组合作探究法。

［课前准备］

1. 把全班分成小组：（1）沙特缺水调研组；（2）南极水源调研组；（3）运输技术；（4）运输线路组（设置问题基于学生能力水平，把水平层次1和2的部分调研组提到课前，把难度较大的运输技术、运输线路放在课堂中突破）。

2. 每个小组组员要求分工明确，要求完成的任务：(1) 一个 3 分钟左右资料视频；(2) 一个调查情况、问题分析 PPT；(3) 一个 3 分钟左右代表发言。

◇课堂导入◇

我们赖以生存和发展的蓝色星球正在经历着严峻的考验。面对水资源危机，很多国家和地区已经进行着各种各样的尝试，比如海水淡化、修建水库、跨流域调水、合理开采地下水、提倡和监督节约用水等。(播放视频《水资源问题及类型介绍》)

◇问题探究 1◇

根据视频介绍，请用关联图的形式说明全球淡水资源的类型构成。

[学生独立完成]

课堂展示、交流。

[教师归纳]

全球淡水资源的 72% 集中于南极洲，于是，有人想到了这块遥远的大陆蕴藏着最丰富的淡水资源，这些人中就有沙特阿拉伯王国的王子阿尔索德。他曾经提出利用南极冰山解决沙特阿拉伯的缺水问题——这看似"天方夜谭"的想法。

播放视频《科学家出招解决淡水危机，从南极拖回一座 9100 万吨冰山》。

那么能不能利用南极冰山来解决沙特阿拉伯的缺水问题？如何解决？这节课我们大家一起针对这一问题进行调查探究。

◇问题探究 2◇

首先我们分别去沙特阿拉伯和南极洲进行调查。按照课前的分组，相互比较，看哪个小组调查得更仔细、成果汇报更积极。好，让我们背起行囊，出发吧！

(一) 沙特缺水调研组汇报课前研讨的成果。

1. 描述沙特阿拉伯气候特点，并分析影响气候的主要原因。
2. 简要分析沙特阿拉伯缺水的原因。
3. 为解决缺水问题，沙特阿拉伯可以采取哪些措施？
4. 这些解决缺水的措施有局限性吗？如果有，请分别分析。

[教师归纳]

展示参考答案。

1. 沙特阿拉伯主要属于热带沙漠气候，气候特点是终年炎热干旱。成因主要受副热带高压、低纬信风控制，盛行下沉气流。

2. 沙特阿拉伯降水稀少，气候炎热干燥，地面没有一条河流，淡水资源极为短缺。

3. 开源方面有开采地下水；研发海水蒸馏技术，利用丰富的石油能源来进行海水淡化；与邻国协商跨流域调水；将南极冰山运输到沙特来获得淡水等。节流方面有实行节水措施，发展滴灌农业；工业重复利用水；建立人工蓄水设施（水库）等。

4. 局限性是这些措施消耗人力物力较多，无法根本解决水资源短缺问题。

海水淡化——成本较高，技术难度大且供应量有限；

开采地下水——长期开采地下水会导致地下水资源枯竭和地表下陷等问题；

人工降水——沙特阿拉伯地区干燥，成云致雨的机会少；

植树造林——沙特阿拉伯地区生态环境恶劣，不利于植物成活；

跨流域调水——整个西亚地区的水资源都相当紧张，另外不同国家之间存在利益纷争问题，"近水"救不了沙特阿拉伯的急。

总之，水资源本身不足，光靠节约用水、节水灌溉，无法从根本上解决用水紧张的问题。

（二）南极水源调研组汇报课前研讨的成果。

1. 请用一些词语描述南极洲的自然景观。（可以从纬度位置、气温、降水、植被景观、动物种类等方面考虑）

2. 为什么说南极洲会是人类最大的淡水资源库？

[教师归纳]

展示参考答案：绝大部分处于南极圈以南地区，气候酷寒，降水少，冰原气候，植被少，以低级植物苔藓、地衣为主，代表动物为企鹅。

[设计意图1]

问题解决的基本思维过程和方法：发现问题—分析问题—提出假设（方案）—实施和验证假设（方案）。为了解决"是否可以用南极冰山解决沙特阿拉伯的缺水问题"这一问题，要先研究南极的大冰山资源富余问题和沙特阿拉伯水资源稀缺问题。

（一）技术问题探究

◇问题探究 3◇

在运输冰山之前你认为必须解决的技术问题有哪些？

（1）试着构想，如果要运输冰山，可以运用哪些方式？

（2）现有的技术水平能够实现吗？

[学生小组讨论]

课堂展示、交流，小组代表汇报讨论成果。

以小组为单位讨论下列问题，然后每小组派代表发言。

[教师归纳]

结论：需要解决的技术问题主要有冰山拖运动力、防融技术、防崩裂技术。

目前动力的最好选择是轮船拖动，2016 年俄罗斯的石油公司有类似船只借助特殊钢索拖拽冰山，一共进行了 18 次试验，成功让一些冰山在原有漂流路径上扭转了 90°～180°，还顺利同时拖拽了两块冰山，试验中拖动的大部分冰山重 10 万～50 万吨，其中最大一块冰山重量超过 100 万吨。拖行最长距离达 80 千米。

防融技术：建议将冰山包裹在一种隔热纺织材料中以阻止其融化，早在 2009 年，一家法国软件公司创建了一个冰山拖曳项目的模拟，该项目也是使用"隔热裙"包裹较小的冰山。这些覆盖物可以减少冰山的融化，使冰山在运输过程中保持完整。

防崩裂技术：垂直的侧面和顶面的"格子形状"冰山更适合拖拽，但它们同时存在着排水问题。有专家指出，需要在冰山上安装排水系统，否则，随着冰山被拖到气候更温暖的地方，巨大冰块顶部的积水可能会渗透到冰块中，导致冰块破裂。

[设计意图2]

教师首先要引导学生分析困难产生的因素，从问题本身来看，冰山质量巨大，且冰易融化，受力情况下可能崩裂，因此，需要从拖运动力、控制消融量和防止冰川崩裂上分析，具体的影响动力和影响消融量的因素则由学生讨论。

◇追问◇

如果这些技术问题都能够得到圆满解决，你会选择一年中的什么季节和一条什么样的航线来运送这座冰山？（请充分考虑洋流的作用）以此导入线路问题探究。

(二) 线路问题探究（如果技术条件允许）

(1) 为了省时省力，在冰山运输的过程中，可以利用哪些洋流？

(2) 根据洋流流向的季节变化，哪个季节更适合运输？并在洋流分布图上标示出冰山的运输路径。

[学生小组活动]

小组代表汇报成果。（展示学生答案）

处理方法：对于该活动的处理可以采取学生分析→学生在地图上找到起止点→学生分组讨论→各组代表展示方案→师生评价的程序进行。

学生分组完成下列活动：请在图中画出最佳的航线，并在图的下面写出你选择的季节。

活动完成后，各小组代表展示方案，并说明。

[教师归纳]

略。

(三) 环境问题探究

◇问题探究4◇

假如我们大量地将南极的冰山运往热带地区以解决那里的淡水资源短缺问题，将会对全球的环境产生哪些影响？（提示：可以从水循环、海平面上升、大气环流以及生物等方面来考虑）

[学生小组活动]

学生汇报成果。

[教师归纳]

1. 对南极生物的影响：大规模地使用冰川，可能使企鹅的生存地减少，导致企鹅等生物数量减小。

2. 海平面上升：开凿和使用南极冰川使冰山融水增多，淹没沿海低海拔的国家和地区。

3. 对南极和沙特的气候影响：南极冰川的数量减少，吸收太阳辐射增多，可能导致南极地区温度增高；对沙特而言，冰川的融化可有效增加湿度、降低温度。

通过分析，可以看到，自然地理环境具有整体性，其中一个要素的变化一定会导致其他要素甚至整个环境的变化。我们对南极冰山的利用，要看清这种关系，尊重整体性的规律，懂得适度、持续利用南极的淡水资源，保护全球生态环境。

今天，水危机已经严重困扰着世界。联合国发表的报告就指出，到了2030年，47%的世界人口将居住在水源极度缺乏的地区。围绕着水资源的矛盾正在加剧，这有可能使水成为一个日益政治化的问题。

对于水资源的合理、持续利用，我们要端正态度，从身边事、生活中做起。

[课后作业]

写一份问题研究的成果报告。

◇板书设计◇

一、如何利用南极冰山解决沙特阿拉伯的缺水问题

可能吗？　　　　　　　　　　可行吗？

南极：淡水丰富　　　　　　　线路

沙特：缺水严重　　　　　　　技术

二、反思："冰山搬家"的后果

◇设计感悟◇

这个问题探究是学生学习了水资源的合理利用，世界水资源的分布和洋流等知识后的区域观、综合思维的提升。通过问题的探究，重点的任务是学生能够对运水的方案和线路的评价，在本课的教学过程中，从学情出发，有关沙特、南极的概况属水平1、水平2要求的，在课前小组合作完成，方案和线路属水平3、水平4，留在课堂上重点突破。

第五章 自然环境的整体性与差异性

第一节 自然环境的整体性

教学内容分析

※课标要求※

运用图表并结合实例,分析自然环境的整体性。

※课标解读※

自然环境的整体性既是客观事实,又体现地理学科重要思想。课标要求本节的教学路径是"运用图表并结合实例",能力要求是"分析",因此可以通过预设教学情境,搭建问题链,培养学生判断、分析自然环境整体性的能力。

※教材分析※

本节是在学习地球运动、自然环境中的物质运动与能量交换等核心内容之后,体现地理学科整体性思想的重要章节。

※学情分析※

从高一学生的知识储备、思维能力来看,学生学习本节内容具备一定基础,但是教材安排大量案例,一一解读会造成学习疲惫。因此,教师可以精选案例启发理解,组织学生合作学习,共享思考成果。

※核心素养培养目标※

1. 运用图表和文本资料,阐述自然环境的整体性的形成过程。(综合思维、人地协调观、区域认知)

2. 运用图表和文本资料,说明自然环境的整体性的具体表现。(综合思维、

人地协调观)

※教学重难点※

阐述自然环境的整体性的形成过程。

※教学方法※

问题式教学法。

※教学媒体※

图表、视频、多媒体课件。

※教学课时※

1课时。

教学过程设计

※课前预习※

[知识梳理]

一、自然环境要素间的物质和能量交换

1. 自然环境由_____、_____、_____、生物、岩石及地貌等要素组成。

2. 自然环境要素间的物质、能量交换是_____的基础。

二、自然环境的整体功能

1. 自然环境作为一个系统，在各自然环境要素共同作用下，拥有了_____，如_____、_____等。自然环境的功能既包括_____，也包括_____。

2. 自然环境具有合成有机物的_____。

3. 自然环境要素通过_____，使自然环境具有能够自我调节、保持性质稳定的功能。

三、自然环境的统一演化和要素组合

自然环境具有_____过程，保证了自然环境要素之间的协调，形成了阶段性的自然环境要素组合。

※课后达标检测※

1. 埃及尼罗河阿斯旺大坝的建成导致尼罗河下游地区地下水减少，土壤盐碱化越来越严重，肥力日趋下降，三角洲海岸后退，沙丁鱼产量锐减。这说明了地理环境具有（　　）

  A. 整体性   B. 差异性

  C. 地带性   D. 非地带性

下图为陆地环境主要构成要素的相互关联图，读图完成2～3题。

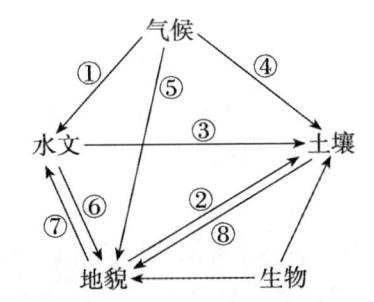

2. 松花江和珠江水文特征不同，关键是图中哪个箭头所起的作用（　　）

  A. ①   B. ②

  C. ③   D. ④

3. 能表示黄土高原千沟万壑地貌特征形成的箭头是（　　）

  A. ⑤   B. ⑧   C. ⑦

【参考答案】

1. A   2. A   3. B

教学过程设计

※课堂教学※

◇课堂导入◇

"五岳归来不看山，黄山归来不看岳。"被誉为"天下第一奇山"的黄山，不仅山峰险峻、秀美，而且以奇松、怪石、云海、温泉四绝闻名。地质、地貌、生物、大气、水等其中一项特色突出的山，就能美名远扬，而黄山松、石、云、泉俱绝。

◇问题情境1◇

福州某中学的地理探究小组提出问题：黄山拥有四绝的神奇组合是偶然现象吗？该如何解释其形成过程？

◇问题探究1◇

展示教材图5.1黄山景观。请找一找图中有哪些自然环境要素？各要素间是如何转换的？

［学生讨论、交流］

略。

［教师引导归纳］

图中有大气、水、土壤、生物、岩石及地貌等要素。

通过光合作用，植物吸收大气中的二氧化碳，放出氧气；通过降水，土壤、河湖及生物获得水分补给；通过植物蒸腾、土壤和河湖蒸发，大气获得水汽；植物残体进入土壤，向土壤提供有机质；岩石通过风化向土壤提供成土物质和无机质；土壤及岩石风化物被侵蚀、搬运、堆积并固结成岩。

［展示生物循环示意图］

略。

［迁移探讨］

除了水循环能把不同自然环境要素联系起来，生物循环也是重要的方式。读生物循环示意图，说明生物循环是如何将自然环境要素联系为整体的。

［学生讨论、交流］

略。

［教师引导归纳］

生物循环是指生态系统中生物和环境间的物质流动过程，周而复始的生物循环改变了各环境要素的性质。地球上生物循环的出现，将自然环境要素联系为一个整体，使地球面貌发生了根本的改变，从而形成了适宜人类生存的自然环境。

［设计意图1］

通过黄山景观案例，启发学生思考自然环境要素间的物质和能量交换。

◇问题情境2◇

该地理探究小组为了进一步了解黄山名胜的形成，决定趁暑假到黄山游览

一番。他们在黄山游览，同时查找资料，发现黄山具有当地特有的物种，也具有特有的相对稳定的小气候。

◇问题探究2◇

以黄山地区为例，说明自然环境的整体功能。

[学生讨论、交流]

略。

[教师引导归纳]

自然环境作为一个系统，在各自然环境要素共同作用下，拥有了整体功能，如生产功能、稳定功能等。自然环境的功能既包括自然要素的功能，也包括整体功能。

黄山植被可以通过光合作用合成有机物，即具备生产功能。黄山自然环境要素通过物质和能量交换，使自然环境具有能够自我调节、保持性质稳定的功能。

[设计意图2]

通过黄山案例，启发学生理解自然环境的整体功能。

◇问题情境3◇

地理探究小组继续探讨，黄山是如何长期演化，形成现今的奇绝景观？黄山这种景观会保持不变吗？

[展示视频]

《黄山地质演化历史进程》。

[投影文本]

黄山在大地构造上属于下扬子台坳的皖南凹陷褶断带西段，介于绩溪复背斜与太平复向斜之间，黄山地区在距今8亿—4亿年前的震旦纪、寒武纪、志留纪属古扬子海区，沉积了砂岩、页岩和石灰岩等海相层；在距今4亿—2亿年前的泥盆纪、石炭纪、二叠纪、三叠纪中期，地壳运动频繁，海陆交复，在印支运动时隆起成为陆地，在燕山运动时期表现为断块运动和岩浆侵入。黄山主体由花岗岩侵入体构成，花岗岩出露面积约占风景区面积的70%。

◇问题探究3◇

说一说黄山"四绝"景观的自然环境的统一演化过程。

[学生讨论、交流]

略。

[教师引导归纳]

黄山"四绝"组合就是花岗岩断块山形成与演化过程中特定阶段的组合。花岗岩岩体沿节理风化，造就"怪石"；山体高大陡峭，气流抬升强烈，形成"云海"；在缺水少土的峭壁岩缝间，发育不良的黄山松成为"奇松"；岩浆上涌加热地下水，形成"温泉"。

在遥远的未来，随着自然环境的演化，黄山特有的景观将逐步变化。

[师生小结]

综上所述，自然环境的整体性包括：自然环境要素间的物质和能量交换；自然环境的整体功能；自然环境的统一演化和要素组合。

[设计意图3]

用黄山案例串连自然环境整体性的三个方面，前后呼应，结构紧凑。

◇课堂小结◇

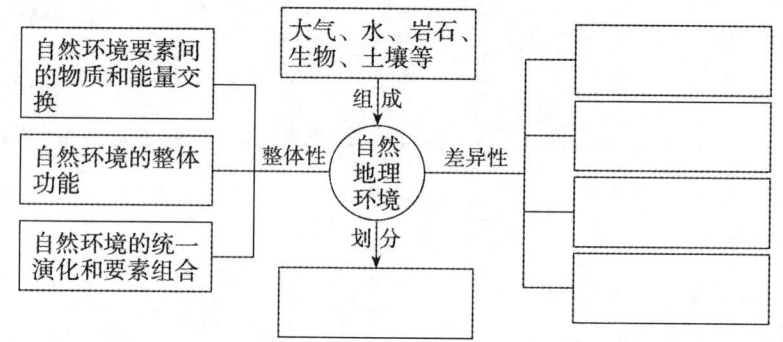

◇设计感悟◇

本节课在地理学科素养的水平分级中达到水平3、水平4。教材内容丰富，在课时安排上比较紧张。在实际处理中，本课牢牢抓住黄山这个案例，以地理探究小组的视角组织情境，创设问题，启发思考。让学生能比较好地代入情境，积极思考；同时提供关系图、文本、视频等多种方式，让学生感受生活化的地理，实现知识的自我建构。

※课后达标检测※

阅读图文资料,完成下列要求。

原产澳大利亚东北部热带雨林中的几种高大桉树,主根深扎地下,能大量吸收地下水。这几种桉树适应性强,生长迅速,3—5年即可成材,统称"速生桉"。我国西南地区某地引种速生桉作为造纸原料。下图中a、b分别示意该地速生桉种植前、后的变化。

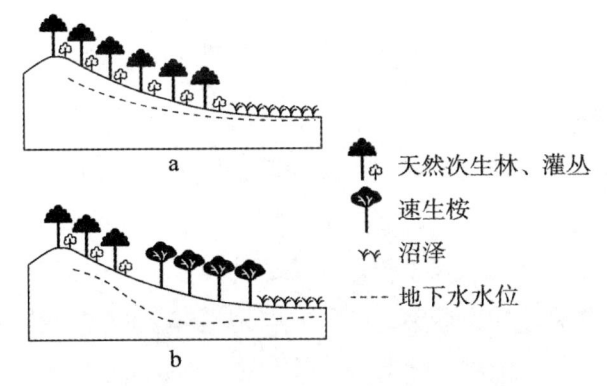

1. 读图a,分析当地沼泽获得稳定水源的原因及过程。
2. 读图b,分析种植速生桉后当地其他植被的变化及原因。
3. 就降水条件简述我国西南地区不适宜大面积种植速生桉的原因。

【参考答案】

1. 原因:山坡上的天然次生林和灌丛能涵养水源。 过程:截留大气降水,减缓地表径流,增加雨水下渗,(在山地形成水分蓄积地带,)(通过地表径流和地下水)为沼泽提供稳定的水源。

2. 植被变化:天然次生林和灌丛退化;沼泽萎缩。 原因:速生桉大量消耗地下水,地下水位下降。

3. (我国西南地区属亚热带、热带季风气候,)年降水量低于热带雨林区;(有旱、雨季之分,)旱季时间较长,降水较少。

第二节　自然环境的地域差异性

教学内容分析

※课标要求※

运用图表并结合实例，分析自然环境的地域分异规律。

※课标解读※

运用地图分析地理环境的地域分异规律和地理环境的差异性及其对人类活动的影响。从内容要求看，重在要求学生理解和掌握水平地域分异规律和垂直地域分异规律的成因、分异规律和表现明显的纬度地区以及运用地理环境差异性的原理分析人类生活和生产中的现象。对地理环境的非地带性现象有一定了解，但不作为一个系统问题进行深入探讨。从过程要求看，强调"分析"，即要求提供典型地理景观图片，让学生自主探究分析地理环境的地域分异规律。从能力要求看，突出"运用"，即提供相应地理材料，要求学生运用相关的地理原理和地理规律解释相应地理现象。

※教材分析※

本节从总体上看，包括两部分内容：一是"差异的空间尺度"，而且地域差异是普遍存在的；二是陆地自然环境的地域分异规律"差异的变化规律"。

地理环境的差异性体现在不同的空间尺度上，海陆差异是全球性的地域分异，陆地上的自然带是相对较小尺度的地域分异。还有更小尺度的区域差异。从哲学的角度看，差异是绝对的，而统一是相对的。这一点能够帮助我们更加科学地分析地理问题。例如区域比较是地理学习中常用的方法，但选择比较的区域，在空间尺度上要有可比性。

地理环境的地域分异规律是在学生完成对地球表面的大气环境、水环境、岩石圈等自然环境的学习后，分析认识自然环境是一个整体的基础上，将要学习的内容。本节课在设计上采用"任务驱动""案例分析"等方法，设计特定的学习环境，借助图片说出地球表层差异性的表现及自然地理环境的差异性与因地制宜的关系。结合古诗词、读图分析地域分异规律的形成和表现。结合实例说出地方性现象的形成。

※学情分析※

从知识构成来看，大部分学生对地理环境有一些感性的认识，也具备了相应的区域认知基础，但是对知识的了解程度还比较粗浅、零散，对于知识的理性认识比较薄弱。地理环境的差异性体现在不同的空间尺度上，可以是地域性的，也可以是全球性的。教材主要介绍了陆地环境的地域分异规律，其主要表现在三个方向上的变化。该部分内容较为抽象，学生的学习难度较大。在教学中可以选取适当的视听资料帮助学生先建立感性认识，再从中找出规律，进而理解规律，上升至理性认识。

※核心素养培养目标※

本节课对应的课程标准要求为："运用图表并结合实例，分析自然环境的地域分异规律。"基于课程标准和学情，本节课的地理核心素养培养目标设置如下：

1. 学生能够说出为什么自然地理环境会存在差异，从图片中感受地域差异在自然地理环境中是普遍存在的。（区域认知）

2. 知道地域差异有不同的空间尺度，探究自然带的形成及其与气候的关系。（区域认知、综合思维能力）

3. 通过欣赏古诗词、观看图片、对应图片，学生掌握地域分异规律的形成。（地理实践力）

4. 运用差异性原理，分析人们生产生活中的现象，培养可持续发展观。（人地协调观）

※教学重难点※

1. 教学重点

（1）自然地理环境特征存在差异。

（2）陆地环境的地域分异规律。

2. 教学难点

运用差异性的原理分析生产生活中的现象。

※**教学方法**※

启发式教学、案例教学、小组合作学习。

※**教学课时**※

2课时。

教学过程设计

※**课前预习**※

[知识梳理]

一、地域差异

1. 不同地域，自然环境特征存在着_____。同纬度地区，自_____到_____，由湿润趋向干旱。在沿海地区，太阳辐射较多地用于蒸发，_____强烈；在大陆内部，太阳辐射更多地转化为_____。因此，沿海地区与内陆地区自然环境要素间_____存在差异，自然环境演化过程也不相同，从而形成_____和_____不同的景观。同样，低纬地区和高纬地区吸收的太阳辐射量不同，使得水循环、生物循环等_____存在差异，从而形成_____和_____不同的景观。

2. 自然环境的差异性体现在不同的空间尺度，即_____有大有小。全球性的地域差异包括_____差异和_____分异。_____的地域差异：如陆地自然带的分布。

二、陆域地域分异规律

1. 由赤道到两极的地域分异规律

由赤道到两极的地域分异规律
- 含义：_____的影响，地表景观和自然带沿着纬度变化的方向，由_____到_____作有规律的更替
- 基本因素：_____
- 自然带分布
  - 低纬和高纬横贯大陆：苔原带、针叶林带、热带雨林带
  - 中纬度
    - 大陆东岸：_____、温带落叶阔叶林带与针阔混交林带
    - 大陆内部
      - 中部：_____
      - 南北两侧：热带草原带、温带草原带
    - 大陆西岸：亚热带常绿硬叶林带、温带落叶阔叶林带

2. 从沿海向内陆的地域分异规律

自然景观和自然带从沿海向大陆内部产生了地域分异，其基础是_____的变化。表现：从沿海向内陆为_____带、_____带、_____带，在中纬度表现明显。

三、垂直地域分异规律

垂直地域分异规律
- 地区分布：高大的山脉
- 形成：随着_____的变化，山脉从山麓到山顶的_____差异很大，从而形成垂直气候带，自然景观也相应地呈现垂直分布规律
- 基础：_____随海拔的变化
- 与水平带的联系：
  - 山地垂直带是在_____的基础上发展起来的，_____与陆地自然带一致
  - 垂直带谱与其所在纬度向较高纬度方向上的水平地带谱相似
- 因素
  - 山地所在纬度
    - 纬度_____，垂直带数目多
    - 纬度_____，垂直带数目少
  - 山地高度
    - 海拔_____，垂直带数目多
    - 海拔_____，垂直带数目少

四、地方性分异规律

受_____、_____等地方性因素影响，通过物质与能量再分配，形成了尺度较小的地域分异。

※课后达标检测※

古诗云："才从塞北踏冰雪，又向江南看杏花。"据此完成1~2题。

1. 从地理学角度看，它描述的是（　　）
   A. 纬度地带分异规律　　B. 干湿度地带分异规律
   C. 垂直分异规律　　　　D. 地方性分异规律

2. 塞北到江南景观的差异，产生的基础是（　　）
   A. 水分　　　　　　　　B. 光照
   C. 土壤　　　　　　　　D. 热量

读"某山地位置及其植被—土壤垂直分布示意图",完成3~4题。

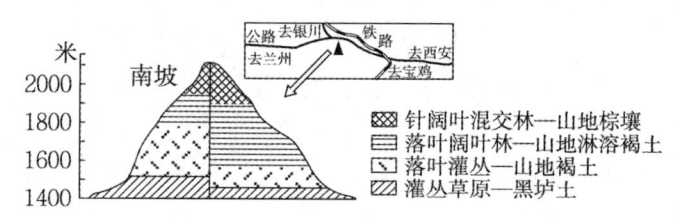

3. 该山地分布在( )
   A. 高原山地气候区　　　B. 温带季风气候区
   C. 温带沙漠气候区　　　D. 温带大陆性气候区
4. 北坡比南坡( )
   A. 光照强　　　　　　　B. 坡度陡
   C. 水分多　　　　　　　D. 林地少

读"陆地自然植被类型分布与水热条件关系图",完成5~6题。

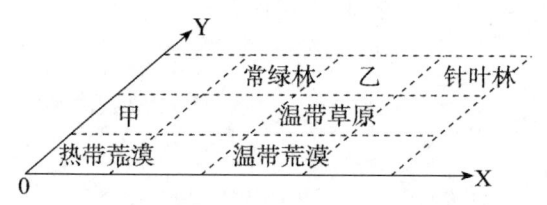

5. 对图示自然植被分布规律影响因素的叙述,正确的是( )
   A. 沿X方向热量增加　　B. 沿X方向降水增加
   C. 沿Y方向热量增加　　D. 沿Y方向降水增加
6. 甲、乙所表示的自然植被类型分别是( )
   A. 热带草原、温带落叶阔叶林
   B. 热带草原、亚热带常绿硬叶林
   C. 热带雨林、温带落叶阔叶林
   D. 热带雨林、亚热带常绿硬叶林

【参考答案】

1. A　2. D　3. B　4. C　5. D　6. A

教学过程设计

※课堂教学※

第1课时

◇课堂导入◇

中国是一个爱诗的国度，中国人是一个爱诗的民族。我们从祖先三千多年前留下来的《诗经》里，依然可以找到今天我们所渴望的生活的样子。以"赏中华诗词、寻文化基因、品生活之美"为主旨的《中国诗词大会》，点燃国人对传统文化的热情。那今天就让我们在《中国诗词大会》的舞台上，去追寻古诗词中揭示地理规律的诗句。

诗词展示：

村居

[清] 高鼎

草长莺飞二月天，拂堤杨柳醉春烟。儿童散学归来早，忙趁东风放纸鸢。

戏答元珍

[宋] 欧阳修

春风疑不到天涯，二月山城未见花。残雪压枝犹有橘，冻雷惊笋欲抽芽。

提问：从两首古诗中，你能发现同样二月份，各地自然景观有差异吗，尤其是自然植被的差异？

承转过渡：通过诗句对比，我们可以生动地掌握我国南北春季来临时间各有早晚，我国南北各地气候在同一时间互有差异，说明自然地理环境存在差异。自然地理环境的差异性主要体现在哪些方面呢？有什么样的变化规律呢？今天这节课我们就一起来探讨自然环境的差异性。

◇问题情境1◇

董卿在《中国诗词大会》说过：从大漠孤烟塞北到杏花春雨江南，从山水田园牧歌到金戈铁马阳关，我们在吟诵着千古绝句，我们也在体味着人间百态。所以无论明天你将回到哪里，身处何方，又将展开怎样的人生，不要忘了在这段日子里我们共同体会到的那份感动、那份沉醉、那份喜悦、那种振奋，那是你们所绽放出来的光芒，那也是中国诗词永恒的魅力！

◇问题探究 1◇

展示古诗和中国地图，开展"争做优秀诗词选手"活动，请同学们根据理解，标出诗句中所描写的区域，将古诗与中国地图中的地点一一对应，并说说自然环境差异主要表现在哪些方面及产生原因。

A 地：天苍苍，野茫茫，风吹草低见牛羊。（　　）

B 地：黄梅时节家家雨，青草池塘处处蛙。（　　）

C 地：三月无雨旱风起，麦苗不秀多黄死。（　　）

D 地：早穿皮袄午穿纱，围着火炉吃西瓜。（　　）

［学生讨论、交流］

略。

［教师引导归纳］

我们为什么可以通过诗歌就猜到诗人写的是什么地方呢？就是因为各地存在地域差异，地域差异在自然地理环境中是普遍存在的，世界上没有两片相同的叶子，也不可能有两个完全相同的区域（强调差异的普遍性）。从这 4 句诗中，可以看出我国不同地方的地理环境是不同的，这些差异主要表现在气候、地形、土壤、水文、生物各要素及其组合上。

［展示］

参见世界陆地自然地带的分布图。

◇追问◇

从刚才活动得知我国地理环境存在差异性，全球是不是也一样呢？结合阅读教材及世界陆地自然带分布图（参见教材图 5.7）进行判断，并说说自然带的概念及其与自然环境的关系。

［学生讨论、交流］

略。

［教师引导归纳］

（1）通过教材图文相关知识可以看出自然地理环境的地域差异规模有大有小，尺度不一，全球的地域分异为大尺度，地区性的地域分异为小尺度。（2）地球上各地区，由于所处地理位置不同，导致水热组合的差异，形成了不同气候、生物、植被和土壤类型，并在地球上呈带状分布，构成自然带，而植被是自然环境的一面"镜子"，所以自然带以植被的类型来命名。我们可以用下图表示自然带与地理环境的关系。

[多媒体展示]

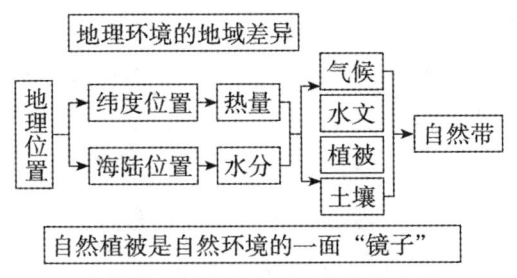

自然带的形成与地理环境的关系图

[设计意图1]

利用古诗词,创设情境,认识地理环境的差异性,激发学生学习情趣。引出学生对地理环境差异性的地理表象认识,突破空间思维缺陷,引导学生从感性认识上升到理性认识。通过追问,建构知识结构图,理顺自然带的概念及与地理环境的关系,有助于学生加深对自然带的理解。

[读图填写]

结合教材图5.7和表1填写相关内容:

表1　北半球自然带与气候类型理想分布图

[承转过渡]

从世界陆地自然带的分布模式图中我们可以知道,同一个世界,地域环境却有差异,这样的地域差异是否有规律可循?

第二部分　问题式教学设计与案例　235

◇问题情境2◇

四季中，人们最喜爱的是春天。生机勃发繁花似锦的大好春色，自然成了诗人热情吟诵的对象。而这些千古华章，又成了人们了解我国春天气候特点的极好材料。我国南北春季到来有早有晚。古代诗人早已发现南北春季到来的时间不同。例如唐代张敬忠在《边词》中说："五原春色旧来迟，二月垂杨未挂丝。即今河畔冰开日，正是长安花落时。"现代气象资料表明，西安大约在3月下旬春天已经开始，而纬度较高的内蒙古五原，春天到来的脚步则要晚到4月20日左右。所以，当五原河冰刚融化时，皇都长安则早已姹紫嫣红过去，时近暮春了。

◇问题探究2◇

五原地处内蒙古河套腹地，诗句"五原春色旧来迟，二月垂柳未挂丝。即今河畔冰开日，正是长安花落时"描述的现象主要影响因素是什么？从地理学的角度看，分析其原因。

	从赤道到两极
规律	更替：沿纬度变化方向 延伸：沿纬线方向
图示	纬度高低引起热量的差异
成因	主要是由于纬度位置引起的热量差异，同时也受水分条件的影响。在高纬和低纬地区表现得明显

[学生讨论、交流]

略。

◇追问◇

1. 北上之路中沿途依次经过了哪些自然带？自然带沿什么方向延伸？
2. 自然带沿什么方向更替？在这一方向上主要是什么因素发生了变化？
3. 这种变化是由什么不同造成的？

[教师引导归纳]

根据大致的城市位置可知，五原的纬度高于长安（治所在今西安），所以五原的春天来得较长安迟，当五原河畔冰开，气温回升时，长安春天已近尾声。

这说明两地热量的差异,反映了从赤道到两极的地域分异规律。总结:从南到北,自然带沿纬度更替,主要以热量为基础,称为由赤道到两极的地域分异规律。(如上图所示)

[设计意图2]

结合教师所给的案例和问题进行合作讨论、分析、比较、归纳初步得出自然带分异规律和形成原因,培养学生综合分析与归纳的能力。

承转:以热量为基础,我们看到自然地理环境沿纬度方向的更替规律,如果换一个方向,是否这样呢?让我们继续感受古诗词的魅力。

◇问题情境3◇

盛唐时期有一位大诗人,他的名字虽不如李白、杜甫那么如雷贯耳,但他的诗可谓是"髫发垂髫,皆能吟诵",他就是唐代四大边塞诗人之一的王之涣。

边塞人烟稀少,是地势险要的军事重地,尘沙漫漫,寒风肆虐,虽有"大漠孤烟直,长河落日圆"的雄伟壮阔之景,但也无奈"衡阳雁去无留意"。古诗有云:"羌笛何须怨杨柳,春风不度玉门关。"春风是指夏季风,玉门关地处我国甘肃省境内,位于大兴安岭—阴山—贺兰山—巴颜喀拉山—冈底斯山一线西北的非季风区内,受夏季风影响小或影响不到。

◇问题探究3◇

西汉张骞不畏雄关险阻,为丝绸之路的开辟做出了巨大的贡献,丝绸之路的路线是:长安—河西走廊—今新疆境内—安息—大秦。同学们若想感受"羌笛何须怨杨柳,春风不度玉门关"又要选择哪条线路呢?这体现了哪种地域分异规律?

	从沿海到内陆
规律	更替:沿经度变化方向 延伸:沿经线方向
图示	距海远近引起水分差异
成因	主要是由于距海远近引起的水分差异,同时也受温度的影响。在中纬地区表现得明显

[学生讨论、交流]

略。

◇追问◇

1. 西行之路中沿途依次经过了哪些自然带？自然带沿什么方向延伸？
2. 自然带沿什么方向更替？在这一方向上主要是什么因素发生了变化？
3. 这种变化是由什么不同造成的？

[教师引导归纳]

王之涣《凉州词》，诗人用凝练的笔墨，描绘了西北苍凉壮阔的景色。诗中"春风"指的夏季风，从地理学的角度来看，富含水汽的夏季风到达河西走廊后已属强弩之末，难以再向西北前行。广大的西北属于典型的非季风区，降水稀少，气候干旱，这也是当地荒漠面积广大的主要原因。"羌笛何须怨杨柳，春风不度玉门关"这句诗反映了从沿海到内陆水分条件的差异。总结：西行途中，风景变换，由东向西，水分不断减少，沿海地区，降水多，内陆地区，降水少。水分条件成为影响自然带的基础条件，称为由沿海向内陆的地域分异规律。（如上图所示）

[设计意图3]

让学生有意识地感受景观的东西向更替，并引导学生观察直观的地理图像，从中发现一定的规律，培养学生的观察与归纳能力。

[承转]

我们刚才所讨论的两种地域分异都是体现在水平方向的，一种是由赤道到两极的地域分异规律；一种是从沿海向内陆的地域分异规律。那么在垂直方向上又存在怎样的分异规律呢？

◇课堂小结◇

利用思维导图和表格，师生互动小结

一、地域差异

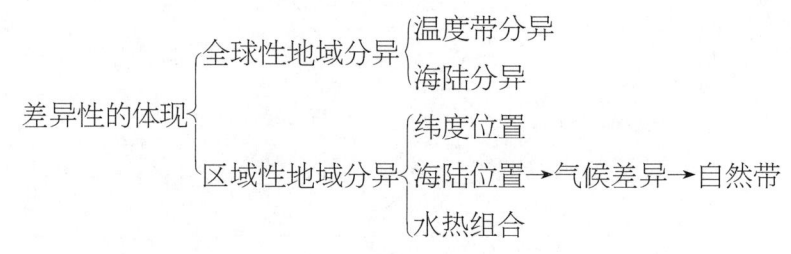

差异性的体现 ｛ 全球性地域分异 ｛ 温度带分异 / 海陆分异

区域性地域分异 ｛ 纬度位置 / 海陆位置→气候差异→自然带 / 水热组合

二、陆地分异规律

分异规律	形成基础	影响因素	分布规律	典型地区及特例
纬度地带分异规律	热量	太阳辐射	东西延伸 南北更替	低纬和高纬地区，如非洲沿 20°E 经线，自然带的南北变化
经度地带分异规律	水分	海陆分布	南北延伸 东西更替	中纬地区，如亚欧大陆中纬地区从沿海向内陆的变化

第 2 课时

◇课堂导入◇

古诗是中华民族灿烂文明的一个重要组成部分，诗词中的知识包罗万象、丰富多彩。"世事洞明皆学问。"诗词之中有地理，地理之中有诗词，让作为文化瑰宝的诗词为地理所用。

"枯藤老树昏鸦，小桥流水人家，古道西风瘦马，夕阳西下，断肠人在天涯。"元代马致远描述了行进在干燥荒凉的古丝绸之路上的旅行者，骑着疲惫不堪的马儿在艰难跋涉，这枯藤老树和小桥流水分别是对西部干燥景观和江南湿润地区景观的对比写照。体现了水平方向的地域分异，那么在垂直方向上又存在怎样的分异规律呢？今天我们继续在《中国诗词大会》的舞台上，感受中国诗词的魅力。

◇问题情境 1◇

唐朝诗人白居易在《大林寺桃花》吟出"人间四月芳菲尽，山寺桃花始盛开。长恨春归无觅处，不知转入此中来"，说的是作者在初夏时节来到大林寺，山下四月已是春末夏初、芳菲已尽，但不期在高山古寺之中，却又遇到了意想不到的春景——一片盛开的桃花。

◇问题探究 1◇

用山地垂直地域分异原理解释诗人不期而遇"一片盛开的桃花"的原因。

[学生讨论、交流]

略。

[多媒体展示]

古诗云："一山有四季，十里不同天。"我们在珠穆朗玛峰山脉南北两坡路线，沿途自然带有规律变化，应该选择哪条路线才能一次性满足所有的要求？

想去感受亚热带常绿阔叶林里繁茂的枝丫；

想去看看落叶阔叶林里飘零的枫林；

想去看看针叶林里美丽的冷杉；

还想去看看高山之巅的冰雪。

◇追问◇

1. 南坡比北坡多了哪些植被类型？

2. 以高山草甸为例，它在南坡和北坡分布的海拔范围有什么不同？为什么？

3. 如果北坡的山麓海拔和南坡相同，北坡也会有那么多的植被类型吗？为什么？

垂直地域分异与山地所在纬度、高度密切相关，即山地所在纬度越低，海拔越高，垂直带数目越多，垂直带谱越完整。喜马拉雅山脉纬度较低，海拔高，南北坡的山麓处于不同的陆地自然地带（参见教材图5.12）。

	垂直地域分异
规律	更替：沿海拔变化方向
图示	海拔高度引起水热的差异
成因	主要是由于海拔高度引起的水热变化，而导致自然带的更替、变化

[学生讨论、交流]

让学生观看带有海拔高度（水热变化）的珠峰侧视图，组织学生分小组讨论以初步了解垂直地域分异。通过解决问题以加深对垂直地域分异理解，最后将北坡与南坡的垂直带谱进行对比，引导学生总结垂直地域分异。

[教师引导归纳]

海拔高度比较大的山脉，随着高度的增加，气压、气温、空气中的水分都会发生变化，所以一些地方有"山下百花山上雪"的说法。这种随着海拔高度的增加而水热状况、自然景观也随着发生变化的规律，称为山地的垂直地域分异规律。（如上图所示）

[设计意图]

用"判断路线"驱动学生主动发现知识，激发学习主动性；通过对比山脉南北坡的垂直带谱，以完善该知识点的构建，同时培养学生的思维能力。

[承转]

以上我们简要分析了陆地环境的三种地域分异规律。实际上，世界上的任何事物有其一般性，也有它的特殊性。在地带性分异规律的基础上，陆地环境因为受到海陆分布、地形起伏等因素的影响，也会出现一些不规律的现象，这种规律称为地方性分异规律。

◇问题情境 2◇

古诗云："一望无际尽沙海，点点春意留绿洲。"说起新疆大家一定第一时间联想到的是充满异域风情的建筑，热情好客的维吾尔族，以及那一望无际的塔克拉玛干沙漠。其实新疆也是充满绿色的，抛开富饶秀丽的北疆不说，在南疆的塔里木盆地周围也是散落着大大小小的绿洲。新疆得天独厚的气候条件造就了其水果的香甜，流淌了上千年的坎儿井使一片片荒漠变成了绿洲。世世代代的新疆少数民族得以繁衍生息。塔里木盆地是中国面积最大的内陆盆地，也是我国最大的河流内流区域。周围的天山、昆仑山、阿尔金山的雪融水都汇聚于此，在沙漠上形成了大大小小的绿洲。

◇问题探究 2◇

试分析我国塔里木盆地周围分布绿洲的原因，绿洲体现了自然带分布的什么规律？

[学生讨论、交流]

略。

◇追问◇

有人说"一边听着海浪的声音，一边欣赏着大漠的孤烟，其感觉真是令人震撼啊！"能否结合"世界自然带分布图"以非洲这个区域为载体，去寻找一下，这样的景观究竟会出现在哪个区域，它属于地带性现象还是非地带性的现象呢？结合本课所学原理解释其形成原因。

[教师引导归纳]

地球上不同地区的地理环境具有各自不同的区域特征，而且地理环境的整体性是相对的，差异性则是绝对的。但地理环境的地域分异是有规律的。当然，在地带性分异规律的基础上，地理环境因受海陆分布、地形起伏、局部环流和洋流、局部水分变化、局部岩石性介质的变化、局部地热异常以及人为作用等因素的影响，也会出现一些不规律的地方性分布现象，这也正说明地理环境的复杂性。

[设计意图]

教师提供必要的地图资料，培养了学生有效提取信息的能力，通过交流展示及分析纠错，培养了学生大胆质疑的精神及表达交流的能力。

◇课堂小结◇

自然带的分布是复杂的，这是自然地理环境（地球表层）千变万化、纷繁复杂的根源所在；自然带的分布是有规律的，这是人类认识自然地理环境的基础。有规律分布的自然带构成了全球和谐的自然环境整体。自然带之间错综复杂的、微妙的要素关系，有许多是人类还没有认识到的。因此，人类不能随意去破坏任何哪怕是极微小的环节，也许它带来的影响会是全球性的。我们要在复杂的自然环境中把握其内在规律，特别是要从自然地理环境的要素联系上把握自然地理环境的整体性和差异性，因地制宜，扬长避短，发展生产，造福人类，实现人地关系的和谐。

◇板书设计◇

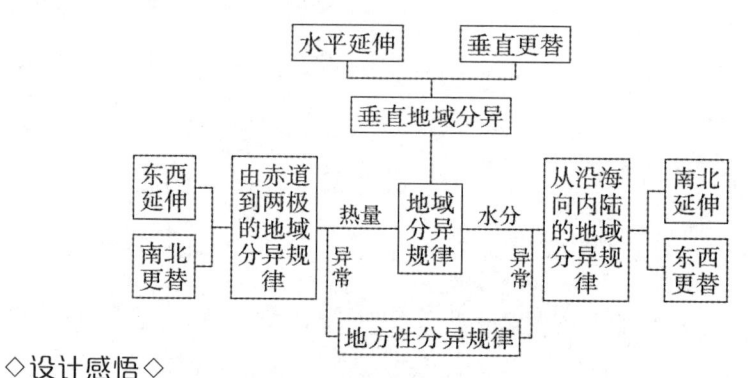

◇设计感悟◇

本节内容重点在于地理环境地域分异规律，对于高中生来说较为抽象，学生不容易理解，如何调动学生学习的积极性很重要。在教学设计考虑到：自然地理环境的差异性使中国多姿多彩，并且表现出一种有序的美丽——地域分异规律，而旅行恰好是能够体验与反映自然地理环境的一种活动，在教学过程中结合热门的中国诗词大会，尝试创设有效的教学情境以达到在轻松愉快的学习氛围中实现教学目标的目的。在本节课以"情境创设—活动探究—反思提高"为主线的探究性课堂教学。满足学生自主发展，张扬学生个性，使学生在活动中学习，在探究中发展，在反思中提高，实现了课堂效率最大化，效果最优化。

※课后达标检测※

读"气候与植被的关系示意图"，完成1~3题。

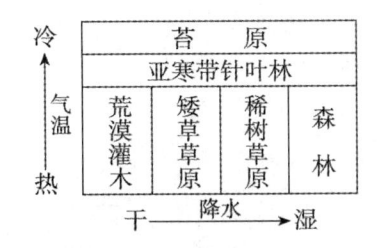

1. 影响稀树草原的形成最主要是（　　）

    A. 深居内陆，难以受海洋影响

    B. 受气压带、风带季节性移动影响

    C. 终年受高压带控制

    D. 受地形的影响

2. 亚寒带针叶林带属于（　　）

    A. 纬度地带性　　　　　　　　B. 经度地带性

    C. 垂直地带性　　　　　　　　D. 非地带性

3. 苔原与亚寒带针叶林划分界线是（　　）

    A. 最冷月0 ℃等温线　　　　　B. 最热月10 ℃等温线

    C. 最冷月-10 ℃等温线　　　　D. 最热月0 ℃等温线

苏轼被贬黄州（治所在今湖北省黄冈市）时，作《定风波》。其中写道："三月七日，沙湖道中遇雨……莫听穿林打叶声，何妨吟啸且徐行。竹杖芒鞋轻胜马，谁怕？一蓑烟雨任平生。料峭春风吹酒醒，微冷，汕头斜照却相迎。回首向来萧瑟处，归去，也无风雨也无晴。"

4. 苏轼当时所处地区的典型植被为（　　）

    A. 常绿阔叶林　　　　　　　　B. 落叶阔叶林

    C. 针叶林　　　　　　　　　　D. 商山灌丛

下图为"某山地垂直自然带示意图",读图完成5~7题。

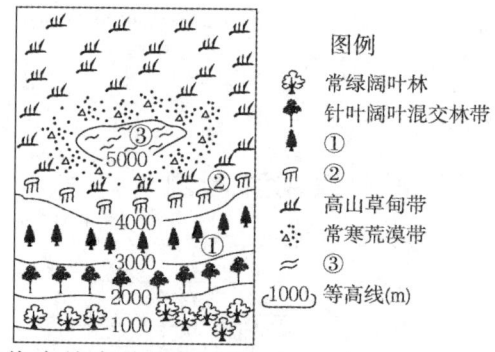

图例
- 常绿阔叶林
- 针叶阔叶混交林带
- ①
- ②
- 高山草甸带
- 常寒荒漠带
- ③
- 等高线(m)

5. 图中①②③代表的自然带依次是（　　）

　　A. 针叶林带、高山灌木林带、积雪冰川带

　　B. 针叶林带、积雪冰川带、高山灌木林带

　　C. 高山灌木林带、针叶林带、积雪冰川带

　　D. 积雪冰川带、高山灌木林带、针叶林带

6. 该山南坡比北坡垂直自然带显著的主要原因是南坡（　　）

　　A. 纬度低　　B. 相对高度大　　C. 向阳坡　　D. 迎风坡

7. 如果全球变暖,则该山上各自然带分布的高度将（　　）

　　A. 升高　　B. 降低　　C. 不变　　D. 难以确定

2019年国庆节期间热播电影《攀登者》展示了登山健儿为国登顶寸土不让的精神,从中我们也可以学到一些攀登珠穆朗玛峰的基本知识,每年的五月是最适合登山的窗口期,适合的登顶线路有两条,一是从南坡尼泊尔一侧登顶,二是从北坡西藏一侧登顶。据此完成8~9题。

8. 从南坡尼泊尔首都加德满都（海拔1400米）攀登珠峰的登山客不可能看到的自然带是（　　）

　　A. 常绿硬叶林带　　　　B. 落叶阔叶林带

　　C. 高山针叶林带　　　　D. 高山灌木林带

9. 每年五月左右最适宜攀登珠峰,主要因为此时（　　）

　　A. 太阳高度大,气温较高　　B. 白昼时段长,用时充足

　　C. 季风转向期,风雪较少　　D. 冰雪消融多,线路安全

【参考答案】

1. B 2. A 3. B 4. A 5. A 6. B 7. A 8. A 9. C

问题研究　如何看待我国西北地区城市引进欧洲冷季型草坪

教学内容分析

※课标要求※

运用图表并结合实例，分析自然环境的整体性和地域分异规律。

※课标解读※

本条设定的目的是让学生关注自然环境各要素的特征、演变过程及自然环境的整体性和差异性，明确自然环境对人类社会的影响，从生态文明建设的角度，理解人与自然的关系。

※教材分析※

本问题研究是在第五章前两节课关于自然地理环境特征学习的基础上，旨在让学生掌握自然地理环境的差异性原理，并能运用这一基本原理解决实际问题。使学生懂得在生态建设中应该尊重自然规律，不要盲目引进，要因地制宜，这样才能更科学地建设和保护环境。

※学情分析※

高二的学生已经掌握了世界气候类型的分布和世界陆地自然带的分布相关知识，并清楚气候对自然地理景观形成的影响，掌握了自然环境的地域差异性。学生已经储备了进行问题研究的基本知识，相应区域认知、从图文材料中筛选有用信息的能力也已具备，可以胜任这个问题研究的综合分析，从而完善自身的人地观。

※核心素养培养目标※

本节课对应的课程标准要求为："运用图表并结合实例，分析自然环境的整体性和地域分异规律。"基于课程标准和学情，本节课的教学目标预设如下：

1. 通过观察与讨论，认识草坪在我们生活中的作用。（地理实践力、综合思维）

2. 从材料中分析引进欧洲冷季型草坪给我国西北地区城市带来的影响。（区域认知、综合思维、人地协调）

3. 利用欧洲和我国西北地区分布图，地理环境的差异性知识（主要气候）分析西北城市引进欧洲冷季型草坪产生问题的原因。（区域认知、综合思维、人地协调）

4. 学生各抒己见谈谈对我国西北地区引进欧洲冷季型草坪的看法，并因地制宜地提出对西北城市地区绿化的建议。（区域认知、综合思维、人地协调）

※**教学重难点**※

1. 教学重点

通过西欧和我国西北地区地理环境的差异分析，分析西北城市引进欧洲冷季型草坪产生问题的原因，并能根据不同的自然环境特点和经济发展水平，确定不同的绿化方案。

2. 教学难点

引导学生根据相关资料进行合理的归纳总结。

※**教学方法**※

问题式教学法。

※**教学媒体**※

多媒体、地图。

※**教学课时**※

1课时。

教学过程设计

※**课前预习**※

"橘生淮南则为橘，生于淮北则为枳，叶徒相似，其实味不同。所以然者何？水土异也。"结合所学知识，完成1~2题。

1. 文中的"水土异也"确切地说指的是（　　）

　　A. 降水差异　　　　　　B. 土壤差异

　　C. 地形差异　　　　　　D. 气候差异

2. 我国南、北方作物熟制差异的原因是（　　）

　　A. 热量不同　　　　　　　　B. 降水量不同

　　C. 地形差异　　　　　　　　D. 土壤肥力不同

3. 植物与环境的关系表现在（　　）

　　A. 碱蓬的生长反映了酸性的土壤环境

　　B. 沼泽地植物叶片大，叶面覆盖着蜡层

　　C. 苔藓、地衣的生长反映了寒冷、干燥的环境

　　D. 猴面包树的生长反映了干湿分明的热带环境

【参考答案】

1. D　2. A　3. D

※课堂教学※

◇新课导入◇

今天我们来学习本学期最后一节的内容《如何看待我国西北地区城市引进欧洲冷季型草坪》。大家都会注意到学校的足球场上铺着草皮，那在我们生活的城市中，哪里还有草坪呢？

[学生讨论、交流]

略。

◇问题情境1◇

芳草茵茵很美，站在草坪上，会让我们心旷神怡。两天前，我们学校的草坪刚刚修剪过。那么大家有没思考过，为什么我们城市会培育这些草坪呢？

◇问题探究1◇

草坪对城市有什么作用？

[学生讨论、交流]

略。

[教师引导归纳]

草坪对城市的作用：1. 绿化城市，美化环境；2. 净化空气；3. 调节城市温度，增加空气湿度；4. 减弱噪声。

[投影]

欧洲公园、学校里大面积的草坪。

材料　欧洲公园和校园的草坪里种植着大量与我们城市不同品种的草，叫冷季型草。草坪植物根据生长气候分为暖季型草坪草和冷季型草坪草。冷季型草需水量较大，适宜的生长温度在15 ℃至25 ℃之间，气温高于30 ℃，生长缓慢，在炎热的夏季，冷季型草坪草进入了生长不适阶段，此时如果管理不善则易发生问题。

◇追问◇
冷季型草坪在改善欧洲城市人居环境方面的作用。

［学生讨论、交流］
略。

［教师引导归纳］
除了草坪基本的作用外，欧洲冷季型草坪还为人们提供了一个开阔的休憩空间，并且美学和视觉效果都很好。

［设计意图1］
先结合自身的生活经验，了解草坪对我们城市的有利影响，接着通过图文材料，明确冷季型草坪对欧洲人居住环境的改善作用。为接下来的教学做铺垫，同时也培养了学生区域认知和地理实践能力。

◇问题情境2◇
欧洲这种冷季型草坪一年四季都生机勃勃，秋冬季节仍然郁郁葱葱。对欧洲城市的生态环境起着积极的影响。我国西北地区很多城市为了改善生态，想效仿欧洲，就从欧洲引进这种冷季型草。结果现实太骨干。这欧洲小草的到来非但没达到改善环境的预期目的，还引发了一系列问题。

［投影］
材料　冷季型草坪喜水喜肥（每平方米草坪"喝"一次水需要1.2吨），生长量大（一年修剪次数高达13次之多），而且如果修剪不及时它会变得易倒伏、枯黄，还会造成通风、透光不良，导致干枯死亡、滋生病虫害。为了防治病虫害，我们不得不经常喷施农药。引种冷季型草的地方，昆虫、鸟类数量明显减少，就连蚯蚓都很少见了。

◇问题探究2◇
分析西北地区引进欧洲冷季型草坪所引发的问题。

[学生讨论、交流]

略。

[教师引导归纳]

西北地区引进欧洲冷季型草坪所引发的问题主要表现在以下几个方面：1. 加剧城市缺水；2. 护理费用高；3. 加剧环境污染；4. 破坏生态环境。

[设计意图 2]

通过图文材料，学生运用综合思维能力分析，明确给欧洲城市带来良好生态环境效益的冷季型草坪，给我国西北地区带来的却是一系列问题，体现了地理环境的差异性。

◇问题情境 3◇

在欧洲城市中郁郁葱葱的冷季型草坪，千里迢迢来到我国西北地区后水土不服，生态效益打折不说，还带来了诸多问题，请问这是为什么呢？大家可以结合我们上一节课《自然地理环境的差异性》来分析。我国西北地区与西欧的自然环境有什么不同呢？让我们一起回顾第三章学的世界气候的内容。不同的气候条件下，植被是不一样的。

[投影]

世界区域图和气候分布图。

◇问题探究 3◇

对比欧洲西部与我国西北地区的气候类型与特点。

[学生讨论、交流]

略。

[教师引导归纳]

欧洲西部是温带海洋性气候，气温年较差较小，降水丰沛。我国西北地区是温带大陆性气候，气候干旱。欧洲西部气温年较差比西北地区小得多，年降水量较我国西北大得多。

[投影]

冷季型草需水量较大，适宜的生长温度在 15 ℃至 25 ℃之间，气温高于 30 ℃，生长缓慢。

◇追问◇

说明我国西北地区城市引进欧洲冷季型草坪产生问题的原因。

◇[学生讨论、交流]◇

略。

◇[教师引导归纳]◇

欧洲西部年降雨量在 600－1000 mm 间，可以满足冷季型草坪较大的需水量，冬不冷夏不热的气温，使冷季型草坪四季常绿，充分显示其优点，美化环境。而且欧洲草坪与畜牧业关系密切，因此从文化生态、公众景观偏好乃至气候条件等方面都具有实际的基础。

我国西北地区降水稀少，得靠人工大量灌溉来护养冷季型草坪，耗费大量宝贵的水资源，容易加剧当地的用水危机，而且还会增加市政管理费用。夏季炎热，冷季型草坪的发病率很高，达到 30％～60％，不得不经常喷洒农药，这就可能会导致周围的大气、水体和土壤污染。冬季气温过低，并且不宜浇水，所以许多草坪出现枯萎。

◇追问◇

没有考虑到地理环境的差异和当地的环境背景，而生搬硬套欧洲城市绿地经验，西北地区盲目引进欧洲冷季型草坪，使其成为西北地区生态的破坏者。这是违背自然规律，不科学的做法。请同学们为我国西北地区的城市绿化提几条建议。

◇[学生讨论、交流]◇

略。

◇[教师引导归纳]◇

西北地区城市绿化的关键就是一定要以因地制宜为出发点。适宜种草则种草，适宜种树则种树，适宜种本地品种就无需引进。只有这样，才是真正符合因地制宜的原理，才能使自然生态保持和谐。

◇[设计意图3]◇

从问题的表象出发，运用之前所学的知识，去分析问题的成因。接着在明确了我国西北地区城市引进欧洲冷季型草坪产生问题的原因后，才能对症下药，找到解决问题的办法。也就是为我国西北地区的城市绿化提几点建议。学生在培养地理思维的同时，树立了人地协调观，人一定要尊重自然规律。

◇课堂小结◇

城市绿化的主要目的在于净化空气、保护水土、增加生物多样性和隔离噪

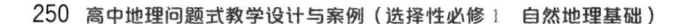

音，但冷季型草坪在我国由于修剪很短而几乎没有吸尘、降噪的作用，蓄水功能基本为零，它不仅不能提供多样性的生态景观，而且它的定期修剪还引起了严重的噪音扰民问题。所以，从提高城市环境质量及绿化效果的角度来看，用进口的冷季型草皮来搞城市绿化，其实是一种"无效绿化"，甚至可以说是"负效绿化"。我国西北地区引进西欧冷季型草坪的方案是不合理的，因为它忽略了地方自然地理的差异性和因地制宜的绿化思想。遵循自然规律才能有效防止在开发利用自然上走弯路，人类对大自然的伤害最终会伤及人类自身，这是无法抗拒的规律。

◇ **课外拓展** ◇

搜集资料，为家乡的城市绿化提供自己的建议。

◇ **设计感悟** ◇

本节以"提出问题"—"探究原因"—"解决措施"形成一个完整的问题链，学生对我国西北地区引进欧洲冷季型草坪的问题有了全面的认识，体现了地理综合思维的基本思路，在完成知识输送的同时，培养了学生的地理核心素养。

※课后达标检测※

甘肃永昌县喇叭泉林场，位于石羊河一级支流西大河流域中段，是永昌县北部的主要生态防护屏障。但20世纪90年代开始，树木随着地下水位持续下降而大量死亡。2003年起，林场在规划改造区域，实施外围乔木、灌木和内部枸杞、沙棘（白榆）配置（如下图）的林带建设。完成1～3题。

1. 喇叭泉林场树木大量死亡的主要原因是（　　）

    A. 生活能源短缺，过度砍伐

    B. 全球变暖，蒸发量增加

    C. 西大河上游人口、经济规模扩大

    D. 植被新陈代谢，群落自然更替

2. 喇叭泉林场树木大量死亡的明显影响是（　　）
   A. 可开垦耕地面积增加　　　　B. 荒漠化范围缩小
   C. 区域土壤肥力增加　　　　　D. 固定的沙丘再度被激发或活化
3. 2003年起喇叭泉林场开始的林带建设，使得林场（　　）
   ①防风效能明显，风速明显降低　②虽没经济效益，但生态效益突出　③农田蒸发量增加，空气湿度增加　④土壤肥力增加，提高林业经济效益
   A. ④②　　　　B. ②③　　　　C. ③④　　　　D. ①④

【参考答案】
1. C　2. D　3. D

图书在版编目（CIP）数据

高中地理问题式教学设计与案例．选择性必修1：自然地理基础/曾呈进，陈涓主编．—福州：福建教育出版社，2022.12
　ISBN 978-7-5334-8938-0

　Ⅰ．①高…　Ⅱ．①曾…　②陈…　Ⅲ．①中学地理课－教学设计－高中②中学地理课－教案（教育）－高中　Ⅳ．①G633.552

中国版本图书馆CIP数据核字（2020）第256516号

Gaozhong Dili Wentishi Jiaoxue Sheji Yu Anli（Xuanzexing Bixiu 1 Ziran Dili Jichu）
高中地理问题式教学设计与案例（选择性必修1　自然地理基础）
曾呈进　陈涓　主编

出版发行	福建教育出版社
	（福州市梦山路27号　邮编：350025　网址：www.fep.com.cn）
	编辑部电话：0591-83716190　83786912
	发行部电话：0591-83721876　87115073　010-62024258）
出版人	江金辉
印刷	福建省地质印刷厂
	（福州市金山工业区　邮编：350011）
开本	710毫米×1000毫米　1/16
印张	16.5
字数	270千字
插页	2
版次	2022年12月第1版　2022年12月第1次印刷
书号	ISBN 978-7-5334-8938-0
定价	46.00元

如发现本书印装质量问题，请向本社出版科（电话：0591-83726019）调换。